동북아, 니체를 만나다

19세기 말과 20세기 초 동북아시아 사상의 전이와 재형성

동북아, 니체를 만나다

19세기 말과 20세기 초
동북아시아 사상의 전이와 재형성

김정현 외 지음

책세상

책을 펴내며

1

니체는 누구인가? 왜 우리는 21세기인 지금도 니체에게 관심을 가지는 것일까? 오늘날 한국에서 니체를 읽는다는 것은 어떤 의미일까? 니체와 한국 또는 동북아시아의 역사나 정신사는 어떤 연관성이 있을까? 동북아시아에서 니체는 어떻게 수용되고 읽혔던 것일까? 러시아와 일본, 중국에서 니체가 소개된 것은 동북아시아의 역사적 상황이나 사회·정치적 맥락과 어떤 연관성이 있을까? 대한제국과 식민지 조선에서 니체는 왜 그리고 어떻게 받아들여지고 논의되었을까? 동북아시아에서 니체를 수용한 과정에 대한 논의는 지금까지 국내에서 매우 단편적이고 지엽적으로 이루어졌다. 러시아나 일본, 중국의 니체 수용사가 일찍이 체계적으로 정리되어 단행본 형태로 세계 학계에 소개되었던 반면,[1] 한국에서는 아직까지 그에 대한 체계적인 논의가 매우 빈약한 형편이다.[2] 국내에서도 일부 연구자가 러시아, 일본, 중국에서 이루어진 니체 수용사에 주목해 단편적인 글들을 발표했지만, 주로 문학

영역에서 개별 문학자나 문학 작품의 영향 관계에 주목해 연구되었을 뿐, 각 지역 국가의 초기부터 현재까지의 수용사 전체 흐름과 논의를 고려하며 동북아시아 정신사 전체의 지평에서 연구가 이루어지지 못했고, 또 동북아시아의 정신 세계에서 트랜스내셔널한 통섭적 시각으로 연구가 이루어졌던 것은 아니다.

지금까지 국내에서 이루어진 연구는 주로 니체의 사상이나 텍스트 분석에 초점을 맞춘 여러 해석을 담은 것이었다. 이에 반해 이 책은 동북아시아에서 니체가 수용되는 과정, 그 가운데서도 각 지역 국가의 초기 수용 과정에 주목한다. 러시아에서 시작되어 일본을 거쳐 중국으로 건너가는 과정, 그리고 일본을 통해 대한제국과 식민지 조선으로 니체가 전해지는 등 각 지역 국가의 역사적 상황에 맞추어 변이되고 재형성되는 과정을 추적했다. 또 이 책은 동북아시아 각 지역 국가에서 니체에 관심을 가진 개별 연구자의 연구 성과를 단순히 모아놓은 것이 아니라, 니체 수용 과정 전반의 배경에 깔린 당시 동북아시아 정세를 반영해 연구한 결과다. 즉 개별 연구자가 단순히 지역 국가나 역사적·연대기적 흐름에 맞추어 쓴 연구물을 모은 것이 아니라 처음부터 그 연구사적 흐름을 감안해 기획하고 함께 모여 연구하고 학술 발표를 한 이후 그 성과를 정리한 것이다.

이 책은 니체를 중심으로 19세기 후반과 20세기 초 동북아시아 정신사의 역동을 이해하기 위해 기획되었다. 그 역동 안에는 전통의 해체와 새로운 도덕적 질서의 모색, 사회진화론과 평화주의, 개인주의와 공동체주의의 갈등, 새로운 주체적 자아의 발견과 국가주의의 충돌, 개인과 자유의 자각에 기초한 새로운 문화와 평등의 사회적 가치를 모색하는 사회주의 등 다양한 동북아시아의 이슈들이 담겨 있다. 이러한 이슈들은 20세기 전후의 한 연대기적 지평에서만 움직였던 역사적 이슈가 아니라 현재도 논의되어야 할 중요한 많은 철학적 문제를 담고 있다. 자아실현의 가치와 건강한 개인의 삶, 평등과 공존의 가치와 공동체의 삶, 힘의 논리와 평화의 문제, 생명의 가치, 패권주의적 자국중심주의와 공생적 지구 문명의 연대 등 현재 우리가 직면한 지구촌의 문제들 역시 20세기 초 동북아시아의 역사 지평 위에서 움직였던 정신사적 이슈들과 그리 멀지 않기 때문이다. 이러한 주제들은 물론 20세기와 21세기의 정치적 지형의 변화에 따라 변형되고 새로이 형성된 것도 있지만, 많은 주제가 이전의 이슈들을 변형하거나 때로는 전복하고 변혁하는 변이적 성격을 지니고 있다.

　니체가 어떻게 각 지역 국가에서 수용되고 논의되었는지를 살피는 일은 19세기 후반과 20세기 초 격변하는 동북아시아의 정세 및 역사, 정신 세계를 살피는 문제와 직결되어 있다. 이 시기 동북아시아는 역사적·문명적 격변을 겪었고, 니체 수용 과정 역시 이러한 동북아시아의 역사와 정치·사회적 변화를 그대로 반영하고 있다. 서양 열강이 들어오고, 서구적 근대화의 모델에 따라 일본에서는 메이지유신(1868), 청일전쟁(1894~1895), 러일전쟁(1904~1905) 등이 일어났고, 중국에서는 아편전쟁(1840~1842) 이후 무술변법(1898), 신해혁명(1911) 등 여러 차례 혁명이 일어났다. 조선에서도 갑신정변(1884)과 갑오개혁(1894), 동학농민운동(1894), 외교권이 박탈된 을사조약(1905), 한일합병(1910) 등 많은 사건이 있었다. 동북아시아 전체가 격변의 역사적 소용돌이 한가운데 있었던 것이다. 동북아시아에서 니체 수용은 이러한 역사적 격변과 밀접한 연관 속에 있었으며, 각 지역 국가의 시대적 문제를 제기하고 해결하는 사회철학적 성격을 지니고 있었다.

이 책은 19세기 말과 20세기 초 동북아시아의 정세와 문명사적 격변 속에서 동북아시아 정신세계에 지대한 영향을 미친 니체를 중심으로 그 정신적 지형 변화를 추적했다. 이 책은 연구자들이 첫 수용사의 지점에 함께 들어가 각 지역 국가의 수용의 첫 내용과 그 정신사적 의미를 밝히는 작업을 한 결과물이다. 이 책은 동북아시아가 니체를 만나 정신사적 지평에서 일어나는 사상적 역동을 살피는 첫걸음에 해당한다. 러시아, 일본, 중국, 한국의 니체 수용사를 중심에 놓고 각 지역 국가의 철학, 문화, 문학, 역사, 종교 등 정신세계 전체를 다루기에는 역량이 부족하고 사전에 해야 할 연구도 산재해 있다. 이 주제에 관심을 지닌 많은 연구자가 아직 드러나지 않은 동북아시아 정신 지평의 해각海角에서 밀려오는 수많은 연구 과제를 함께 밝히는 작업을 해나갈 수 있었으면 하는 바람을 가져본다.

2

이 책은 러시아에서 니체가 최초로 언급되고, 이후 그 내용이 일본으로 전해지고 일본의 정치적 역사적 정신사적 흐름과 연관해 변이되며 일본의 시의적 문제와 결합되고 재구성되는 과정, 그리고 당시 일본에 체류하던 량치차오梁啓超, 왕궈웨이王國維, 루쉰魯迅 등에 의해 중국으로 전이되고 중국의 시대 문제와 결합하면서 중국화되는 과정 및 신문화운동에 기여하는 내용, 그리고 일본의 유학생 그룹이 활동했던 무대인《학지광學之光》을 통해 한국인들이 니체를 처음 논의하며 식민지 조선의 시대적 문제를 언급하는 내용 등으로 구성되어 있다. 한국에 니체가 처음 소개된 것은 대한제국의《서북학회월보西北學會月報》에

1909년 필자 불명으로 실린 〈윤리총화倫理叢話〉라는 글에서 톨스토이와 함께 언급되면서다. 이 글은 와세다대학 교수였던 우키타 가즈타미浮田和民의《윤리총화倫理叢話》라는 책의 16개 장 가운데 4장까지의 번역이며, 그 내용은 이미 학계에 보고가 되어 있어 이 책에서는 다루지 않았다.[3] 이 책은 각 지역 국가에서 논의되면서 다른 지역 국가로 넘어가고 이식되며 변형되고, 또 그 지역 국가의 시대적 문제의식과 결합되어 재구성되는 과정이나 국가를 넘어서는 과정, 즉 동북아시아 차원의 트랜스네이션적 문제의식과 그 영향관계, 사회철학적 의미 등을 다루었다. 책에서는 우선 각 지역 국가에서 니체가 수용되는 초기의 지성인들의 문제의식과 그들이 다루는 니체 사상의 내용 및 전이 과정을 중심으로 했고, 정신사적 영향관계도 고려했다. 그 내용을 간략히 소개하면 다음과 같다.

1장 〈19세기 말 러시아의 사상지형과 니콜라이 그롯의 니체와 톨스토이 해석〉에서 문준일은 러시아에서 니체 수용의 첫 발자국을 정리했다. 1890년대 러시아에 니체가 수용되는 과정, 특히 1893년에 톨스토이 사상을 긍정적으로 평했던 니콜라이 그롯Nikolai Grot의 니체 해석을 중심으로 톨스토이의 기독교적 이타주의와 니체의 반기독교적 개인주의를 대비시키며 내용을 분석했다. 이 글은 러시아에서 니체 텍스트에 대한 검열, 금지, 비판, 번역과 더불어 시작된 초기 니체 수용사에서 시작해 20세기 후반까지 러시아 니체 수용사의 전체 흐름을 살펴본다. 러시아의 정치적 사회적 상황과 정신사적 이슈를 분석하며, 러시아의 정치적 사회적 혼란기에 니체가 러시아에 유입되고 대중문화의 속물성과 전통 가치의 재평가 및 새로운 질서에 대한 요구가 일어나는 과정을 다루었다. 또한 1892년에 이루어진 최초의 러시아 니체 수용 과정, 즉 프레오브라젠스키V. Preovrazhensky에 의해 니체가 이타주의 도덕을 비판한 내용과 그다음 해에 그롯이 〈우리 시대의 도덕적 이상〉이라는 제목으로 니체와 톨스토이를 하나의 개념으로 묶어 논의하는 내용을 소개한다. 도덕의 문제, 선악의 문제, 인간관, 세계관의 문제를 중심으로 그롯은 "니체는 서유럽적 훼손의 대표자이고, 톨스토이는 동유럽적 솔직성의 이상의 소유자"라는 두 세계관의 대립을 설정한다. 즉 니체와 톨스토이의 대립은 유럽의 (이교적·물질적) 세계관과 러시아의 (기독교적·정신적) 세계관의 대립으로 귀결되며, 그롯은 톨스토이를 기독교 신앙의 담지자로 보면서 여기에서 더 나아가 두 세계관의 화해를 통해 새로운 실천적 세계관을 모색할 필요가 있다고 보았다. 이 글은 니체주의와 톨스토이주의, 개인주의(애기)와 이타주의(애타)라는 동북아시아 니체 논의의 첫 지점을 조망한다.

러시아에서 논의된 니체와 톨스토이의 담론은 그롯에게서 공부한 고니시 마스타로小西増太郎에 의해 일본에 전해지면서 1893년 12월에 처음 니체의 이름이 일본에 소개되는 계기가 되었다. 2장 〈고니시 마스타로의 니체와 톨스토이 수용과 일본 정신사적 의미〉에서 조성환은 당시 필자 불명으로 소개된 고니시 마스타로의 두 편의 글 〈유럽의 대표적인 두 명의 도덕사상가 프리드리히 니체 씨와 레오 톨스토이 백작의 견해 비교〉와 〈니체 씨와 톨스토이 백작의 도덕사상을 평함〉을 중심으로, 니체가 일본에 소개되는 시대적 배경과 고니시 마스타로가 그롯과 톨스토이와 맺은 개인적인 인연을 소개한다. 또 니체와 톨스토이를 '도덕개혁론자'로 보면서도 동시에 이 둘은 인간관과 도덕관에 차이가 있음을 밝히며, 양자 사상의 조화 가능성을 모색하는 주장을 언급한다. 이 글은 고니시 마스타로의 니체와 톨스토이 해석의 의미뿐 아니라 그 이후 일본에서 니체 사상이 본격적으로 수용되는 과정과 그 정신 지평의 의미를 정리한다.

3장 〈다카야마 조규의 〈미적 생활을 논하다〉와 니체 사상〉에서 이와와키-리벨 도요미岩脇リーベル豊美는 고니시 이후 일본에서 초기 니체 수용이 갈라져나오는 양상을 다루고, 니체가 논쟁적 담론으로 발전되는 과정에서 그 중심에 있는 다카야마 조규高山樗牛의 사상을 논의한다. 고니시 마스타로의 니체-톨스토이 담론은 1901~1903년 사이에 일본에서 '미적 생활론' 논쟁으로 변용되고 확장되며 소위 '니체 신드롬Nietzsche-Fieber'을 일으켰다. 이 '미적 생활론' 논쟁은 다카야마 조규, 아네자키 마사하루姉崎正治(필명은 조후嘲風) 등의 개인주의를 주창하는 진영과 이노우에 데쓰지로井上哲次郎, 쾨버Raphael von Koeber, 모리 오가이森鷗外 등 극단적 개인주의를 거부하는 진영으로 나뉜다. 이 글은 조규의 문세의식이 형성되는 배경과 평론 활동, 본능주의에 입각한 개인주의 등을 소개하고, 니체를 문명비판가로 보는 조규의 사상이 테오발트 지글러Theobald Ziegler의 영향을 받았음을 논증한다. 이로부터 조규가 일본주의라는 국가지상주의로부터 개인주의로 선회하는 과정을 보여주며, 조규의 자아주의와 니체의 개인주의의 연결점과 차이점을 보여준다.

4장 〈우키타 가즈타미의 애기/애타 해석과 윤리적 제국주의론〉에서 유지아는 조규 이후 초기 일본 니체 수용사의 중심에 놓인 우키타 가즈타미浮田和民의 애기/애타 해석과 윤리적 제국주의론의 연관성을 역사학적으로 추적한다. 이 글은 메이지 후기에서 다이쇼 초기까지의 '국민국가' 형성기에 일본에 들어온 독일사상, 그 가운데에서도 '개인주의'가 근대 일본의 지식인에게 미친 영향을 살피며, 애기愛己와 애타

愛他의 용어로 이기심과 이타심 및 개인과 사회의 문제를 논한다. 우키타 가즈타미에 의하면 니체주의는 자애, 즉 개인주의를 주창하는 반면, 톨스토이주의는 타애적인 것, 즉 사회적인 것을 강조한다. 그러나 그는 이 양자의 극단은 야만이나 무정부주의로 빠질 수밖에 없다고 비판하면서 사회적이면서 개인적인 도덕, 중용의 관점에서 애기/애타의 조화를 강조한다. 이 글은 이러한 우키타 가즈타미의 도덕의 강조가 후일 "제국주의는 윤리적이어야 한다"는 윤리적 제국주의 이론으로 변형되는 지점을 보여준다. 이 글은 윤리와 제국주의, 사회주의의 배리적 결합을 시도하는 우키타 가즈타미의 논리 전개가 후일 민중의 권리와 동시에 일본의 아시아 패권주의적 논리를 주창하는 데 일조하게 된다고 보았다.

5장 〈량치차오 사회진화론과 니체 사상〉에서 김현주는 중국에 니체라는 이름을 처음 소개한 량치차오의 논의를 사회진화론과 연관해 해석한다. 일본에서 소위 '니체 신드롬'이 일어났을 때, 일본에는 중국의 무술신정戊戌新政(1898) 개혁에 실패한 후 일본으로 망명한 량치차오를 비롯해 왕궈웨이, 루쉰 등 젊은 지성인들이 활동하고 있었다. 이 글은 1902년 당시 량치차오가 썼던 글들을 사회진화론의 관점에서 분석하며 개체와 군체群體, 개인과 사회, 노예로부터의 해방과 영웅의 탄생 등을 언급한다. 이 글은 니체와 량치차오가 공유하고 있던 문명의 변혁사상, 노예가 아니라 주권적 자각에 의해 정치 주체가 되는 중국에서의 '신민'의 정치 가능성을 논의한다.

6장 〈루쉰과 선충원의 니체 해석: 1920년대 문학 경전화와 니체의 중국화를 중심으로〉에서 가오지안후이高建惠는 중국 근대문학의 선구자이자 '중국의 니체'로 알려진 루쉰이 1920년대 문학의 중심에서

'니체를 중국화'하는 과정, 1918~1925년 사이에 중국에서 니체 열병이 일어나는 과정을 다룬다. 루쉰은 19세기 중국의 '폐단'을 바로잡으려면 개인의 주체성과 개인의 의지 확립, 즉 정신적 인간의 세움立人을 통해야만 한다고 생각했다. 이 글은 니체의 영웅주의적 개인주의와 초인사상이 루쉰의 입인사상, 즉 중국에서 주체적 인간의 형성 가능성의 문제와 연관되어 있다고 밝힌다. 이 글은 니체 사상이 중국의 신문화운동과 연결되는 지점도 문제시하며 이를 루쉰의 소설《광인일기狂人日記》와 산문시집《들풀野草》 등과 연관해 분석하고, 더 나아가 중국의 '신문화' 공간이 어떻게 확대되어가는지를 보여준다. 그리고 더 나아가 1920년대 후반 선충원沈從文에 의해 문학에서 니체가 더욱 깊이 있게 중국화되는 과정을 탐색한다. 이 글은 선충원에 의해 도시적 '말인末人', 생명력 있는 초인超人, 예술과 심미審美 등 여러 주제를 다루며 중국의 니체 해석이 어떻게 깊이를 가지게 되었는지를 보여준다. 이 글은 1920년대에 루쉰에서 선충원에 이르기까지 니체의 사상이 중국 현대 문학에 도입되고, 해석되고, 현지화되고, 전파되고, 또 끊임없이 깊어지는 역동적 중국화 과정을 보인다.

7장 〈1910년대 식민지 조선에서 니체 사상의 수용:《학지광》을 중심으로〉에서 김정현의 글은 1910년대 식민지 조선의 몇몇 젊은 지식인들이 니체를 언급하며 한국인으로서 처음 니체를 논의하는 내용을 추적했다. 최승구, 주종건, 현상윤, 이광수, 전영택 등이 바로 그들이다. 1914년 4월 최승구는 최초로 니체를 언급하며 자아혁명과 개인주의를 강조하면서 생활개량과 사회개량의 문제를 다뤘다. 주종건은 조선의 멸망의 원인을 다루면서 우리가 세계문명을 인식할 수 있는 힘이 있어야 한다고 보며 멸망된 조선에 니체의 초인을 호명한다. 현상윤 역시 조선이 세계문명의 흐름 속에서 혁신되어야 한다고 보며, 니체를 통해 개인이 자신의 능력을 발휘할 수 있는 (자아실현의) 강한 힘('강력주의')을 찾고 있다. 이광수는 식민지 조선의 문제를 해결하기 위해서는 청년이 새롭게 태어나야하며 청년의 영적 원기의 회복이 필요하다고 강조한다. 전영택은 전통과 구습을 파괴하고 새로운 도덕을 건설해야 하며, 노동과 사랑과 종교가 일체가 되는 전적 생활론을 주장한다. 한국에서의 초기 니체 수용은 주로 일본을 통해 이루어졌다. 니체 사상이 일본에서 식민지 조선으로 전이되는 첫 발자취에는 1910년대 '다이쇼 생명주의'라는 일본의 담론이 배경에 있지만, 동시에 그것을 변용하며 식민지 조선의 문제를 해결하고자 하는 조선 청년들의 고뇌와 문제의식이 함께 담겨 있다.

동북아시아에서 니체를 언급하는 이러한 논의에는 니체주의와 톨스토이주의, 애기(이기주의)와 애타(이타주의), 개인과 사회, 개인주의와 국가주의, 사회진화론과 주체적 문명 형성, 구습의 파괴와 새로운 도덕 질서의 건설, 자아실현의 강력주의와 청년의 재생, 신민과 입인사상, 신문화 형성과 생명문화의 건립 등 다양한 키워드가 담겨 있었다. 동북아시아의 초기 니체 수용사에서 제기된 이러한 문제의식들은 이후 일본에서는 다이쇼 생명주의로, 중국에서는 신문화운동으로, 한국에서는 천도교의 개벽운동과 연결되며 다양한 문화적 갈래와 정신사적 지형도를 형성한다. 국가를 넘어서 동북아시아의 정신지평에서 일어나는 다양한 계통들이 충돌하고 탈주하고 영향을 주고받으면서 각 지역 국가에서 새로운 정신 동력을 형성하는 과정에 대한 논의들은 앞으로 더 깊이 연구되어야 할 과제에 속한다.

3

    이 책의 출간은 원광대학교 한중관계연구원 HK+동북아시아인 문사회연구소(HK+동북아다이멘션연구단)의 연구 기획으로 준비되었다. 이를 위해 연구소에서는 먼저 필자를 비롯해 문준일·유지아·김현주 ·조성환·조정원·박일준 교수, 그리고 박사과정생이자 연구보조원인 정준혁 선생 등이 함께 2021년 3월부터 1년 넘게 매주 세미나를 진행했다. 문준일 교수는 러시아 모스크바대학에서 러시아 문학을 전공했고, 유지아 교수는 일본 릿쿄대학에서 일본 현대사를 연구했으며, 김현주 교수는 중국 칭화대에서 량치차오의 정치사상을 전공했고, 조성환 교수는 일본 와세다대학에서 공부하고 서강대학교에서 한국사상을 연구했고, 조정원 교수는 중국 인민대학에서 중국과 러시아 경제사를 전공했으며, 박일준 교수는 미국 보스턴신학대학과 드류대학에서 신학과 철학을 공부했다. 세미나 참여자들이 공부한 국가들이 러시아, 일본, 중국, 미국, 독일 등으로 다양하고, 전공도 철학, 문학, 역사, 정치사상, 한국사상, 신학, 경제학 등 여러 분야에 포진했기에 매우 풍성한 논의가 오가며 서로 지적 자극을 주는 계발적 모임이었다.

    연구의 흐름, 주제 내용, 인물의 선정 등은 동북아시아의 니체 수용사와 니체를 중심으로 오랫동안 한국 정신사를 정리하는 작업을 하고 있는 김정현이 맡아서 기획했다. 러시아 자료는 문준일 교수, 일본 자료는 유지아·조성환 교수, 중국 자료는 김현주 교수가 담당해 구했고, 그 자료들을 번역해 세미나에서 그 내용을 함께 논의하며 검토했다. 1909년 《서북학회월보》에 게재된 대한제국기 최초의 니체에 대한 논의가 소개된 글(〈윤리총화〉, 〈윤리총화 (속)〉)은 필자가 현대어로 옮기는 작업을 했다.

러시아어, 일본어, 중국어, 영어, 독일어 자료들과 연구서들을 검토하는 작업은 HK+연구 사업을 하는 연구소의 역량이 아니면 현실적으로 이루어지기 쉽지 않았을 것이다. 이 책의 출간은 다양한 전공 영역에서 다양한 언어를 구사할 수 있는 전공자들이 모여 공동의 학문적 관심사를 가지고 집단 연구를 했기에 나올 수 있는 성과가 아닌가 싶다. 니체 수용사는 철학사상, 역사, 문학, 문화, 정치 등 다양한 영역과 직접 연관되어 있는데, 다양한 연구 분야의 연구소 구성원들이 마음을 모아 진지하게 연구를 수행한 점에 깊이 감사드린다. 동북아시아의 초기 니체 수용은 1890년대와 1900년대에 걸쳐 있어서 자료를 구하는 과정이 쉽지 않았지만, 세미나에 참여한 교수들이 각자 현지의 지인에게 부탁하고, 현지 대학 도서관과 국회도서관에서 자료를 찾고, 인터넷을 통해 관련 문헌을 구해 공유하기도 하며 연구를 진행했다. 러시아, 일본, 중국, 대한제국 등 동북아시아 각 지역 국가의 초기 니체 수용사의 중요 텍스트에 대한 번역은 세미나를 진행하는 과정에서 이미 완료되어서, 정리되는 대로 곧 별도의 단행본으로 출간할 예정이다. 동북아시아 각 지역 국가에서 이루어진 최초의 니체 수용에 관한 원전 텍스트는 일반인이 접근하기 어려운 매우 귀중한 자료들이기에, 이것이 번역되어 출간되면 동북아시아의 지적 지형의 전이 과정과 재형성 과정, 즉 각 지역 국가의 정신세계에 미친 영향 등을 비교할 수 있는 트랜스네이션적·지성사적 지평 연구가 가능할 것이라 기대된다.

연구소의 연구 기획과 세미나 연구를 토대로 2022년 1월 25일에 원광대학교 한중관계연구원 HK+동북아시아인문사회연구소와 한국니체학회가 공동으로 주관해 '동북아, 니체를 만나다: 20세기 초 동북아 사상의 전이와 재형성'이라는 주제로 학술대회를 개최했다. 김선희(한국니체학회 회장, 강원대)·이주향(수원대)·정낙림(경북대)·양대종(건국대)·강용수(고려대)·임건태(우송대)·정은경(중앙대) 교수를 비롯해 연구소의 조정원·이용범·한승훈·윤현명·한담 교수가 함께 토론과 사회를 맡았고, 니체에 관심이 있는 많은 분이 참여해 밀도 있고 풍부한 논의가 이루어졌다. 발표 영역도 철학뿐만 아니라 문학, 역사, 정치사상 등 여러 영역을 포괄했다. 러시아 문학을 연구하는 문준일 교수, 한국과 일본 사상을 연구하는 조성환 교수, 다카야마 조규의 개인주의 니체 해석과 달리 일본 니체 수용의 또 다른 지평을 제공하는 우키타 가즈타미의 애기/애타 해석을 다룬 유지아 교수, 량치차오의 사회진화론과 니체 사상을 다룬 김현주 교수가 발표를 맡아주었다. 특히 중국의 루쉰의 니체 해석은 가오지안후이 교수가, 일본의 국가주의에 대한 저항 담론을 제공한 다카야마 조규의 니체 논의는 독일에서 활동하고 있는 니체 연구자 도요미 이와와키-리벨 박사가 맡아주었다.

이 책은 연구소 교수진의 적극적인 참여와 한국니체학회 회원의 동참, 니체에 관심이 있는 많은 분의 관심 덕분에 이루어진 '함께-만듦sympoiesis'의 산물이다. 이 책은 비록 작은 학문적 시도지만, 니체와 동북아시아 정신사의 새로운 만남을 시도하는 연구자들의 노고와 정성이 모인 결과물이라는 데 큰 의의가 있다. 앞으로 동북아시아 정신세계의 영향사적 지평을 열며 아직 밝혀지지 않은 수많은 정신적 지층의 의미를 연구하고자 하는 이들에게 이 책이 20세기 동북아시아 정신세계를 여는 작은 내비게이션의 역할을 할 수 있었으면 하는 기대를 가져본다.

2022년 11월
필자들을 대표해 김정현 씀

차례

1장

19세기 말 러시아 사상지형과
니콜라이 그롯의 니체와 톨스토이 해석

문준일

1. 러시아, 동북아 니체 담론의 시원

19세기 말에서 20세기 초 니체Friedrich Nietzsche(1844~1900)의 사상이 유럽에 미친 영향의 강도와 폭은 매우 깊었다. 하지만 니체의 사상이 가장 큰 반향을 얻은 곳은 러시아였다. 니체가 세기 전환기의 러시아 문화와 문학 그리고 사상에 엄청난 영향을 미쳤다는 것은 주지의 사실이다. 당시 러시아에서 니체는 마르크스Karl Marx, 솔로비요프Vladimir Solov'yov와 함께 지식인들에게 큰 영향을 끼친 사상가로 꼽힌다.[1] 러시아에 니체의 철학이 유입된 시기는 1890년대 초반이었다. 이때부터 러시아 사상에 대한 니체의 영향력은 점차 증대되어 제1차 세계대전이 발발한 1914년 무렵 절정을 이룬다. 유입 초기부터 니체 사상은 전제정치와 교회의 이념을 지키기 위한 혹독한 검열제도에 의해 삭제와 누락, 왜곡의 수난을 겪으면서도 러시아 지식인들의 비상한 주목을 받기 시작했다.[2]

이 글은 이러한 러시아에서의 니체 수용, 그중에서도 초기 수용 단계인 1893년에 발표된 러시아 철학자 니콜라이 그롯Nikolai Grot(1852~1899)의 니체 해석을 살펴보는 데 목적이 있다. 이를 위해 먼저 러시아가 니체를 수용할 당시의 사상지형이 니체의 수용과 해석에 어떠한 작용을 했는지 고찰하고, 이 맥락 속에서 니콜라이 그롯의 니체 해석의 내용과 의미를 도출하고자 한다.

많은 러시아 철학자, 사상가, 문학가의 니체 분석과 연구가 있지만, 그롯의 니체 해석에 주목하는 이유는 다음과 같다. 첫 번째는 그롯의 연구가 러시아에서 니체와 다른 러시아 사상가와의 비교를 진행한 최초의 연구라는 것이다. 그롯은 그의 논문에서 톨스토이의 기독교적 이타주의를 니체의 반기독교적 개인주의와 대비시켰다. 니체 철학에 대한 완전한 이해가 이루어지지 못한 상태에서 도식적으로 서술되었다는 느낌을 주긴 하지만 최초의 비교연구라는 점에서 의미가 있다고 하겠다.

두 번째는 이러한 톨스토이와의 비교를 통한 그롯의 니체 해석이 이후 동북아의 니체의 사상 수용에 하나의 전형이 되었다는 것이다. 그롯의 니체와 톨스토이 비교는 톨스토이의 지인인 고니시 마스타로小西增太郎(1862~1940)를 통해 일본에 전해졌고 일본의 니체 수용에 영향을 미치게 되었다. 고니시 마스타로는 일본에 이 담론을 처음 소개함으로써 19세기 말부터 20세기 초 국가주의와 제국주의로 질주하던 일본에 휴머니즘과 도덕적 사유뿐만 아니라 개체성의 자각, 개인주의, 이타주의, 사회주의, 아나키즘, 반전 평화주의 등 다양한 논의가 일어날 수 있는 지반을 제공했다. 이 담론은 1898년 무술변법戊戌變法에 실패하고 일본에 망명해 있던 량치차오梁啓超(1873~1929)나 왕궈웨이王國維(1877~1927)에게도 영향을 주었다. 근대화와 제국주의에 동참했던 일본에서의 니체와 톨스토이에 대한 논의가 국가주의, 개인주의, 사회주의, 아나키즘에 관한 것이었다면, 청일전쟁에 패하고 서양의 과학기술과 사상을 받아들이던 중국에서의 니체는 구습의 폐지, 신문화 창조, 인간 해방, 민족주의 등 중국의 부강과 인류의 미래에 관한 것이었다. 그리고 한국에서는 1909년 《서북학회월보西北學會月報》를 통해 필자 미상으로 〈윤리총화倫理叢話〉와 〈윤리총화 (속續)〉이라는 두 편의 글이 게재되는데, 여기에서도 톨스토이와 니체가 함께 논의되면서 애기愛己와 애타愛他, 사회의 의미, 사회적 동물로서의 인간의 삶으로 비교된다. 이 글은 니체주의는 자애를 강조하고 사회적 관계를 무시하는 개인주의에 경도되어 있고, 톨스토이주의는 과격한 이타주의와 무정부주의로 빠질 수 있는 위험성이 있다고 비판한다.[3] 이렇게 두 대척적인 사상으로 한국에 받아들여진 톨스토이주의와 니체주의는 1920년대 초반의 논의에서도 이 구도를 그대로 유지하며 세계사상적 흐름의 2대 조류로 받아들여졌다. 극단적 이기주의와 이타주의, 역力만능주의자와 동정/박애/평화주의자, 초인설과 무아설無我說, 대표적 개인주의자와 사회주의자라는 대쌍구조는 현대의 사상적 조류를 통해 유추된 근대 인식의 한 틀로 이해되었으며, 김유방, 이돈화에 이르기까지 '톨스토이주의냐 니체주의냐'라는 이해틀은 폭넓게 공유되고 있었다.[4]

　살펴본 바와 같이 니체와 톨스토이라는 두 사상가의 차이점을 대비하고 공통점을 찾으면서 그들 사상의 본질을 선명히 드러내려 한 그롯의 시도는 이후 니체주의와 톨스토이주의라는 사상적 담론이자 하나의 개념 쌍이 형성되어 동북아에서의 니체 사상 수용에서 하나의 전형으로 작용하게 된다. 이렇게 니체주의와 톨스토이주의는 그롯을 거쳐 19세기 말부터 20세기 초 일본과 중국, 대한제국 등 동북아시아로 순식간에 확산되며 사회진화론과 자강론, 국가주의와 미적 자아실현, 개인주의와 공동체주의, 자애주의(자아중심주의)와 애타주의 등의 담론을 형성하는 데 기여하게 된다.[5] 따라서 동북아 니체 수용의 시발점이자 전형이 된 그롯의 니체와 톨스토이 비교 해석이 러시아의 어떠한 역사문화적 맥락 속에서 태동했는지 밝히는 것은 의미가 있다고 하겠다. 이를 위해 당시 러시아의 정치, 사회적 상황, 사상 지형을 살펴보고 러시아의 니체 수용 초기 단계에서 니체가 톨스토이와 함께 인식된 담론의 발생 이유를 규명하도록 하겠다. 그 다음 그롯의 니체와 톨스토이 해석의 내용 구조를 분석하여, 이후 동북아에 전해진 니체 담론의 사상적 패턴의 시원을 밝혀보려고 한다.

2. 러시아의 니체 수용사

러시아에서의 니체 수용에 대한 단계별 시기 구분은 마르코프B. Markov, 시네오카야Yu. Sineokaya, 로젠탈B. Rosenthal 등 여러 니체 연구자에 의해 이루어졌다. 각 연구자 마다 시기 구분이 조금씩 상이하지만 첫 번째 시기를 1890년대로 잡는 것은 공통적이다. 이것은 이 시기 수용된 내용이 이견의 여지가 없이 단일하고 이후 2단계와 정확히 구분되기 때문일 것이다. 본 글에서는 니체 수용사를 가장 광범위하고 자세하게 서술한 시네오카야의 구분에 따라 서술하기로 한다.

러시아 니체 수용의 첫 번째 시기는 앞서 이야기한 바와 같이 1890년대이다. 혁명 전 러시아에서는 서구 사상의 수용이 10년에서 15년 정도 늦었다. 러시아에서 인기를 얻은 니체의 저작인《비극의 탄생》(1872),《차라투스트라는 이렇게 말했다》(1883~1885)가 러시아어로 번역된 해는 각각 1899년과 1898년이다. 이렇게 니체의 수용이 늦어진 원인 중 하나로 가혹했던 교회의 검열을 들 수 있다. 니체의 독일어 텍스트는 검열로 인해 손에 넣기 힘들었고, 《인간적인 너무나 인간적인》, 《안티크리스트》 같은 책들은 반종교적 내용이라는 이유로 러시아에서 완전히 금지되었다.[6]

검열은 니체의 러시아 소개를 지연시킨 결정적인 원인이었고, 러시아의 독자들이 니체의 사상에 다가가는 데 큰 장벽으로 작용했다. 1890년까지 니체는 러시아 독자들에게 거의 알려지지 않았다. 니체의 저작들은 검열에 의해 출판이 금지되었다. 당시는 알렉산드르 3세 치하였는데, 그의 아버지 알렉산드르 2세가 자유주의적 정책을 펼쳤지만 1881년 혁명주의자의 테러로 숨진 이후 검열은 더욱 엄격히 강화되었고 포베도노스체프Konstantin Pobedonostsev (1827~1907)[7]가 규정한 러시아의 세 가지 근간인 전제정치, 정교, 민족성에 도전하는 모든 책은 블랙리스트에 올랐다. 니체의 저작들은 러시아 관리가 두려워한 모든 것을 포함하고 있었다. 니체는 기존의 정치, 사회 이데올로기에 도발적으로 의문을 제기했고, 기독교의 이타주의 도덕과 자기부정을 격렬하게 비판하였다. 이러한 이유로 니체의 책들은 그에 대한 금지가 공식적으로 해제된 1898년까지 러시아에서 허가되지 않았고 거의 사반세기 이상 러시아 대중들에게서 의도적으로 분리되어 있었다. 그래서 서구에서 그의 명성이 점차로 증대되는 것과는 반대로 러시아에서는 1885년과 1887년 러시아판 《브로크하우스와 에프론 백과사전Brockhaus and Efron Encyclopedic Dictionary》에서 그의 이름은 찾아볼 수가 없었다.[8] 그리고 1897년 판본에는 'Ф. Ниче (F. Niche)', 'Ф. Нитче (F. Nitche)'로 마치 전혀 다른 두 사람인 것처럼 기재되어 있었다.[9]

하지만 교육받은 러시아인들은 니체를 독일어 원문이나 프랑스어 번역본으로 읽을 수 있었기 때문에 러시아 정부의 검열에도 불구하고 1890년대 초에 니체의 철학에 대해 알기 시작했고 그 이전에 알고 있었을 가능성도 배제할 수 없다. 이런 이유로 1898년 니체의 책에 대한 금지 해제 이전에도 러시아 검열관이 니체의 사상과 작품이 러시아 지식계에 점진적으로 침투하는 것을 완전히 막을 수는 없었다.[10] 1898년부터 출간되기 시작한 러시아어 번역본은 1911년에 이르러 그의 모든 주요 작품을 러시아어로 읽을 수 있을 만큼 늘었지만, 일부 번역은 심각한 결함이 있기도 했고 검열에 의해 삭제된 부분도 있었다.[11]

이러한 상황에도 불구하고 1890년대는 니체 사상이 배양되는 시기였다. 니체의 견해를 비판하는 내용을 담은 출판물과 니체 저작의 번역들이 급격히 증가하였다. 1890년대 말이 되자 니체에 대한 논문과 단행본이 백여 편을 넘겼고 시와 산문 텍스트, 서간문 등 그의 저작 번역도 백오십여 편에 달하게 된다.[12]

또한 이 시기에 니체 철학에 대한 연구서들이 러시아어로 처음 번역된다. 루 살로메Lou Andreas-Salome는 1896년, 루드비히 슈타인Ludwig Stein은 1888년, 게오르크 지멜Georg Simmel은 1899년, 앙드레 리흐텐베르거André Lichtenberger의 책은 1894년에 출판되었다. 당시 유명했던 책은 1894년에 번역된 막스 노르다우Max Nordau의 《퇴행Entartung》이었다. 또한 1893년에 출판된 보보르이킨P. Boborykin의 소설 《고갯길Перевал(Pereval)》은 예술 작품에 니체의 사상이 투영된 첫 번째 사례였다.[13]

러시아에서 니체 철학의 이해가 깊어지게 된 것은 덴마크 출신 비평가이자 문학사가이며 니체의 친구이기도 한 브란데스Georg Brandes

(1842~1927)의 역할이 컸다. 1889년 덴마크어로 출판된 그의 논문인 〈프리드리히 니체, 귀족적 급진주의〉가 1900년에 러시아어로 번역되어 소개되었고 당시 지식인들에게 널리 읽혔다. 그래서 이후 미하일롭스키N. Mikhailovsky나 셰스토프Lev Shestov 같은 사상가들은 니체에 대한 자신들의 저작에서 브란데스의 견해에 주의를 기울였고, 때로는 그의 견해를 논박하기도 했다.[14]

니체 수용의 첫 번째 시기 러시아 지식인들의 니체에 대한 첫 태도는 매우 부정적이었다. 그들은 니체의 철학이 서유럽 문화가 처한 위기 상황을 반영한다고 보았고, 유럽 문화에 잠재되어 있는 위기의 징조와 표출을 고찰한 니체 이론이 가지는 긍정적 역할을 신랄하게 부정하였다. 이 시기 니체 수용의 특징으로는 니체 사상의 도덕적 본질에 관한 첨예한 논쟁이 일어났다는 것을 들 수 있다. 앞서 언급한 대로 니체의 원전이 처음으로 번역된 것이 1898년이어서 1890년대 니체 수용은 학술 저널에 비평가들이나 철학자들이 그의 개념을 비판적으로 소개하는 식으로 이루어졌다. 1890년대 프레오브라젠스키, 미하일롭스키, 솔로비요프, 표도로프N. Fedorov, 로파틴L. Lopatin, 그롯N. Grot, 추이코V. Chuiko, 볼린스키A. Volynsky 등의 철학자, 사상가들이 니체에 대한 비평과 논문을 학술 저널에 실었고, 이들의 해석을 통해 니체 독해의 방법들이 형성되었다.

그 중 프레오브라젠스키의 논문과 그것에 대한 격렬한 대응들이 이 시기 니체 수용의 특징인 니체 사상에서 도덕의 문제에 대한 논의를 이끌게 된다. 1892년 《철학과 심리학의 문제들Voprosy filosofii I psikhologii》에 게재된 프레오브라젠스키의 논문, 〈프리드리히 니체: 이타주의 도덕 비판Friedrich Nietzsche: Kritika morali al'truizma〉은 러시아에서 나온 니체에 대한 첫 번째 논문이며, 니체의 철학적 개념에 관한 진지한 첫 번째 분석이다.

이 논문은 1890년대 러시아의 니체에 대한 부정적 태도와는 다르게 니체의 이타주의 도덕 비판에 대한 프레오브라젠스키의 상세한 설명과 분석, 그리고 공감으로 채워져 있다. 니체가 말하는 상대적 가치로서의 도덕, 이타주의의 내면에 숨겨져 있는 허위에 프레오브라젠스키는 공감하면서, 니체의 논리를 성실히 분석해서 독자들에게 전달하고 있다. 러시아 현실에 대한 새로운 이상의 길을 프레오브라젠스키는 니체에게서 보았던 것이다. 그리고 그의 논문은 이후 러시아에서 니체의 도덕 사상에 관한 격렬한 논의가 이루어지는 시발점이 된다. 니체의 도덕 사상에 관한 그의 긍정적 해석을 반박하기 위한 논문들이 즉시 출간되었다. 그 반박 논문들에서 니체는 반기독교적 개인주의자이며, 그의 사상은 '지금까지 인류에게 성스러운 모든 것에 무자비한 것'으로 여겨진다.

이 시기 니체에 대한 논문이나 논평들에서 한 가지 눈에 띄는 사실은 니체의 사상에 적대적이든 호의적이든 간에 니체주의의 부정적인 측면에 대해서만 말한다는 것이다. 이런 맥락 속에서 당시 니체의 이미지는 퇴폐주의자, 비도덕주의자, 전통 파괴자, 노예제와 농노제 옹호자, 무신론자, 악의 전도사로 공고화되었다.[15] 클라인George Kline이 말한 대로 1890년대 러시아 지식인들은 니체의 강렬한 저작들과 만나 첫눈에 매혹되었긴 했지만, 그것은 완전한 사랑이거나 순수한 사랑이 아니었다. 왜냐하면 그 매혹에는 충격과 혐오가 강하게 뒤섞여 있었기 때문이다.[16]

러시아의 니체 수용 두 번째 시기는 20세기 초의 사반세기에 해당된다. 즉 1900년에서 1925년 정도의 시기이다. 19세기에서 20세기로 넘어가는 시기에 러시아에서는 니체 철학이 엄청난 인기를 구가했다. 당시 러시아 문화계 인사들의 말들이 이것을 증명한다. "그해 겨울 우리 모두는《차라투스트라는 이렇게 말했다》를 읽었다"(멘젤레예바-블록L. Mendeleeva-Blok), "우상 파괴자인 프리드리히 니체는 새로운 세기의 문턱에 서 있었다. 얼마 전까지 애수어린 퇴폐주의자들이 니체주의자, 아나키스트, 영혼의 혁명가로 바뀌었다"(모출스키K. Mochul'sky), "니체는 그 십 년간 젊은이들의 진정한 신이었다"(베누아A. Benua).[17]

1900년에 8권으로 된 니체 선집이 처음으로 러시아어로 번역되었다. 수정본은 1902년과 1903년에 9권으로 출간되었다. 1909년에는 니체 전집 번역이 시작되었지만 1912년에 출간된 4권을 끝으로 더 이상 진척되지 않았다. 니체의 가르침은 솔로비요프의 철학과 함께 러시아의 정신적 르네상스 시기에 활동했던 사람들에게 촉매 작용을 했다.

또 러시아에서 니체 철학에 대한 다양한 분석을 담은 러시아 학자들의 전문 연구서가 출간되기 시작하는 시기이다. 그리고 니체의 개념과 유명한 러시아 사상가들, 주로 도스토옙스키Fyodor Dostoevskii, 톨스토이Lev Tolstoi와 비교하는 연구들도 나타난다. 또한 주인공이 니체주의자인 예술작품들도 많이 출판된다.

니체 연구자들의 평가대로 니체의 철학은 20세기 초에서 제1차 세계대전 사이 15년 동안 러시아 문화가 상승하는 데 본질적인 자극을 주었다. 앞서 말한 대로 1890년대에는 니체의 사상에 대한 러시아 지식인들의 긍정적인 반응이 매우 드물었다고 한다면, 19세기에서 20세기로 넘어가는 이 시기에는 이미 니체에 대한 높은 평가와 그의 저작들에 대한 인정이 압도적이었다. 니체의 철학은 러시아 관념론자들이 문화의 종교적 토대로 향하는 데 중요한 역할을 했다. 니체의 가르침은 인간에게 자기 자신을 인식하는 것을 도와주고, 그가 누구인지 세상에서 어떠한 위치를 가지고 있는지 결정하는 것을 도와주는 개인 해방의 수단이 되었다.[18]

하지만 1905년 혁명의 실패 이후 러시아 지식인들의 정신 상태의 변화가 명확히 나타난다. 지식인들은 슬라브주의에서 발생한 전통적인 관념론으로 방향을 바꾸거나, 솔로비요프와 트루베츠코이Trubetskoy 형제의 사상으로 다가가거나, 아니면 '진정한 혁명적 세계관'으로 향했다. 러시아 인문학자들 사이에서는 러시아의 문화적 전통 속에서 스스로 규정하고 정의하려는 욕구가 강해졌다. 교회의 품으로 돌아가려는 지향도 나타났고, 러시아 교회와 종교가 실생활과 유리된 것을 극복하려는 노력도 나타났다. 이러한 변화는 니체에 대한 태도에도 바로 영향을 미치게 된다. 1908년 무렵이 되자 니체 철학의 인기가 줄어들기 시작했고, 1912년부터는 러시아 비평가들이 자신의 글에서 니체의 이름을 공개적으로 언급하는 것을 피하기 시작했다.[19]

상당수 러시아 지식인들 사이에서 인지학人智學과 정신분석학에 대한 흥미가 증대한 것도 니체에 대한 관심이 식어가는 데 일정한 역할을 했다. 1910년대 초부터 거의 1920년대 중반까지 정신분석학과 인지학은 러시아에서 지적 생활을 구성하는 중요한 요소였다. 이 시기에 프로이트Sigmund Freud와 슈타이너Rudolf Steiner의 인기는 니체 사상의 영향과 경쟁할 만할 정도였다.

니체 사상에 대한 흥미가 점점 사라지게 된 중요한 원인이 또 하나 있다. 니체의 철학이 엄청난 인기를 구가하면서 그의 사상은 유행을 쫓는 이류 저술가들에 의해 때로는 왜곡되거나 니체와 전혀 일치하지 않는 방식으로 사용되었다. 이렇게 된 것은 종종 니체 원전의 의미를 왜곡시키는 번역의 질적 수준 때문이기도 했다.

1910년대 초에는 제1차 세계대전의 영향으로 조성된 반反니체적 분위기, 즉 독일 문화를 거부하는 신슬라브주의적 경향에도 불구하고 단행본과 저널에서 니체는 계속 언급되었다. 에른Vladimir Ern이 쓴 유명한 팜플렛의 제목〈시대는 슬라브파의 견해를 신봉한다Vremya slavyanofil'stvuet〉(1915)는 모스크바 종교철학협회Moskovskoe religiozno-filosofskoe obshestvo의 반독일 기조를 극명하게 드러내는 구호가 되었다. 에른은 여러 논문을 통해 독일 제국주의와 독일 문화를 동일시하고, 러시아가 독일 문화를 장악한 악과의 마지막 영적 투쟁을 스스로 감당할 것을 호소한다. 물론 전쟁을 슬라브적 개념으로만 받아들인 사람만 있는 것은 아니었다. 프랑크Semyon Frank는 독일 문화를 단면적으로 비판하는 견해에 반대하였지만 이미 당시 니체의 이름은 독일 군국주의와 연결되기 시작한다.

1916~1917년이 되자 거세지는 혁명의 징후와 종말론적 기대로 니체 철학에 대한 관심이 일정 부분 살아나기 시작한다. 벨리Andrey Bely나 블로크Aleksandr Blok 같은 작가들은 혁명을 미래의 영적 갱신의 첫 단계, 아폴론적 원칙과 디오니소스적 원칙의 새로운 문화적 통합의 탄생으로 받아들였다. 당시 혁명적 출판물들에서 니체는 민주주의자, 민중의 혁명가라는 새로운 이미지를 부여받는다.[20]

또한 교육받은 계층의 인민에 대한 사회적 의무라는 이념의 맥락에서 정치적으로 받아들여진 니체의 개념은 간접적이긴 하지만 러시아 마르크스주의에 강력한 영향을 주게 된다. 그리고 '니체주의적 마르크스주의Nietzschean Marxism'라는 독특한 사상적 흐름이 1903년에서 1912년까지 형성된다. 고리키Maksim Gorky, 루나차르스키Anatoly Lunacharsky, 보그다노프Aleksandr Bogdanov, 볼스키S. Vol'sky 등이 이 사상적 흐름을 대표한다. 마르크스주의와 니체주의의 통합은 소비에트 러시아의 주요한 많은 활동가가 사회적 정의라는 이상과 개인적 완성이라는 이상을 중재하는 길을 찾는 데 도움을 주었다.[21]

마르크스에 경도된 인텔리겐치아들은 부르주아 문화의 가치 재평가나 새로운 사회 질서에 대한 니체의 요청을 가깝게 느꼈다. 그들은 그것이 완전한 평등이 이루어진 미래의 사회주의 국가에서 실현될 것이라고 생각했으며, 니체의 초인사상을 인민 대중에게 헌신적으로 봉사하는 강력한 지도자, 영웅적 인물의 이미지로 받아들였다.[22]

러시아의 니체 수용 세 번째 시기는 1920년대에서 1970년대에 해당하며 니체의 유산에 대한 관심이 약해지는 것이 특징이다. 이는 소비에트 러시아에서 진행된 '문화정책'의 결과로 볼 수 있다. 그 정책의 일환으로 니체의 저작이 금지되었다. 1923~1924년에 니체의 책들은 실질적으로 도서관에서 치워져 찾아볼 수가 없었다. 니체 철학 중 1920년대 소비에트 러시아에서 반향을 얻은 유일한 부분은 문화 철학, 특히 고대 그리스 로마 문화의 해석이었다.

제2차 세계대전 기간에 소비에트 러시아에서 니체의 철학적 유산에 대한 태도는 매우 부정적이 되었다. 니체의 이름은 파시즘과 동의어로 받아들여졌다. 그 이후 거의 1980년대까지 니체의 이름은 일상적 철학 논쟁에서 실질적으로 제외되었다. 볼셰비즘 이데올로기에 의해 니체 저작에 대한 금지가 이루어졌으며, 이념적으로 규정화된 틀을 벗어나는 니체에 대한 자유로운 연구과 해석은 치명적 위험이 될 수 있었다. 1920년대에서 1980년대 말까지 니체의 작품은 러시아에서 재출

간되지 않았다. 이 시기는 러시아 니체 연구에서 실질적으로 잃어버린 시기라고 할 수 있다.[23]

니체 수용 네 번째 시기는 1980년대와 1990년대이다. 긴 암흑기를 거친 후 니체 철학이 다시 복귀하는 시기로 볼 수 있다. 1980~1990년대에 이념적 압박이 약해짐에 따라 상황은 조금씩 나아지기 시작했다. 새로운 세대의 니체 연구자들이 형성되었고 그들의 연구 범위도 넓어졌다. 1980년대와 1990년대의 경계 시기에 니체 텍스트들이 재출간 되었으며, 이것은 러시아 철학사가들의 연구 작업에 새로운 자극으로 작용했다.

20세기에서 21세기로의 전환기에 니체의 철학은 100년 전과 마찬가지로 인기의 고양을 경험하게 되었으며, 반세기 동안의 금지 이후 니체는 다시 인문학자들과 대중의 관심의 대상이 되었다.

3. 러시아 사회 상황과 니체 수용의 특징

러시아에서 니체가 초기 수용 단계에서 열광적으로 받아들여진 데에는 몇 가지 이유가 있다. 우선 니체의 사상이 러시아에 들어오는 시기의 사회 상황을 들 수 있다. 니체의 사상은 1890년대 초부터 점차 러시아의 문화와 지성계에 스며들었다. 이것은 그의 이념이 러시아의 정치적, 사회적, 문화적 그리고 이념적 유동의 시기에 들어오게 된 것을 의미한다. 1890년부터 러시아에서는 산업화의 붐이 일어났고, 이는 농업국가의 급진적인 변화로 이어졌다. 급속하게 성장하는 산업 영역으로 농민들의 대규모 이주가 있었고, 곧 노동자들이 새로운 사회계급으로 부상했다. 1894년 반동적인 니콜라이 2세가 황제로 즉위했지만

역사를 통해 알 수 있듯이 그는 당시 러시아의 정치적, 사회적 개혁의 필요성에 답할 수 없었다.[24]

그리고 당시 러시아의 정신사적 상황을 살펴보면 19세기 러시아에 퍼져 있던 지배적인 사상들, 즉 1860년대의 반反헤겔주의적 실증주의와 유물론, 1870년대의 인민주의Narodnichestvo가 지적인 매력을 잃었고, 마르크스주의는 이제 막 등장하여 추종자들을 모으려고 하던 시기였다. 이렇게 러시아는 주도적 이념적 경향이 없어진 이데올로기적 진공상태에 처해 있었다. 그리고 '진보적이고 비판적인 사고'에 유일하게 적합하다고 여겨졌던 실증주의자와 이성주의자들이 정립한 협소한 도덕적 틀을 깨트리려는 새로운 철학적 사고의 발생도 분명해지고 있었다. 이러한 상황에서 분명하고 강력한 이념과 철학에 대한 요구가 발생하였다.[25] 니체는 이렇게 기존의 제도와 가치가 더 이상 사회적 혼란에 답을 줄 수 없고 새로운 패러다임에 대한 갈망이 생성된 역사의 전환기에 러시아로 유입되었다.

또 다른 이유로 들 수 있는 것은 니체가 쓰는 아포리즘적 표현 양식에 관련된 것이다. 그전에도 마찬가지였지만 19세기의 마지막 사반세기는 러시아에서 추상적 사상과 예술문학의 결합이 강력해지는 시기였다. 블로크나 벨리 같은 시인들이나 톨스토이나 도스토옙스키 같은 소설가들의 작품에는 철학적 사고가 관통하고 있었고, 형이상학적 경향의 사상가들 중 출코프Georgy Chulkov나 안드레예프Leonid Andreev 같은 이들은 단편 소설을 쓰기도 했고, 솔로비요프나 메레시콥스키Dmitry Merezhkovsky는 시를 썼으며, 로자노프Vasily Rozanov나 셰스토프는 아포리즘적 텍스트를 썼다. 이런 배경에서 니체의 문학적 재능은 러시아에서 그가 인기를 얻는 원인이 되었다. 다시 말해서 러시아에서는 문학이 어느 정도 이념을 표현하기 위한 도구로 기능하고 있었고, 이런 맥락에서 니체의 아포리즘적 사상 표현이 러시아의 독자들에게는 생경하지 않았을 수도 있는 것이다. 그리고 당시 많은 러시아 인문학자가 쇼펜하우어Arthur Schopenhauer와 하르트만Eduard Hartmann의 윤리학과 형이상학에 빠져 있었던 것도 상당 부분 니체의 사상을 받아들이는 사전 작업으로 작용했다.[26]

당시 러시아 지식인들이 무엇보다 공감했던 것은 니체가 분노했던 대부분의 대상이 그동안 수많은 러시아 사상가에 의해 논박되어 왔던 비평의 대상과 유사하다는 것이다. 소심함과 평범함, 순종과 자기만족 등 천박한 대중문화에 대한 니체의 격렬한 공격은 19세기 러시아 사상에서도 유사한 메아리를 발견할 수 있다. 러시아에서 공리주의와 실증주의의 사회문화적 등가물에 해당하는 단어는 '속물성'을 의미하는 '메샨스트보мещáнство'와 '저속함'을 의미하는 '포쉴로스치пóшлость'로서, '합리적 이기주의rational egoism'와 과학주의에 병행되는 실용윤리는 고골Nikolai Gogol과 도스토옙스키, 톨스토이 등 여러 러시아 작가에 의해 이미 지속적인 공격을 받아왔던 것이다.[27] 또한 니체의 철학은 여러 이유로 전통적인 러시아 문화에 불만을 가지고 있던 반역자들에게 매우 매력적으로 다가왔다. "모든 가치의 재평가Umwertung aller Werte"라는 그의 요청은 새로운 질서에 대한 전망을 고취시켰다. 이 문구는 당시의 문화적 관습cultural baggage으로 흡수되어 많은 작가에 의해 인용 부호 없이 사용되었는데, 그들 중 많은 사람이 자신이 니체를 인용하고 있다는 사실조차 몰랐다.[28]

그리고 또 다른 흥미로운 원인은 러시아 지성사를 관통하는 '도덕적 반란moral revolt'이라는 문학적, 철학적 전통이 니체를 만나면서 발생한 화학적 융합이다. 러시아의 니체 수용에서 흥미롭고, 주목할 사실은 많은 비평가가 그의 철학 중에서 도덕적 부분에 관심을 보였다는 것이다. 러시아에서 도덕적 시각의 프리즘으로 니체의 사상을 받아들이는 전통이 있는 것은 분명해 보인다.[29] 러시아 니체 연구의 권위자인 시네오카야도 니체의 철학이 많은 관심을 끌게 된 가장 중요한 요소로 윤리 부분에서 보이는 니체의 천재성을 들고 있다.[30]

이렇게 도덕에 집중된 니체 수용의 러시아적 특징을 러시아의 전통인 '도덕적 반란'이라는 개념으로 설명한 클로스Edith Clowes의 견해는 매우 흥미롭다. 그녀에 따르면 니체를 받아들이든지 거부하든지 간에 러시아 독자들은 니체를 특별한 종류의 도덕 사상가로 보았으며, 그의 사상이 전통적 독일 관념론의 전통보다 도덕적 반란이라는 러시아의 사회적, 문학적 전통에 훨씬 더 부합한다고 생각했다. 그래서 프레오브라젠스키는 니체를 게르첸Aleksandr Gertsen과 비교했고, 미하일롭스키는 니체를 도스토옙스키의《지하로부터의 수기Zapiski iz pod-pol'ya》의 주인공과 비교했다. 그래서 자연스럽게 러시아 독자들은 니체를 도덕적 반란이라는 러시아의 풍부한 문학적, 철학적 전통에 이입시켰다. 기존 체계의 관습적 도덕에 대한 니체의 비판은 러시아에서는 이미 투르게네프Ivan Turgenev나 도스토옙스키의 소설에서 접하던 익숙한 것이었다.[31]

러시아 독자들은 니체의 철학적 목소리와 19세기 중반 러시아 이념소설들 속 문학적 주인공들의 목소리가 유사하다는 것을 바로 알아차렸다. 실제로 관습적 가치에 대한 니체의 비판은 도덕적 반란이라는 러시아적 전통에 반복적으로 비교된다. 또한 기존 도덕에 대한 비판, 가치의 재평가를 요구하는 니체는 러시아인들이 사랑하는 도덕적 반란자라는 문학적 원형fictional archetype과 일치한다. 러시아 문학에서 기존의 도덕에 반기를 드는 이 반란자의 원형은 사회적, 정치적 변곡점에서 패배하는 문화적 계층에서 발생한다. 1825년 데카브리스트의 난Decembrist revolt[32]은 완전한 실패로 끝났지만 정치적 개혁과 사회적 정의, 주인공들의 고귀하고 자유로운 영혼이라는 전설을 남긴다. 이후 1840년대 대학에서 발생한 철학 서클은 1850년대에 이르러 보다 급진적 사상을 갖추게 된다. 이런 사상적 발효에 프랑스 급진사상과 영국의 학문적 실증주의가 중요한 역할을 했다.

투르게네프 작품에서 보이는 '잉여인간ishny chelovek, superfluous man'[33]의 모습에서도 도덕적 반란의 문제는 지속해서 다루어진다. 이 용어는 사회적 생활에서 이상을 실현할 기회의 가능성을 잃은 인물을 가리킨다. 하지만 러시아에서 개혁의 정신은 죽지 않고 보다 급진적인 방향으로 발전한다.

수많은 걸출한 러시아 소설이 1860년대의 이러한 전투적 분위기에서 발생했는데, 그들의 사회적 방향은 도덕적 불만에 의해 조건 지워졌다. 이런 소설들에 등장하는 니힐리스트의 모습들에서 도덕적 반란이라는 러시아 전통의 깊은 울림을 볼 수 있다. 이렇게 니체의 반란의 개성과 러시아 니힐리스트의 원형 사이에는 논쟁의 여지 없는 많은 유사점이 존재한다. 이렇게 니체의 사상은 러시아 전통의 도덕적 문제와 결합되어 수용되었다.[34]

마지막으로 러시아 지식인들에게 니체는 러시아의 전통적인 사상과 몹시 가까워 보였다. 그래서 그로이스Boris Grois는 니체를 "서구의 철학자들 중 가장 러시아적인 철학자"라고 불렀고, 표도로프는 니체를 "서유럽인들 중의 러시아인Russian among the West Europeans"이라 지칭했다. 심지어 카갈리츠키Boris Kagarlitsky는 "러시아에서 니체의 적극적 수용이 일어난 것은 단순한 영향 관계가 아니라 운명이다."라고까지 했다.[35] 또한 정신적 측면에서의 니체와 러시아의 친연성에 대한 강조도 볼 수 있다. 니체 서거를 기념해 1900년에 출간된 《예술세계Mir iskusstva》 특별 호에 실린 추도사는 다음과 같이 쓰고 있다. "우리 러시아인에게 니체는 매우 가까운 사람이다. 그의 영혼에서는 두 개의 신, 혹은 두 개의 악마, 아폴론과 디오니소스의 투쟁이 벌어지고 있다. 똑같은 투쟁이 푸시킨A. Pushkin에서 톨스토이와 도스토옙스키에 이르기까지 러시아 문학의 심장에서 영원히 일어나고 있다."[36]

4. 프레오브라젠스키, 니체에 대한 첫 번째 응답

앞서 언급한 대로 러시아에서 발간된 니체에 대한 첫 번째 논문은 1892년 《철학과 심리학의 문제들》에 실린 프레오브라젠스키의 〈프리드리히 니체: 이타주의 도덕 비판〉이다. 《철학과 심리학의 문제들》은 모스크바 심리학회Moskovskoe psikhologicheskoe obshchestvo의 공식 잡지였다. 모스크바 심리학회는 1885년에 설립되었으며, 곧 러시아 사상사에서 이정표가 되었다. 이 협회는 실증주의와 유물론에 대한 반대를 표방했고, 형이상학적 문제에 대한 새로운 관심을 불러일으켰다. 《철학과 심리학의 문제들》은 최초의 러시아 철학 저널이었고, 은세기Silver Age에 종교철학을 전파하는 중요한 통로였다.[37]

당시 젊은 철학자였던 프레오브라젠스키는 니체에게 연대감을 느꼈다. 그의 유일한 해외여행이 독일, 이탈리아, 스위스에 소재한 니체가 거주했거나 작업했던 모든 곳을 가보려는 생각으로 계획되었을 정도였다. 프레오브라젠스키가 이렇게 니체에게 몰입하게 된 것은 그의 개인적인 성품에서 비롯된 것이다. 그의 신중한 태도는 러시아 현실에 대한 낙관적 희망보다는 가차 없는 비판의 길로 그를 이끌었다. 그의 러시아 사회에 대한 면밀한 고찰은 진보의 불가피성에 대한 믿음을 잃게 만들었지만, 규격화의 가능성을 가지고 있는 사회주의도 그에게 대안이 되지 못했다.[38] 그는 결국 소시민적 인습과 사회주의적 삶의 균일화를 극복할 수 있는 실질적 방법을 니체에게서 발견하였다.[39]

이것이 니체 철학에 대한 러시아의 첫 번째 반응, 즉 러시아에서의 니체에 대한 첫 번째 논문이 나오게 된 배경이다. 하지만 프레오브라젠스키의 논문이 실리게 될 《철학과 심리학의 문제들》의 편집자들은 니체의 충격적인 사상과 그것에 공감하는 프레오브라젠스키의 논문 기조에 적잖이 당황한 것 같다. 정부의 검열도 신경을 쓸 수밖에 없는 상황이었을 것이다. 그래서 저널 편집국은 프레오브라젠스키 논문 첫 페이지에 다음과 같은 편집자 주를 삽입한다.

편집국은 지금 어떠한 기이하고 병적인 현상이 서유럽 문화에 손상을 입히는지를 러시아 독자들에게 보여주기 위해, 매우 불쾌한 결론을 가지고 있는 프리드리히 니체의 도덕 이론을 인쇄하기로 결정하였다. 광채와 명민함을 가진 재능 있는 작가이자 사상가인 프리드리히 니체는 종교와 기독교, 그리고 신 자체에 대한 증오로 눈이 멀었고, 인간 종의 개별적 대표자들의 완성이라는 이상을 위해 범죄와 위험한 타락, 도덕의 쇠퇴에 대한 완전한 관대성을 냉소적으로 전파한다. 게다가 대다수의 대중은 마치 니체와 같이 굴레가 벗겨지고 어떤 법이나 도덕의 한계에도 억제되지 않는 '천재들'의 높임을 위한 받침대로 멸시적으로 여겨지고 있다. 자신이 세상의 창조자라는 고착 관념idée fixe으로 말미암아 정신병원에 갇힌 이 불행하고 교만한 사람의 운명은 아주 크고도 훈시적인 교훈을 제시한다. 스스로를 신이라 상상한 이 불행한 무신론자가 받은 크고도 응당한 징벌은 진정한 공포를 불러일으킨다. 우리《철학 저널》은 현대 철학이 자행한 일탈의 역사에서 이렇게 중대하고 교훈적인 사실에 침묵할 수 없다. 다음 호에서는 저널의 몇몇 동료(로파틴, 아스타피예프, 그롯)가 니체 이론의 철학적 측면에 대해 쓴 좀 더 상세한 분석을 인쇄할 예정이다.

편집국[40]

이러한 편집자 주에도 불구하고 니체 사상에 대한 합리적이며 교감하는 기조를 바탕으로 쓰인 프레오브라젠스키의 이 논문은 광범위한 독자층에게 다가갔고, 러시아에서 니체의 철학이 파종되는 데 중요한 역할을 했다.[41]

프레오브라젠스키의 논문은 러시아에서 니체에 대한 논쟁의 시작이 되었다. 그의 논문은《철학과 심리학의 문제들》후속 호에서 열띤 논의를 촉발시켰으며, 이 논의는 곧 다른 저널로도 퍼졌다.[42] 그러면 프레오브라젠스키 논문의 어떤 내용이 이런 반응을 불러일으킨 것인지 살펴보자. 프레오브라젠스키는 니체의 사상 중 도덕의 문제를 고찰하고 있다. 이것은 러시아 니체 수용에서 매우 중요한 대목이다. 러시아의 니체 수용 첫 단계는 니체 사상의 도덕적 문제에 집중되어 있는데, 그 출발점이 프레오브라젠스키의 논문이기 때문이다. 또한 1890년대 니체에 대한 러시아 비평가들의 태도는 대부분 부정적인 것이었던 것에 반해 프레오브라젠스키는 니체의 도덕 사상에 대한 긍정적 해석을 보여주고 있어 당시의 시대 분위기에서는 매우 이채로운 현상이었다.

'이타주의 도덕 비판'이라는 그의 논문 제목에서 알 수 있듯 프레오브라젠스키는 이타주의라는 기존에 정립된 도덕에 대한 니체의 논증에 주로 집중하고 있다.[43] 그는 니체를 일상적이고 좁은 의미의 철학자로 분류하기는 힘들 것 같다고 하면서 파스칼Blaise Pascal, 라로슈푸코Francois de la Rochefoucauld, 레오파르디Giacomo Leopardi 그리고 쇼펜하우어Arthur Schopenhauer 등과 같은 도덕주의자로 자리매김한다.[44] 그러면서 도덕에 관한 그의 논지는 다음과 같이 흘러간다. 이때까지 도덕 철학자들은 도덕에 대한 체계적 논증을 전달하는 방법에 대한 질문에만 관심을 기울였는데, 니체는 반대로 도덕 자체에 의문을 제기하고 도덕체계의 필요성과 개념에 문제가 있음을 발견한 최초의 사람이다. 니체는 '선과 악을 넘어서' 일반적인 윤리 기준을 위반함으로써 도덕성에 도전할 수 있었다. 보편적이고 단일한 도덕체계를 구축하려는 시도는 헛된 것이다. 왜냐하면 문화와 역사 시기의 다양성을 고려하지 않았기 때문이다.[45]

이렇게 프레오브라젠스키는 니체가 서구 퇴폐주의의 징조라고 하는 당시의 주도적인 견해를 벗어나서 니체가 도덕을 새로운 시각으로 바라본다는 것, 즉 상대적 가치로 본다는 것을 강조한다. 프레오브라젠스키는 기존 도덕체계의 진실성과 보편성을 공포한 사람들이 다른 문화와 다른 역사 시기의 믿음들을 전혀 고려하지 않았고 그래서 도덕이 상대주의적 측면을 가지고 있다는 것을 보지 못했다는 니체의 주장을 소개한다. 서로 다른 도덕체계는 서로 충돌할 수 있으며 아무도

특정 도덕체계의 우월성을 주장할 수 없다. 프레오브라젠스키는 이것이 니체의 '선악의 저편'의 의미이며, 일반적으로 받아들여지는 이타주의를 분석하기 위해 사용하였다고 생각했다.

니체는 이타주의가 사회에 유용하기 때문에 도덕적 가치가 부여되었음을 보여준다. 그리고 이렇게 사회적으로 강제된 도덕은 개인이 집단에 봉사하는 한에서만 개인을 가치 있게 여기는 '노예도덕'이다. 그 속에서 개인은 집단에 봉사하는 한에서만 가치가 있다. 개인은 그들의 사회적 미덕, 특히 권위에 대한 복종과 존경 등으로 가치를 지닌다. 이타주의 사회는 개성을 두려워하며, 사회의 개인에 대한 두려움이 그 '도덕'의 근원이다. 니체는 평등과 이타주의를 경멸한다. 그는 그것이 공포에서 만들어진 미덕이고, 인간을 가축으로 만든다고 생각한다. 프레오브라젠스키는 이타주의는 인간과 사회를 안전하고 평온하게 만들지만 삶을 무기력하게 살균시켰으며, 삶의 위험과 고통에 대한 힘과 의지를 파괴하였으며, 평범을 인간의 이상으로 만들었다고 주장한다.[46]

프레오브라젠스키에 따르면 대부분의 도덕 철학자는 '이웃 사랑'이라는 기독교 교리를 승인하고, 연민, 타인에 대한 동정, 이기심을 버리는 것, 자기부정과 같은 미덕을 찬미한다. 하지만 니체는 이러한 이타적 도덕을 거짓되고 위선적인 것으로 폭로한다. 그는 연민과 자기희생이 자기사랑에 빠지는 것 이외에 다른 목적이 없다고 밝힌다. 다른 사람을 위해 자신을 비우는 것은 순전히 자기애적 동기에 근거한다. 니체는 보편적으로 받아들여지는 연민의 미덕을 단순한 심리적 현상으로 돌린다. 이러한 자기 중심적 동기에도 불구하고 이타주의는 도덕적 지위를 부여받고 사회에 대한 이로움 때문에 제도화된 도덕이 되었다. 그러나 이러한 종류의 '집단도덕'은 사회와 인류를 더 높은 수준으로 끌어올리기에는 충분하지 않다. 이 이타주의 도덕은 인간을 사회적 사슬의 한 고리로 축소시켰고, 인간의 강력하고 창조적인 본능을 박탈한다.[47] 1880년대 인민주의 운동의 실패에 직면하고, 러시아 사회에서 개인의 지위를 재건할 혁신적인 이데올로기를 찾는 과정에서 프레오브라젠스키는 이타주의, 공리주의 도덕체계에 대한 니체의 비판적인 분석과 그의 창조적이고 독창적이고 자기결정적 개인에 대한 강조에 감동을 받았다. 프레오브라젠스키는 니체에게서 러시아 문화를 재생시킬 풍부한 영감을 보았고, 니체를 '새로운 계명'의 설교자로 환호하며 맞이한다.

프레오브라젠스키는 논리정연하고 공정한 논조의 논문으로 니체의 사상을 러시아 지식인 계층에게 전달한 최초의 러시아 비평가라고 할 수 있다. 하지만 그의 논문의 어조는 《철학과 심리학의 문제들》의 편집자들을 불쾌하게 했고, 세 명의 주요 편집자들이 바로 다음 호에 "니체 이론의 철학적 측면에 대한 좀 더 상세한 분석"이라는 명목으로 니체를 비판하는 내용으로 일관된 논문들을 발표하면서 논쟁이 촉발된다. 이 세 논문은 니체가 새로운 사상의 창조자가 아니라 현 사회와 도덕을 바꾸려는 열망의 실패와 허위를 보여준다고 결론 내린다.[48]

5. 니콜라이 그롯의 니체와 톨스토이 해석

프레오브라젠스키의 논문은 러시아 철학계에서 니체의 도덕 사상에 대한 열띤 토론과 논의의 촉발점이 된다. 그의 논문은 1892년 《철학과 심리학의 문제들》의 마지막 호인 15호에 실렸었는데, 1893년 그다음 호인 16호에 앞서 말한 세 명의 편집자인 로파틴L. Lopatin, 아스

타피예프P. Astafiev, 그롯N. Grot이 쓴 논문이 게재된다.[49]

　이 논문들 중 니콜라이 그롯의 〈우리 시대의 도덕적 이상들: 프리드리히 니체와 레프 톨스토이〉는 당시의 두 사상가 니체와 톨스토이를 개념 쌍으로 묶어 비교한 첫 번째 시도이다. 그롯이 니체의 사상을 소개하는, 정확히 말하면 비판하는 논문에서 니체의 비교 대상으로 톨스토이를 선정한 것은 이유가 있어 보이는데, 그롯과 톨스토이 간의 개인적인 친분이 그 시작점이다. 그롯과 톨스토이는 1885년 처음 만나, 이후 그들의 교류는 우정과 협력으로 발전한다.[50] 이 논문이 출판될 당시 그롯은 모스크바 심리학회 회장이었고, 《철학과 심리학의 문제들》의 편집장을 맡고 있었다. 톨스토이는 1885년부터 모스크바 심리학회의 회원이었고, 1887년에는 학회 회의장에서 '삶의 이해에 관하여'라는 발표를 하기도 했다.

　당시 톨스토이는 그의 '회심回心' 이후 인생의 의미를 찾으려는 노력으로 기존 종교의 교리를 벗어나 그만의 독특한 종교적 추구를 했다. 러시아 정교의 교리뿐만 아니라 동양의 사상과 불교, 유교, 도교의 사상을 섭렵했다. 그리고 기독교에서 초월적 성격을 배제하고 윤리적, 실천적 면만을 취하는 그의 신앙 체계는 관제 교회의 체계 내에서 용납하기 힘든 것이었다. 러시아 정교회와 톨스토이 간의 대립은 점점 심해져 갔다. 그롯이 이 논문을 쓸 시기 니체에게는 금욕주의, 이타주의, 비폭력, 사랑이라는 기독교적 가치를 전복시키는 부도덕의 사도, 악마, 안티크리스트라는 이미지가 덧씌워져 있었다. 이 같은 니체의 부정적 이미지는 그롯의 논문에서도 분명히 나타나며, 러시아와 독일의 두 사상가는 영적인 적대자로 등장한다. 그래서 그롯의 동시대인들은 톨스토이가 서구의 반대자에 대비되어 최고의 종교적 가치의 담지자이자 보호자 그리고 수호자로 등장하는 이 논문을 신성종무원의 톨스토이 파문 결정을 미연에 예방하려는 그롯의 은밀한 노력으로 보기도 한다. (하지만 톨스토이 파문 결정은 결국 1901년에 내려진다.)[51]

그롯의 논문이 나오게 된 이러한 배경들은 논문의 내용과 구조를 어느 정도 규정할 수밖에 없다. 니체와 톨스토이의 사상은 대비되고 비교되는 과정에서 각자의 세계관을 대변하게 된다. 그롯의 표현에 따르면, 니체는 순수한 이교도 세계관의 수호자로 그의 펜으로 기독교의 종교적, 도덕적 이상에서 영원히 해방되기를 꿈꾸고, 톨스토이는 인류의 삶에서 기독교의 도덕적 이상의 최종적 승리를 위하여 실증주의적, 과학적, 이교적 세계관과 투쟁을 벌이고 있다. 이렇게 두 사상가는 "두 개의 서로 상반되고 공존할 수 없는 삶의 원칙들", 즉 고대의 이교적 세계관과 기독교의 도덕적 세계관의 대표자로 제시된다.[52]

하지만 그롯이 보기에 두 사상가에게는 날카롭게 대비되는 차이점만 있는 것이 아니라 공통점도 존재한다. 우선 두 사람 다 현대사회의 도덕적 세계관과 현대 인류의 삶의 체계에 단호하게 반대한다. 삶 전체를 바꾸어야 하고 그러기 위해서 삶에 대한 지배적 개념들, 삶의 의미와 목적을 재검토해야만 한다고 생각한다. 그리고 두 번째 공통점으로 그들은 수 세기에 걸쳐 형성된 기독교의 전통적 외부구조에 반대한다. 그 구조 속에 온갖 악덕과 부패가 위선적으로 숨겨져 있다고 생각하며, 거짓의 장본인으로서의 교회와 국가에 대한 두 사람의 투쟁이 시작된다. 세 번째는 두 사상들의 지향점이 같다는 것이다. 도덕과 개념의 이름으로 다양하게 조건 지워진 억압에서 개인을 해방시키는 것, 좀 더 자유롭고 새로운 자족적인 개인을 창조하고, 이 바탕에서 새로운 사회와 인류를 창조하는 것 등이다. 다시 말하면 두 사람 다 개인

의 영적인 발전을 제한하는 속박과 사슬에서 개인을 해방시키려는 갈망이 있었다.[53]

두 도덕주의자의 공통점은 개인을 해방시키는 방법에 있어서 급격히 갈린다고 그릇은 분석한다. 가장 먼저 두 '도덕주의자'의 도덕관에서 대립은 일어난다. 니체는 모든 죄가 개인이 도덕적 족쇄에 종속되어 있는 것 때문에 발생한다고 보았다. 개인이 가진 힘의 원천은 열정에 있고, 열정이 삶을 지배해야만 한다. 그렇게 될 때에만 개인은 자신의 숨겨진 에너지를 발현할 수 있는데, 이것을 위해서는 개인을 기독교적 의미의 '도덕적 책임'에서 해방시켜야만 한다. 니체가 생각하는 인류의 삶의 유일한 의미는 완전한 개인의 개화이다. 그것은 초인으로 완성되는 것이다. 하지만 모든 인간이 그러한 완성에 도달할 수 있는 것이 아니기 때문에 최상의 개인들만을 위한 극도의 자유를 인정하고 나머지 대중은 이러한 사람들의 완성을 위한 받침대가 되어야 한다. 그래서 니체는 정치적, 사회적 권리의 평등과 사회주의적 균등화에 적대적이다. 니체는 현대 삶의 이런 조건들이 인류를 겁 많고 두려워하며 개성이 상실된 동물 무리로 격하시킨다고 생각한다. 그릇은 니체 가르침의 이러한 특징들에서 분명한 것은 니체가 이교문화의 원리로 돌아가는 것을 꿈꾼다는 점이라고 결론짓는다. 그리고 니체의 가르침을 다음의 명제로 공식화한다. "악이 많을수록 선도 많아진다." 왜냐하면 악은 모든 도덕적인 규제로 해방된 개인의 완전한 이성적 승리라는 그림 속에 있을 수밖에 없는 어두운 배경이기 때문이다.

톨스토이는 악의 원인을 전혀 다르게 본다고 그릇은 쓴다. 톨스토이에게 악은 도덕적 법칙을 위반하는 것, 도덕적 법칙을 이해하지 못하거나 무시하는 것에 있다. 기독교적 도덕적 세계관만이 개인과 사회의 진정한 정신적 발전을 보장한다. 그 정신적 발전에 이르는 길은 개인의 양심을 온갖 도덕적 족쇄에서 해방시키는 것에 있지 않고, 반대로 기독교적 양심의 가능한 완전한 발전 속에 있다. 에고이즘의 개화에 있지 않고, 반대로 에고이즘을 완전하고 최종적으로 억제하는 것에 있다. 또한 인간은 창조성과 천재성, 능력과 거만한 무한 권력의 눈부신 발현에 대해 꿈꾸면 안 된다. 인간은 도덕적 자기완성에 대해서만 꿈꾸어야 한다. 니체와 반대로 톨스토이는 자발적인 평등과 개인의 완전한 사회적 균등화에 대한 열정적인 전도자이다. 그의 이상은 평화롭고 가정적인 존재로서의 인간, 하지만 '무리지은 동물' 같은 존재가 아니라 영적인 존재로의 인간의 이상이다. 겁 많고 두려워하는 존재가 아니라 도덕적으로 흔들리지 않고 내적으로 강인한 영적인 존재의 이상이다. 그롯은 톨스토이에 해당하는 공식을 다음과 같이 정의한다. "악이 적을수록, 선이 많아진다."[54]

그롯은 이 대립적인 두 세계관 모두 일면적이고 인간 영혼의 모든 요구를 충족시키지는 못한다고 비판한다. 그리고 최종적 비교를 다음과 같이 정리한다. 니체는 서유럽적 훼손의 대표자이고, 톨스토이는 동유럽적 솔직성의 이상의 소유자이다. 니체는 기독교와 완전히 그리고 의식적으로 절연된 이교문화 이상의 복원을 꿈꾼다. 톨스토이는 반대로 모든 이교적 불순물을 씻어낸 삶의 기독교적 이상을 찾는다. 또한 이교를 증오하고 과학과 예술 그리고 국가 형태를 부정한다. 국가도 고대의 기독교 이전 문화가 만들어 낸 것이기 때문이다. 이렇게 두 사람의 세계관이 극단적으로 대립되어 보이지만, 그롯에게 니체와 톨스토이는 이성에서 진리의 마지막 기준을 찾는 이성주의자들이다. 하지만 니체는 이성주의의 미학자이고, 톨스토이는 이성주의 토대를 가진 도덕주의자이다. 두 사람 다 기적과 비밀을 조소하지만, 한 사람은 미가 가진 매력의 비밀의 이름으로, 형태의 외적 완전성의 이름으로 기적과 비밀을 조소하는 것이고, 다른 사람은 사랑과 선의 절대적 승리를 위해서 기적과 비밀을 거부하는 것이라고 그롯은 쓰고 있다.[55]

그롯이 분석한 이 두 사상가의 근본적 차이가 보이는 것은 인간의 본성에 대한 그들의 정반대되는 견해이다. 니체는 인간을 동물로 본다. 그것도 동물들 중에서 가장 악한 동물로 본다. 자신에게 가까운 이들을 먹어치우고 자신과 비슷한 수십 명, 수백 명의 체액을 빨아들이면서, 무엇으로도 제지할 수 없는 풍부한 영양 상태에 있는 좀 더 강한 인간-동물이 자신을 초월해서 더 완전해진 동물의 새로운 종이 된다. 그 새로운 종을 니체는 '초인' 개념으로 나타낸다. 하지만 톨스토이는 다르게 생각한다. 겸손과 인내, 자기부정과 사랑은 사람이 사람답기 위한 근본적인 속성이다. 사람은 바로 이러한 속성들 때문에 동물과 다르게 되는 것이다. 사람의 본성은 선하고 좋다. 초인은 필요 없다. 사람이 이미 동물을 초월한 존재, 신의 모습과 형상이기 때문이다.[56]

그롯은 이러한 두 도덕주의자의 도덕적 세계관의 대립이 세계와 인간의 본성에 대한 그들의 이론적 견해의 대립에서 시작된다고 본다. 그롯이 판단하는 니체는 유물론자, 무신론자, 다분히 환상적인 성격의 진화론자이다. 그는 동물의 새로운 모습인 '인간-동물'로 변화를 꿈꾼다. 그리고 도덕적, 정신적 자기완성의 이념을 이 변화의 전망으로 표현한다. 그는 동물과 사람이라는 용어를 결합시키기 좋아한다. 니체는 현대인을 '병든 동물ein krankhaftes Thier'이라고 하고, 인간 자체에 대해서는 '가장 용감하고 고통에 익숙한 동물das tapferste und leidgewohn-teste Thier'이라고 표현한다. 그리고 그는 기체substrate로서의 주체의 존재, 즉 실체적 영혼으로서의 주체를 믿지 않는다. 니체는 영혼의 존재를 인정하지 않는 방식으로 신도 믿지 않는다. 그롯은 이러한 이유로 니체를 도덕에 기반한 철저한 유물론자, 무신론자, 진화주의자로 결론 내린다.

톨스토이는 전혀 다른 이론적 세계관을 가지고 있다. 그롯이 주장하는 바에 따르면 톨스토이는 영혼의 불멸과 영원한 삶의 이상을 정당화하기 위해 정열적으로 노력하며, 정신적 삶의 영원성, 완전한 죽은 불가능성에 대한 사상을 굳건히 고수한다. 살아있는 신, 기도와 우리를 세상에 보낸 자의 의지, 영원한 진리와 절대 선의 세계도 믿었다. 그래서 톨스토이는 물질적, 기술적 진보를 믿지 않았다. '인간'으로의 복귀를 설교했고, 날개와 깃털이 있는 '초인'의 발명을 설교하지 않았다. 모든 발전과 진화는 사람의 정신적, 도덕적 개성의 성장으로 귀착된다. 이것을 위해 복음서의 순수한 가르침으로 돌아가야 한다. 정신의 세계, 모든 허망한 것의 포기 그리고 개인과 사회조직의 외적 진보가 아닌 것, 이것이 인간의 진정한 목표이며 행복이고 도덕적 만족의 원천이다.[57]

현대 산업문명, 부르주아 문명에 대한 니체의 혐오에도 불구하고, 그의 가르침에는 거대한 서유럽 공장 기계들의 소리와 굉음의 메아리가 느껴지고, 톨스토이의 가르침에서는 반대로 러시아의 고요하고 광활한 대초원의 반향이 들린다. 우울하고 끝없는 평야에 있는 농촌의 고요하고 깊은 외로움의 반향이 들린다. 그리고 그 농촌에는 '땅의 힘'과 '영혼의 외로움 속에 있는 건강하고 억센 자의 자유'가 생생하게 느껴진다. 이것은 그냥 내버려 두어도 온갖 기계, 공장이 없어도 저절로 위대해질 것이다. 사람은 지상에서의 신적인 이상의 완전한 구현이다. 이

러한 것들이 그릇이 파악한 두 사상가의 반대되는 원칙과 이상이다.[58]

니체의 가르침에 깊은 사상이 있는 것은 분명하지만, 그릇은 니체가 자신의 이성에서 사물의 진실을 구부러진 거울처럼 반영한다고 생각했다. 니체의 명제들은 진실의 몇 가지 요소를 가지고 있긴 하지만 결국은 완전히 부정확한 역설을 제시할 뿐이다. 그릇에게 니체는 자신이 고안해낸 전 세계의 병원이나 정신병원의 모든 사람 중에서 '가장 병든' 사람이다. 하지만 그릇의 톨스토이에 대한 평가는 완전히 다르다. 톨스토이의 가르침은 니체와는 전혀 다른 인상을 주는데, 그것은 왜곡된 문명의 병적인 산물이 아니라 현대 정신의 모든 질병에 대한 건강한 반응이다. 니체의 가르침이 도덕적 의미에서 의심할 바 없이 부정적인 의미인 데 반해, 톨스토이의 도덕은 긍정적 이상들, 즉 미래의 이상들로 충만하다. 톨스토이의 실수는 도덕의 영역에 있지 않다. 그리스도의 가르침을 톨스토이처럼 숭고히 이상적으로 이해하고 해석할 수 있는 사람은 많지 않다. 니체의 모든 잘못된 생각의 주된 근원이 그가 대담하게 전개한 유물론에 있는 것과 마찬가지로 톨스토이의 주된 실수는 지나친 그리고 협소한 관념론idealism과 유심론spiritualism에 있다. 그리고 톨스토이를 비판하는 사람들이 여러 번 정당하게 지적했듯이 톨스토이가 기독교의 도덕을 전적으로 받아들이면서도 기독교의 모든 형이상학을 그릇되게 거부한 것에 있다.[59]

이상과 같이 그릇이 두 개의 극단적인 '우리 시대의 도덕적 이상들'을 대비한 후에 이야기하고자 하는 것은 진정한 도덕적 이상은 외면적인 것과 내면적인 것, 물질적인 것과 정신적인 것, 더 용감하게 표현하면 '이교적인 것'과 '기독교적인 것'의 화해에서 찾아야 한다는 것이다. 그렇게 해서 새롭고 완전한 세계관, 이론적이고 실천적인 세계관을

다시 만드는 것이 '학문 중의 학문'인 철학에게 부여된 과제라고 그롯은 결론 내린다.[60]

그롯의 논문은 1890년대 러시아에서 니체를 수용하던 첫 번째 시기, 즉 니체를 서유럽 퇴폐주의자, 개인주의자, 유물론자, 적그리스도로 비판하던 부정적 인식이 팽배하던 그 시기에 니체의 도덕 이론에 공감하는 논문으로 러시아 지식인층에 충격을 던진 프레오브라젠스키를 반박하기 위한 세 편의 기획 논문들 중 하나였다. 따라서 그롯의 니체 비판은 어느 정도 정해져 있었다고 말할 수 있다. 그러나 다른 두 편의 논문과 논리적, 구조적으로 달랐던 점은 당시 러시아의 대사상가 톨스토이와의 비교를 통해 니체 사상의 비판을 꾀했다는 것이다. 톨스토이와 하나의 개념 쌍으로 묶인 니체는 이후 일본에 소개되고, 중국을 거쳐, 한국으로 유입되는 과정에서 니체주의와 톨스토이주의라는 담론의 형식으로 각국의 상황에 맞게 변형되어 근대화에 대한 응답으로, 또는 근대지식의 수용 방식으로 유입된다.

그롯의 논문은 니체주의와 톨스토이주의라는 사상적 담론 형성의 시작점이 된다. 그롯은 당시 유럽의 삶에서 거대한 도덕적 위기를 목도하고, 그 위기를 타개하기 위해 현대의 도덕적 이상에 대한 어렵고도 힘에 부치는 평가를 하게 되었다고 밝힌다. 그가 판단한 바에 따르면 19세기 지식과 기술 분야에서의 발전이 이제까지 도덕적 관념과 도덕적 이상을 형성해온 토대를 변화시켰고, 그것이 야기한 가장 중요한 결과는 지난 3세기간의 이교적 이상과 기독교적 이상 간의 경박한 타협이 이제 더 이상 지탱될 수 없다는 것이다. "두 개의 서로 상반되고 같이 존재할 수 없는 원칙들"의 양립 불가능성에 대한 확신, 즉 적어도 도덕적 영역에서는 이교도가 되거나 기독교가 되는 것 중에 하나를 선택할 수밖에 없다는 것이다. 그래서 그롯은 가장 전형적인 두 명의 뛰어난 현대 사상가에 집중하여, 그 둘의 극단적 세계관을 비교하고자 하는데 그중 한 사람이 '순수한 이교도 세계관의 수호자' 니체이고, 다른 사람은 기독교의 지고의 도덕적 이상들의 최종적 승리를 위해 실증주의적, 과학적, 이교적 세계관과 투쟁을 벌이고 있는 톨스토이다. 그롯은 이 두 사상가를 모두 도덕주의자라고 부른다. 이 두 사람에게 공통점이 있기 때문이다. 현대의 삶의 체계에 대한 반대, 교회와 국가라는 전통적 외부구조에 대한 투쟁, 도덕과 개념으로 조건 지워진 억압에서 개인을 해방시키려는 열망이 그것이다. 하지만 그것의 해결 방법에서 두 사람은 달라진다고 그롯은 이야기하면서 도덕관, 인간관, 세계와 인간의 본성을 보는 견해에서 그들의 극단적 세계관을 비교해서 보여주고 있다. 살펴본 바와 같이 이러한 비교에서 톨스토이는 기독교적 세계관의 대표자로서 가장 긍정적 수식어로 치장된다. 물론 그롯은 "우리 시대의 도덕적 이상"은 '이교적인 것'와 '기독교적인 것'의 화해에서 찾아야 한다는 다소 일반적인 결론으로 자신의 논문을 끝내고 있지만, 톨스토이를 기독교 신앙의 진정한 담지자와 실천가로 부각시키려는 그의 노력은 논문 전체에서 충분히 드러난다.

6. 그롯과 동북아 니체 수용의 전형

이 글은 동북아에서의 니체 수용에서 가장 근원이 되는 질문들에 대한 해답의 시초를 밝히려는 노력이다. 왜 러시아에서의 니체의 소개가 톨스토이와 함께 쌍을 이루면서 하나의 담론을 형성하게 되었는지, 그리고 니체주의와 톨스토이주의가 어떻게 일본으로 건너가게 되었는지에 대한 질문을 해결해보고자 하는 시도였다.

러시아는 니체를 가장 열광적으로 수용한 곳이다. 1881년 도스토 엡스키의 죽음 후 10년을 거쳐 세기 말에 이르자, 상징주의의 정착이나 도스토엡스키의 재발견과 더불어 러시아에서 니체 철학이 유행했다. 철학자 솔로비요프는 이것을 성숙을 위해 필요한 '청춘의 열광'으로서 받아들이고 있다. 디오니소스적인 철학은 상징주의의 시조 메레시콥 스키와 데카당파의 작가 아르치바셰프Mikhail Artsybashev, 안드레예 프에게서 성적 방종의 형태를 취하며, 프롤레타리아 작가 고리키에게 서조차 투쟁하는 의지가 되어 나타났다. 또한 20세기 초부터 혁명에 이 르기까지의 시기는 러시아 르네상스라고도 불리며, 일거에 러시아 문 화와 정신의 개화가 나타났고, 거기서 수행한 니체의 역할이 크다는 것 은 베르쟈예프Nikolai Berdyaev가《나의 생애》에서 증언하고 있다.[61] 이렇게 세기말, 그리고 세기 초에서 혁명에 이르는 시기의 폭발적 열광 과 인기와는 다르게 니체 수용의 첫 단계인 1890년대에는 니체 수용 을 위한 학문적 바탕을 만들어가긴 했지만 니체에 대한 부정적 평가가 팽배해 있었다. 이런 배경에서 프레오브라젠스키는 니체에게서 러시 아의 정신적, 사회적 상황을 타개할 수 있는 길, 개인의 창조성과 해방 을 위한 길을 발견하였다. 이것은 프레오브라젠스키의 니체의 도덕 철 학에 관한 논문으로 도출되었다. 이 논문은 이타주의 도덕에 대한 니체 의 사상에 공감하면서 이타주의 도덕을 언급한 니체의 원전을 따라 그 의 도덕 이론을 상세히 설명하는 형식을 취하고 있다. 니체 사상에 대 한 전폭적 공감을 나타내는 그의 논문은 당시 니체를 서유럽적 퇴폐의 대명사로 무신론과 극단적 개인주의자로 받아들이던 러시아 지성계로 서는 받아들일 수 없는 현상이었다.

이에 그의 논문을 반박하기 위해 세 편의 논문이 급히 출간되었고, 그중 한 편이 이 논문에서 분석한 그롯의 논문이다. 그롯은 니체에 대한 비판을 톨스토이와의 비교를 통해서 했고, 그의 논문에서 니체와 톨스토이는 양립할 수 없는 두 세계관의 대표자이자 두 대척점이 되었다. 그리고 이러한 담론 구조는 그롯의 일본인 지인이었던 고니시 마스타로에 의해서 일본에 건너가게 되는데, 이것이 일본의 첫 니체 수용이다. 여기서도 니체는 톨스토이와 한 쌍을 이루며 양자의 도덕적 사유의 차이를 중심으로 소개되고, 이 양자는 일본이 근대화를 이루며 봉착했던 문제, 즉 개인의 자유와 이타주의, 사회 공동체의 형성과 국가주의라는 문제를 대변하는 것으로 여겨졌다.[62]

이렇게 동북아시아 정신사에 큰 영향을 주었던 동북아 니체 수용의 출발점인 그롯의 논문의 사상적, 사회적 배경, 그리고 논문의 외형적 구조가 되는 니체와 톨스토이의 대립 쌍이 성립된 원인 등을 살펴보았다. 19세기 말의 러시아라는 독특한 정신사적, 시공간적 특성이 니체주의와 톨스토이주의 담론을 만들어내는 토양이 되었고, 이후 일본을 거쳐 동북아로 전해진 이 담론 구조가 각 나라의 상황에 맞게 변형되어 받아들여지면서 동북아 니체 수용이라는 하나의 거대한 지도를 형성하게 되었다.

2장

고니시 마스타로의 니체와 톨스토이 수용과 일본 정신사적 의미

조성환

*이 장에서 고딕체로 표시한 부분은 저자가 강조한 것이다.

1. 동북아의 니체 수용사에 대한 국내 연구

니체라는 이름이 동북아시아에 처음 등장한 것은 언제쯤일까? 그리고 그 이름을 알린 주인공은 과연 누구일까? 그 사람은 어떤 계기로 니체를 소개하게 됐을까? 그/그녀의 눈에는 니체가 어떤 철학자로 비쳤을까? 그 뒤로 니체는 동북아시아에서 어떻게 이해되어 갔을까? 이와 같은 질문에 답하는 분야가 바로 '동북아시아에서의 니체 수용사'이다.

니체의 동북아시아 수용사에 관한 국내 연구는 2000년대부터 시작되었다. 먼저 니체의 중국 수용사에 관해서는 2002년에 나온 이주노의 〈노신魯迅과 근대사상近代思想: 니체 사상의 수용을 중심으로〉[1]가 선구적이다. 그 뒤를 이어서 이 분야의 연구를 축적한 연구자는 이상옥이다. 이상옥은 2009년에 니체 철학의 계보학적 이해를 다룬 〈니체와 근대 중국의 사상: 왕국유王國維와 노신魯迅에 미친 영향을 중심으로〉를 시작으로 2019년까지 '니체의 중국 수용'과 관련한 총 11편의 논문을 발표하였다.[2] 이 외에도 2009년에 한용수와 이종대의 〈노신魯迅의 초인사상)[3]이 나왔고, 2013년에는 고혜경의 〈중국신문학과 니체 철학: 궈모러郭沫若와 마오둔茅盾의 니체사상 수용을 중심으로〉[4]와 김선화의 〈루쉰 〈야초〉 속의 니체사상: 〈총명한 사람과 바보 그리고 노예〉, 〈행인〉을 중심으로〉[5]가 나왔으며, 2020년에는 가오지안후이高建惠의 〈중국 현대문학에서의 니체 수용 연구: 현대성과 현대문학의 발생에 중심으로〉[6]가 나왔다. 따라서 중국에서의 니체 수용과 관련된 국내 논문은 2002년부터 지금까지 20년 동안 20여 편이 나온 셈이다. 주로 다루어진 주제는 루쉰이나 왕궈웨이, 궈모뤄와 같은 근대 중국사상가들의 니체 수용이다.

그렇다면 한국 수용에 관한 연구는 어떠할까? 이 분야의 연구는 언제부터 시작되었을까? 그리고 어떤 주제가 다루어졌을까? 이 분야에 관해서는 1997년에 나온 박노균의 〈니이체와 한국문학〉[7]이 선구적이다. 이 논문에서 박노균은 한국에 니체를 처음 소개한 글은 "1909년 5월에 나온 《남북학회월보》[8] 12호에 실린 〈톨스토이주의와 니-체주의〉"라고 했다. 이어서 1920년부터 《개벽》을 통해서 소춘, 묘향산인,[9] 김억, 김형준 등이 니체에 관해서 쓴 글을 소개한 뒤에, 본론에서는 〈서정주의 니이체사상 수용〉을 논했다. 그리고 13년이 지난 2010년에 박노균은 〈니체와 한국문학(2): 이육사를 중심으로〉[10]를, 2012년에는 〈니체와 한국문학(3): 유치환을 중심으로〉[11]를 잇따라 발표했다. 따라서 1997년의 논문은 총론 성격으로 〈니체와 한국문학(1): 서정주를 중심으로〉에 해당하는 셈이다.

박노균과 더불어 한국에서의 니체 수용사 연구의 한 축을 담당한 이는 김정현이다. 박노균이 한국 문인들을 중심으로 니체 수용사를 연구했다면 김정현은 시대별로 접근했다. 2007년에 〈니체사상

의 한국적 수용: 1920년대를 중심으로〉[12]를 발표한 이래로, 2008년에 〈1930년대 니체사상의 한국적 수용: 김형준의 니체 해석을 중심으로〉,[13] 2014년에 〈1940년대 한국에서의 니체 수용: 이육사, 김동리, 조연현의 문학을 중심으로〉,[14] 2021년에 〈니체와 1950년대 한국 전후 실존주의 문학: 손창섭과 장용학을 중심으로〉[15]를 잇달아 발표하여, 1920년대부터 1950년대에 이르는 '한국 문학사에서의 니체 수용' 과정을 고찰하였다. 이뿐만 아니라 2020년부터는 그 범위를 동북아시아로 확장시켜, 〈니체, 톨스토이, 그리고 20세기 초 동북아시아의 정신사〉[16]를 발표했고, 2022년에는 〈러시아와 일본에서 초기 니체 수용의 사회철학적 의미〉[17]를 발표하였다.

박노균과 김정현 이외의 연구로는 2011년에 나온 송기섭의 〈이식된 문학 형식과 니체〉[18]와 정은경의 〈조연현 비평과 니체〉가 있고,[19] 2020년에는 홍석표의 〈이육사의 니체 수용과 루쉰魯迅〉[20]과 김미영의 〈이상의 〈날개〉: 니체의 포스트모더니즘 사상의 문학적 반영〉[21]이 나왔다.

이상으로부터 알 수 있는 점은, '한국에서의 니체 수용'에 관한 연구는 주로 문인들의 수용 양상을 다룬 연구가 대부분이고, 연구가 본격적으로 시작된 시점은 2007년 무렵부터이며, 그 양은 대략 논문 10여 편 정도라는 사실이다. 따라서 중국에서의 수용사 연구와 비교해보면, 연구가 시작된 시점은 대체로 비슷하지만, 분량은 절반 정도에 해당한다.

그렇다면 일본의 경우는 어떠할까? 일본에서의 니체 수용에 관한 국내 연구는 어느 정도 진행되어 있을까? 일반적으로 근대 시기에 서양사상은 일본을 통해서 동아시아에 전파되었다고 알려져 있다. 그렇다면 일본에서의 니체 수용에 관한 연구가 가장 활발해야 하지 않을까? 그러나 연구 현황은 오히려 정반대다. 일본에서의 니체 수용에 관한 연구는 2018년에 나온 정낙림의 〈일본의 초기 니체 수용사: 1890~1910년까지〉[22]가 최초다. 그리고 앞서 언급한 2020년에 나온 김정현의 〈니체, 톨스토이, 그리고 20세기 초 동북아시아의 정신사〉[23]에서 니체를 일본에 알린 최초의 인물이 소개되었다. 이 두 편의 논문이 전부이다. 따라서 일본에서의 니체 수용사에 관한 국내의 연구는 이제 막 시작되었다고 해도 과언이 아니다.

이 글은 이러한 문제의식에서 출발해 일본에서 니체가 처음 소개되는 과정과 그 이후의 전개 양상을 고찰하고자 한다. 구체적으로는 19세기 후반에 러시아에서 유학한 고니시 마스타로小西增太郎가 니체를 어떻게 접했고, 어떤 식으로 이해했으며, 어떻게 일본에 알렸는지를, 한국과 일본의 선행연구를 중심으로 살펴보고자 한다.

2. 일본 니체 수용사의 선행연구 분석

정낙림의 〈일본의 초기 니체 수용사: 1890~1910년까지〉(2018)는 저자가 밝히고 있듯이, "일본의 니체 수용사를 다룬 한국어로 된 최초의 논문"[24]이라는 점에서 선구적이다. 고찰 대상은 메이지 후반에 해당하는 1890~1910년대로, 이 시기에 도쿄제국대학東京帝國大學 철학과 교수로 있었던 독일계 러시아인 라파엘 쾨버Raphael von Koeber의 제자들에 의해 니체가 수용되는 양상과, 그들로 인해 촉발된 '미적 생활' 논쟁을 다루고 있다. 서양의 연구성과, 구체적으로는 오이시 기이치로大石紀一郎의 〈일본에서 문헌학으로서의 니체: 수용사의 재구성 시도Nietzsche als Philologie in Japan: Versuch einer Rekonstruktion der

Rezeptionsgeschichte〉(1988)와 그레이엄 파크스Graham Parkes의 〈일본에서 니체 철학의 초기 수용Early Reception of Nietzsche's Philosophy in Japan〉(1991)을 활용하면서, 문학평론가 다카야마 조규高山樗牛, 종교학자 아네자키 마사하루姉崎正治, 문학가 모리 오가이森鷗外, 소설가 나쓰메 소세키夏目漱石 등이 니체를 어떻게 이해했는지를 고찰하고 있다. 마지막으로 결론 부분에서는, 이런 노력들이 이후에 니체에 관한 본격적인 연구와 주체적인 이해로 이어졌다고 평가하고 있다.[25]

이 논문에서 특히 주목할 만한 점은, 그레이엄 파크스(1991)의 연구를 인용하면서 일본에서 니체를 언급한 최초의 문헌 자료를 소개하고 있는 대목이다. 그것은 1893년(메이지 26년)에 《심해心海》[26]에 실린 익명의 글 〈프리드리히 니체와 레오 톨스토이〉이다.[27] 1893년은 조선에서 동학농민운동이 일어나기 직전인데, 이때 일본에서는 '니체'라는 이름이 문헌상으로 처음 등장한 것이다. 그러나 이 논문에서는 아직 〈프리드리히 니체와 레오 톨스토이〉의 저자가 누구인지는 명시하지 않았다.

이 문제는 2년 뒤에 나온 김정현의 〈니체, 톨스토이, 그리고 20세기 초 동북아시아의 정신사〉(2020)에서 해결되는데, 이 논문은 세 가지 점에서 획기적이다. 첫째는 1920년대에 한국에서의 니체 수용사를 다룬 본격적인 연구이고, 둘째는 니체 수용사를 '동북아시아'의 차원으로 확장시켰으며, 마지막은 그것을 톨스토이 수용사와의 관련 속에서 다루고 있다는 점이다. 이와 같은 방대한 작업은 앞서 소개한 그의 2007년 논문 〈니체사상의 한국적 수용: 1920년대를 중심으로〉에 이미 단초를 보이고 있고, 그것은 다시 2016년에 독일어로 쓴 〈니체와 20세기 초 한국정신사Nietzsche und die koreanische Geistesgeschichte am Anfang des 20. Jahrhunderts〉《니체포르슘Nietzscheforschug》제23집, 2016)에서 발전되었다.

2007년의 한국어 논문에서 그는 1920년대에 한국에서의 니체 수용이 일본에서의 서양사상 수용 및 니체 연구와 밀접한 관련이 있음을 지적하면서, 일본에서의 니체 수용 양상을 소개하였다. 구체적으로는 1901년에 다카야마 조규高山樗牛(1871~1902)가 니체 철학에 입각해서 제기한 '미적 생활론'을 비롯하여, 1910년대에 무샤노코지 사네아쓰武者小路實篤와 오스기 사카에大杉榮에 의해 톨스토이와 니체가 엄격주의나 무정부주의 등으로 이해되었던 사례 등을 소개하였다.[28] 이어서 2016년의 독일어 논문에서는 공간적 범위를 확장시켜, "일본, 중국, 대한제국 등의 동북아시아에서 니체 수용의 초기 역사와 사상사적 맥락"을 고찰했다.[29] 그리고 2020년에는 이상의 두 편의 연구를 바탕으로 "니체와 톨스토이의 상호 이해"(제2장), "러시아에서의 니체 수용"(제3장), "일본에서의 첫 니체 수용"(제4장) 양상을 본격적으로 다루었다.

특히 제4장은 본 논문의 주제와 관련되는 내용으로, 베커Hans-Joachim Becker(1983)와 고니시 쇼Sho Konishi(2013)의 선행연구를 언급하면서, **일본에 니체를 소개한 최초의 인물은 러시아 유학생 출신인 '고니시 마스타로小西增太郎(1862~1940)'**라고 확정했다. 아울러 고니시의 신학적 배경과 러시아 유학 과정, 그리고 모스크바 대학 지도 교수였던 니콜라이 그롯의 '톨스토이와 니체의 비교 연구' 및 고니시와 톨스토이의《도덕경》공동 번역 경위[30] 등을 소개했다. 이에 의하면 러시아에서의 노자 번역과 일본에서의 니체 소개는 '고니시와 그롯, 톨스토이'라는 양국 지식인의 "협력cooperation과 교류relations"[31]에 의해 가능했다. 그런데 역설적이게도 그로부터 10여 년 뒤인 1904년, 양국은 전쟁으로 치닫게 되는데(러일전쟁), 이때 니체는 이미 세상을 떠나고 없었지만 톨스토이는 여전히 살아 있었다(톨스토이는 1910년에 사망한다). 그렇다면 톨스토이는 이 전쟁에 대해서 어떻게 생각했을까? 이는 일본에서의 톨스토이 수용과도 관련되는 문제인데, 이에 대해서는 본론에서 살펴보고자 한다.

한편 정낙림이 니체 수용과 관련해서 주목한 도쿄제국대학 인물들이 철학과 출신이었다면, 김정현이 새롭게 추가한 고니시 마스타로는 신학교 출신이다. 따라서 니체는 철학과 신학의 두 계열에 의해 일본에 소개되었다고 할 수 있는데, 흥미로운 것은 두 사건이 동시에 일어났다는 사실이다. 쾨버Koeber 교수가 도쿄제국대학 철학과에 교수로 부임하여 니체를 비롯한 서양철학을 가르치기 시작한 때가 1893년 6월 무렵인데,[32] 같은 해 12월에 고니시 마스타로가 니체를 알리는 최초의 글을 일본어로 발표하고, 다음 달에는 자신의 평을 담은 속편까지 쓰기 때문이다.

고니시의 두 편의 글의 제목은 〈유럽의 대표적인 두 명의 도덕사상가 프리드리히 니체 씨와 레오 톨스토이 백작의 견해 비교〉와 〈니체 씨와 톨스토이 백작의 도덕사상을 평하다〉이다.[33] 전자는 지도 교수 그롯의 글을 바탕으로 니체와 톨스토이 사상을 간략하게 대비시킨 일종의 소개글이고, 후자는 거기에 자신의 견해를 덧붙여 두 사상가를 평가한 비평적 성격의 글이다. 그런데 그롯이 톨스토이와 "매우 가까운 관계를 유지"했고, 고니시도 톨스토이와 공동 작업한 경험이 있다는 사실을 감안하면, 두 글의 논조가 톨스토이에 우호적이었으리라는 점은 쉽게 짐작할 수 있다. 실제로 고니시 쇼는 고니시 마스타로의 글을 언급하면서, "니체를 톨스토이와 부정적으로 대비시키면서 톨스토이를 중요한 윤리사상가로 소개하고자" 했다고 분석했다.[34]

어쨌든 여기에서 우리가 알 수 있는 것은, 고니시의 글의 제목이 말해주듯이, 니체는 톨스토이와 비교되는 형태로 일본에 처음 소개되었다는 사실이다. 이것은 일본에서의 니체 수용사가 톨스토이 수용사와도 깊은 관련이 있음을 말해준다. 따라서 니체 수용사만 따로 연구하기보다는 톨스토이 수용사와 병행해서 연구하는 것이 효과적일 것이다. 그러나 지금까지의 선행연구에서는, 국내가 되었든 해외가 되었든, 양자를 같이 조망한 시도는 아직 없는 것 같다.

그래서 먼저 일본에서의 톨스토이 수용사를 고니시의 니체 수용과 비교하는 형태로 고찰하고자 한다. 구체적으로는 야나기 도미코柳富子가 1979년에 쓴 세 편의 논문 〈메이지 시기의 톨스토이 수용 (상·중·하)〉를 소개하면서, 고니시가 니체는 물론이고 톨스토이 소개에도 적지 않은 영향을 끼쳤음을 확인한다. 이어서 본격적으로 고니시의 두 편의 글을 분석하고, 마지막으로 고니시 이후에 니체 해석이 어떻게 달라지는지, 그리고 톨스토이 수용 양상이 어떻게 변화되는지를 살펴보고자 한다.

3. 메이지 시기의 톨스토이 수용

니체가 1893년에 고니시 마스타로에 의해 일본에 처음 소개되었다고 한다면, 과연 톨스토이는 언제쯤 일본에 소개되었을까? 니체보다 빨랐을까 느렸을까? 아니면 고니시에 의해서 니체와 동시에 소개되었을까? 《톨스토이와 일본トルストイと日本》의 저자 야나기 도미코

柳富子에 의하면, 일본에서의 톨스토이 수용은 니체보다 약간 빨랐다. **1889년(메이지 22년)**에《**국민의 벗国民の友**》에 처음으로 '톨스토이'라는 이름이 등장하기 때문이다.[35] 이것은 시기적으로 고니시의 니체 소개보다 4년이 빠르다.

그런데 그 초기 수용 방식은 니체와 유사한 측면이 있다. 일본에서의 니체에 대한 첫 소개가 독일이 아닌 러시아 경유였듯이, 톨스토이 역시 러시아 본국이 아닌 서구를 경유해서 일본에 수용되었기 때문이다. 그 배경은 다음과 같다. 19세기 후반에 서양에서 근대 문명에 대한 성찰의 분위기가 일어났는데, 이때 톨스토이가 주목받게 된다. 왜냐하면 톨스토이는 러시아의 서구적 근대화에 비판적이었기 때문이다.[36] 그래서 1880년대 중반부터 서구에서 톨스토이 열풍이 일어나기 시작하는데, 그것은 소설가로서의 톨스토이가 아니라 종교사상가, 사회예언자로서의 톨스토이였다.

일본에 톨스토이가 수용된 것도 이러한 분위기에서였다.[37] 수용주체를 분야별로 나누면 네 가지로 분류된다: ① 프로테스탄트 계열 ② 사회주의 계열 ③ 니콜라이 신학교 계열 ④ 문학가 계열.[38] 이를 다시 학문적으로 분류하면 종교계(프로테스탄트, 니콜라이 신학교), 철학계(사회주의), 문학계로 나눌 수 있다. 이 중에서 고니시의 톨스토이 수용은 '③ 니콜라이 신학교 계열'에 해당한다.

한편 고니시가 **니콜라이 신학교 기관지**인《심해》에 최초의 톨스토이-니체론을 쓰고 있을 무렵에, **프로테스탄트 계열 잡지**인《육합잡지 六合雜誌》에는 그의 톨스토이론이 실렸다. 톨스토이를 러시아 사상계에 자리매김하는〈러시아 사상계의 근황 (상·중·하)〉(1894)가 그것이다.[39] 이로부터 고니시가 일본에 톨스토이를 소개하는 데 있어서도 중요한 역할을 했음을 알 수 있다. 왜냐하면 네 가지 수용 경로 중에서 두 가지 경로, 즉 프로테스탄트 계열과 니콜라이 신학교 계열에 모두 관계되어 있기 때문이다.

이뿐만 아니라 고니시의 톨스토이 이해는 서구라는 우회 경로를 거치지 않고 곧장 러시아를 통해 이루어졌다는 점에서도 의의가 크다. 하지만 니체 수용사의 입장에서 보면 정반대로 평가될 수도 있다. 왜냐하면 그의 니체 이해에는 톨스토이와 러시아라는 '필터'가 작용하고 있음을 의미하기 때문이다. 그런 점에서는 처음부터 일정 정도의 한계를 지니고 있는 셈이다.

한편《육합잡지》에는 고니시의 글 이외에도 〈톨스토이 백작의 종교도덕론〉(1894)과 아베 이소오安部磯雄의 〈톨스토이 백작의 종교〉(1895)와 같은 글도 실리는데,[40] 이 중에서 후자인 〈톨스토이 백작의 종교〉(1895)에는 톨스토이의 '비전론非戰論'과 '계급 타파' 사상이 소개된다.[41] 당시가 청일전쟁 전후였던 점을 감안하면 주목할 만하다. 이때까지만 해도 일본에서는 아직 비전론이나 반전론이 부각되지 않았기 때문이다.

톨스토이의 비전론은 그로부터 10년 뒤인 러일전쟁 때에 영향력을 발휘했다. 러일전쟁은 1904년 2월에서 1905년 9월까지 1년 반 동안 전개되었는데, 전쟁이 한창 중이던 1904년(메이지 37년) 6월 27일에 톨스토이는《런던 타임즈The Times of London》에 〈톨스토이 백작의 전쟁론: '너 자신을 생각하라'Count Tolstoy on the War: 'Bethink Your-selves'〉라는 제목의 영문 에세이를 기고한다.[42] 이 에세이는 그로부터 6주 후인 8월 7일에 일본의 사회주의자 고토쿠 슈스이幸德秋水와 사카이 고센堺枯川에 의해 〈톨스토이 옹의 러일전쟁론〉이라는 제목으로

《평민신문平民新聞》 39호에 6면에 걸쳐 전문이 번역된다.[43] 이 글의 서두에는 번역의 취지를 말하면서, "평화주의와 박애주의의 입장에서 모든 전쟁의 죄악과 참해慘害를 설파하고, 러시아를 비판하고 일본을 배격한다"라고 밝히고 있다.[44] 이로부터 일본의 사회주의 계열에서 박애주의와 평화주의를 지향하는 톨스토이의 비전론에 크게 공감하면서 톨스토이를 적극 수용했음을 알 수 있다.

한편 ③ 니콜라이 신학교 계열의 톨스토이 수용사를 살펴보면, 단연 고니시 마스타로의 활약이 두드러진다. 이에 대해서 야나기 도미코는 고니시를 "화려하게 활약한 존재"라고 평가했다.[45] 아울러 고니시와 그롯의 사제 관계, 그리고 고니시와 톨스토이의 공동 번역 작업 등을 소개한 뒤에,[46] 《심해》에 실린 고니시의 두 편의 글 〈유럽의 대표적인 두 명의 도덕사상가 프리드리히 니체 씨와 레오 톨스토이 백작의 견해 비교〉와 〈니체 씨와 톨스토이 백작의 도덕사상을 평하다〉의 핵심 내용을 서술하면서, 저자가 누구인지는 알 수 없지만 일본에서 최초로 "톨스토이와 니체를 대비시킨 시도"이자 니체에 대한 "최초의 소개"일 것이라고 추정하고 있다.[47] 만약에 이러한 지적이 처음이라면, 일본에서 니체를 언급한 최초의 문헌의 존재는 니체 연구자가 아닌 톨스토이 연구자에 의해 밝혀진 셈이다. 왜냐하면 가야노 요시오茅野良男의 1973년 논문 〈메이지 시대의 니체 해석: 도바리·다카야마·쿠와키를 중심으로 (메이지) 30년대 전반까지〉에서도 고니시의 글에 대해서는 언급하고 있지 않기 때문이다. 단지 1896년(메이지 29년) 5월에 나온 《태양太陽》 2권 9호에 실린 마루야마 츠이치丸山通一의 글에 '니체'라는 이름이 나온다고 하면서, 그 이전의 용례에 대해서는 모른다고 말하고 있을 뿐이다.[48] 따라서 1970년대 초까지만 하더라도 일본에서 '니체'를 언급한 최초의 용례는 1896년 무렵으로 생각하고 있었음을 알 수 있다. 《심해》에 실린 고니시의 글의 존재는, 비록 저자까지는 밝혀 내지 못했지만, 1979년의 야나기 도미코의 논문을 통해 알려지기를 기다려야 했다.

한편 고니시가 니체와 톨스토이론을 소개한 《심해》에는 고니시 이외에도 다른 필자들에 의한 톨스토이론이 잇달아 실리는데, 문제는 전체적으로 평이 좋지 않다는 점이다. 프로테스탄트 계열의 《육합잡지》에서 톨스토이의 사상에 우호적이었던 것과는 대조적이다. 그래서 야나기는 《심해》를 "톨스토이 교설과의 투쟁의 장이라는 느낌을 준다"고까지 말하고 있다. 아울러 이러한 분위기는 "(톨스토이를 파문시킨) 러시아 본국의 교회 입장을 다분히 반영"하는 것으로, 프로테스탄트 계열과 사회주의 계열의 톨스토이 평가와는 이질적인 것이라고 분석하였다.[49]

이러한 사실은 고니시의 당초 의도와는 달리 《심해》가 톨스토이를 비판하는 장이 되고 말았음을 시사한다. 그리고 톨스토이에 대한 고니시의 평가는 자신이 속한 니콜라이 신학 계열보다는 프로테스탄트나 사회주의 계열에 가까웠음을 말해준다(물론 이것이 톨스토이를 옹호하는 '내용'까지 일치했음을 의미하는 것은 아니다). 실제로 야나기에 의하면, 고니시는 1896년 5월 10일에 톨스토이에게 편지를 보냈는데, 거기에서 "톨스토이를 만나서 그리스도교에 대한 생각이 완전히 바뀌었고, 그로 인해 신학교의 니콜라이 주교가 자신을 탐탁치 않게 생각하고 있다"고 고백하고 있다. 그리고 2년 뒤인 1898년, 마침내 고니시는 니콜라이 신학교를 떠나게 되는데, 톨스토이에게 보낸 편지에는 이미 이런 결심이 느껴진다고 야나기는 분석하고 있다.[50]

마지막으로 ④ 문학가들에 의한 수용 양상의 경우에는 주로 자연주의 문학과 문명비판자로서의 톨스토이에 주목하였다. 특히 본 논문의 주제와 관련해서 주목할 만한 점은, 고니시 마스타로가 번역한 톨스토이 작품이 일본 문인들 사이에서 톨스토이에 대한 관심을 급증시키는 계기가 되었다는 사실이다. 고니시는 러시아에서 유학을 마치고 귀국하면서 발매 금지가 된 톨스토이의 후기 작품 《크로이체르 소나타》(1889)를 가지고 왔는데, 그것을 당시의 소설가인 오자키 고요尾崎紅葉와 공동으로 번역하여 세상에 내놓자, 일본의 문인들 사이에서 커다란 반향이 일어났다.[51] 이로부터 고니시의 톨스토이 소개가 일본의 프로테스탄트 계열은 물론이고 문학계에도 상당한 영향력을 끼쳤음을 알 수 있다.

　　지금까지 야나기 도미코가 1979년에 발표한 세 편의 논문을 중심으로 메이지 시기에 일본에서의 톨스토이 수용 과정을 살펴보았다. 이에 의하면, 고니시 마스타로는 소속은 일본 정교회에 두고 있었지만 톨스토이에 대한 우호적인 입장은 프로테스탄트나 사회주의에 가까웠고, 이러한 입장 차이로 인해 결국 니콜라이 신학교를 떠나게 된다. 이러한 결심의 배경에는 고니시가 톨스토이와의 만남으로 인해 자신의 신학관神學觀에 근본적인 변화가 생긴 것과 무관하지 않다. 또한 고니시는 프로테스탄트 계열 잡지인 《육합잡지》에 〈러시아 사상계의 근황〉을 세 차례에 걸쳐 연재하면서 '사상가'로서의 톨스토이를 알리는 데에도 커다란 역할을 했다. 이외에도 그는 러시아에서 금서가 된 톨스토이 작품을 번역 소개함으로써 일본 문인들 사이에서 톨스토이에 대한 관심을 증폭시키는 계기를 마련하였다.

　　그렇다면 니체는 고니시에 의해 어떻게 일본에 소개됐을까? 그리고 그것은 당시의 일본 지성계에 어떤 영향을 끼쳤을까? 이하에서는 '니체'라는 이름을 일본에 처음으로 알린 고니시의 두 편의 글의 내용과, 그것이 지닌 사상사적 의미에 대해서 생각해보고자 한다.

4. 고니시 마스타로의 톨스토이와 니체 해석

김정현(2020)의 선행연구에서 지적했듯이, 고니시가 니체와 톨스토이를 비교한 것은 고니시의 스승 니콜라이 그롯의 영향 때문이었다. 그롯은 1893년에《우리 시대의 윤리적 이상, 프리드리히 니체와 레프 톨스토이》를 출간하여 "니체주의와 톨스토이주의의 담론을 열어 놓았는데", 고니시의 글은 이 책의 요약 번역의 성격이 강하기 때문이다.[52] 또한 그롯의 책 제목에 '윤리적 이상'이라는 말이 들어 있는 것은, 그가 니체와 톨스토이를 윤리학적 측면에서 조망하고 있음을 말해준다. 마찬가지로 고니시의 글의 제목에 '덕의德義사상'이라는 말이 들어 있는 것도 이러한 맥락에서 이해될 수 있다. 여기에서 '덕의'는 고니시의 글에서 '도덕'이나 '윤리' 또는 '정신' 등으로 치환될 수 있는 개념으로, 고니시에게 니체와 톨스토이가 '도덕사상가' 또는 '윤리사상가'로 자리매김되고 있음을 보여준다.

다만 그롯이 니체와 톨스토이를 '윤리적 이상'이라고 평가하고 있는 데 반해, 고니시는 '이상'이라는 말 대신에 '사상'이라는 말을 쓰고 있다는 미묘한 차이가 있다("유럽에서의 덕의사상의 두 대표자", "니체 씨와 톨스토이 백작의 덕의사상"). 그것도 단순한 도덕사상가가 아닌 '도덕개혁가'로 자리매김되고 있다. 예를 들면, 고니시가 니체에 대해서 쓴 첫 번째 글 〈유럽에서의 덕의사상의 두 대표자: 프리드리히 니체 씨와 레오 톨스토이 백작의 견해 비교〉의 첫머리는 다음과 같이 시작된다.

> 지금 유럽에서는 오늘날의 덕의의 상태에 불만을 품고, 근본적
> 인 **정신의 개량**을 도모하여, 대대적으로 개인과 사회의 폐풍과
> 악습을 일소하지 않을 수 없음을 깨닫고, 그 고상한 사업을 위해
> 분투하는 지식인〔士〕이 점점 많아지려 하지만, **도덕 개량**의 **방안**
> 에 이르러서는 학자마다 설이 다르거나, 때로는 정반대의 설을
> 주장하는 자도 있다. 즉 어떤 사람은 인류를 **종교 덕의**의 구속에
> 서 벗어나서 자연에서 방임하게 함으로써 인물을 양성해야 한
> 다고 말하고, 어떤 사람은 종교의 힘을 빌려서 자연의 정욕을 절
> 제함으로써 **덕의를 혁신**해야 한다고 주창한다. 갑의 설을 주창
> 하는 자는 오늘날 유럽에서 저명한 윤리학자 **프리드리히 니체** 씨
> 이고, 을의 설을 대표하는 자는 러시아의 저명한 작가 **레오 톨스**
> **토이** 백작이다. 여기에서는 정반대되는 두 학설을 나열하여 독
> 자에게 보여주기만 하고, 평론은 다음 호에 하기로 한다. (1-
> 56)[53]

여기에서 고니시는 '도덕의 개량', '정신의 개량', '덕의의 혁신'과
같이, 도덕과 정신, 개량과 혁신 등의 개념을 번갈아 쓰면서, 니체와 톨
스토이를 '도덕개혁론자'로 소개하고 있다. 구체적으로는 당시 유럽의
기독교 도덕을 비판하면서 새로운 도덕으로 나아가고자 하는 일종의
'도덕개혁론자'로 묘사한다.

　하지만 고니시가 보기에 두 사람의 방법론은 정반대인데, 그것은
'욕망'에 대한 입장 차이에서 기인한다. 니체는 욕망을 풀어주고 발달

시켜야 한다고 본 반면에,[54] 톨스토이는 욕망을 절제하고 억제해야 한다고[55] 생각한다. 욕망에 대한 견해 차이는 다시 도덕이나 종교에 대한 관점 차이를 낳게 되는데, 니체는 종교의 구속에서 벗어나야 한다고 주장하는 반면에,[56] 톨스토이는 종교의 힘을 빌려야 한다고 말한다.[57] 그러나 그렇다고 해서 니체가 도덕 그 자체를 없애야 한다고 말한 것은 아니다. 고니시가 보기에 니체는 '도덕폐지론자'가 아니라 '도덕개량론자' 내지는 '도덕혁신론자'이기 때문이다.

이상의 논의에서 먼저 주목되는 점은 '도덕 개량' 또는 '정신의 개량'과 같은 표현이다. 이 표현은 다른 곳에서는 '덕의의 개량'(1-57), '덕의 개량안'(1-58) 등으로도 나오는데, 훗날 일본에서 유행하는 '개조론'을 연상시키기 때문이다. 제1차 세계대전이 끝난 직후인 1919년에 일본에서는 '세계 개조'를 모토로 하는《개조改造》가 창간되어 '세계 개조'나 '사회 개조'와 같은 이른바 '개조' 담론이 유행하고,[58] 그 일환으로 1920년에는《사회 개조 팔대 사상가》가 간행되었는데, 이 팔대 사상가 중에는 톨스토이도 들어 있다.[59] 또한 1931년에는 니시다 기타로西田幾多郎의 제자인 쓰치다 교손土田杏村이 구도덕을 비판하고 신도덕을 제창하는《도덕개조론》을 출판한다.[60] 그리고 이러한 분위기에서 식민지 조선에서도 '민족개조론'이나 '문화개조론'이 촉발되고, 1920년에는《개벽》잡지가 창간되며, 1930년대에 천도교나 원불교에서는 '정신개벽' 개념이 등장하기에 이른다.[61]

이렇게 보면 고니시가 말하는 '도덕 개량'이나 '정신 개량'이라는 표현은 1920년 전후에 일본에서 일어난 '개조론'의 전사前史에 해당하는 일종의 '개량론'으로 볼 수 있다. 특히 1931년에 쓰치다 교손이 사용한 '도덕 개조'라는 표현은 고니시가 말한 '도덕 개량'과 정확히 대응

된다. 그런 의미에서 고니시는, 비록 니체와 톨스토이 사상을 빌리고는 있지만, 메이지 시대의 개조론자, 그중에서도 특히 도덕개조론의 선구적 인물로 자리매김될 수 있다.

또한 고니시는 니체는 물론이고 톨스토이까지 일종의 '사회개조 사상가'로 자리매김하고 있는데, 이러한 해석은 일본에서는 고니시가 최초가 아닐까 생각된다. 다만 고니시가 니체의 말에서 이러한 해석의 실마리를 얻었을 가능성은 충분히 있다. 고니시는 앞의 서두에 이어서 니체의 말을 길게 인용하고 있는데, 그 인용문으로 보이는 문장 중에 '인간 개량'이라는 표현이 나오고 있다("**금수같은 인간을 개량하여 인간 이상의 고등동물로 변화시키는**"(1-58)). 따라서 고니시가 말하는 '정신 개량'이나 '도덕 개량' 또는 '덕의 개량' 같은 표현은 니체의 '인간 개량' 에서 힌트를 얻었을 가능성은 배제할 수 없다. 하지만 그 인간 개량의 내용을 니체는 "정욕을 억제하지 않고 자유롭게 발달시켜야 한다"(1-57, 고니시가 인용한 니체의 말)고 본 반면에, 고니시는 이것을 치우친 인간관의 결과라고 비판한다는 점에서는 차이가 있다. 즉 고니시가 이해 하기에 니체는 처음부터 인간을 동물적 존재로 보았고,[62] 그래서 우승 열패를 인정하고 강자를 두둔했는데,[63] 고니시가 보기에 이러한 견해 는 "부정不正한 역설"에 다름 아니다(2-31). 반면에 톨스토이는 인간을 신의 모상으로 보았고(1-61, 2-30), 성선설적인 인간관을 취했다(2-31)고 평가한다.

이와 같은 인간관의 대비는 기본적으로 고니시의 스승인 그릇의 견해에서 비롯된 것이다. 김정현의 연구에 의하면, 그릇은 니체와 톨스토이의 인간관을 다음과 같이 규정했다. 니체는 인간을 악한 동물로 보고서 강한 동물로서 초인이 될 필요가 있다고 생각했다. 반면에 톨스토이는 인간은 이미 신의 형상을 지니고 있기에 초인을 필요로 하지 않는 다고 보았다.[64] 따라서 고니시의 니체-톨스토이 해석에는 그의 스승의 영향이 깊게 작용하고 있음을 알 수 있다. 바로 이 점이 일본에서의 니체 수용사를 러시아에서의 니체수용사와 같이 보아야 하는 이유이고, 그중 에서도 특히 그롯의 '니체-톨스토이론'과 같이 고찰해야 하는 이유다.

다만 그렇다고 해서 고니시가 톨스토이를 전적으로 두둔했다고 생각해서도 안 된다. 톨스토이 역시 "인간에게 동물적이고 물질적인 천 성이 존재함을 망각하여"(2-31) "편파적인 유심론자"(2-31)로 기울었 다고 비판하기 때문이다. 그래서 고니시는 두 사람의 소개와 평가를 마 무리하면서 "양자의 조화를 추구해야 한다"고 끝맺고 있다.

> 현재 우리가 **덕의 이상**으로 삼는 바는 어디에 있는가라고 하 면, 물질적과 심령적이라는 두 주의主義의 **덕의를 조화**시키는 데 있고, 이것을 조화시키는 것이 철학의 임무이다. 실로 **현재의 철 학의 문제는** 톨스토이와 니체, 그리고 그 반박자들의 이견異見을 이해하고 단련시켜 점차 **새로운 완전한 이론과 실제가 조화된 철 학을 구조構造하는 데 있다**고 해도 왜곡이 아닐 것이다. (…) 니체 씨와 톨스토이 백작이 조화되는 날이 칸트의 순수이성과 실천 이성이 완전히 진실하게 조화되는 날이라고 말해도 과언이 아 닐 것이다.(2-32~33)

여기에서 고니시가 제기한 물질주의와 심령주의의 조화 문제는 동시대의 사상가 도쿠토미 소호德富蘇峰(1863~1957)의 개념으로 바꾸 면 '이기利己와 이타利他의 조화' 문제로 치환될 수 있다. 다만 고니시가 이 문제를 유물과 유심이라는 철학적 틀로 이해하고 있다면, 소호는 경제적인 측면에서 접근하고 있다는 차이가 있다. 고니시가 유물론자로 분류한 니체는 소호의 틀에서는 극단적인 이기론자에 해당하고, 고니시가 유심론자로 분류한 톨스토이는 소호가 보기에는 극단적인 이타주의자에 해당하기 때문이다.

소호는 톨스토이를 일본에 처음으로 소개한 진보적 평론지《국민의 벗国民の友》[65]을 1887년에 창간한 인물로 유명하다. 이뿐만 아니라 고니시가 러시아로 떠나기 1년 전인[66] 1886년에《장래의 일본将来之日本》을 간행했는데,[67] 이 책에서 소호는 애덤 스미스의 영향을 받아서 경제적 관점에서 이기利己와 이타利他의 조화 문제를 다루고 있다. 메이지사상사 연구자인 마쓰모토 산노스케松本三之介에 의하면, 애덤 스미스는 "사적인 개인의 이기심이 사회적인 공익으로 이어진다는 사실을 밝힘"으로써, "자기의 이익은 타자의 이익과 양립하는 데에서 성립한다"고[68] 보았는데, 소호는 애덤 스미스의 이론의 영향을 받아서 "스미스에 의해 기초 지워진 경제적 자유주의의 세계야말로 이기와 이타혹은 자유주의와 애타주의의 양립을 가능하게 하는 것"이라고 생각하게 되었다고 한다.[69]

따라서 고니시가 유학을 떠나기 직전에 이미 일본에서는 고니시가 러시아에서 고민했던 것과 유사한 문제의식이 제기되고 있었던 셈이다. 아마도 고니시의 니체와 톨스토이 해석에는 이러한 일본의 정신사적 배경도 작용하였으리라 생각된다. 즉 러시아에서 스승 그롯을 통해 받은 영향뿐만 아니라, 러시아에 가기 전에 일본의 지식인들이 가졌던 문제의식도 고니시의 니체-톨스토이 해석에 영향을 주었으리라 추측된다. 그리고 양자의 영향이 결합되어《심해》에 실린 것과 같은 '니체-톨스토이 조화론'이 나오게 되었을 것이다.

　이상의 고찰에 의하면, 고니시는 니체와 톨스토이를 "지향하는 바는 같지만 방법은 상반되는 두 사상가"로 대비시키면서, 그 이유를 인간관과 도덕관의 차이에 있다고 진단했다. 즉 니체는 고대 중국의 순자荀子와 같은 성악설性惡說을 옹호하고 있고, 톨스토이는 맹자孟子적인 성선설性善說을 주창한다는 것이다. 다만 중국 유학과 고니시와의 차이는, '우승열패'와 같은 표현으로부터 알 수 있듯이, 고니시는 '사회진화론'이라는 세계관 속에서 니체와 톨스토이를 비교하고 있다는 점이다. 맹자나 순자가 살았던 제자백가 시대의 중국과는 달리, 고니시가 살았던 19세기 말의 일본은 서양으로부터 사회진화론을 수용하였고, 그것이 일본 사회는 물론이고 동아시아 전체에 커다란 영향을 끼쳤다.[70] 그래서 고니시는 니체와 톨스토이를 이해하는 데 있어서 "사회진화론을 받아들이느냐 아니냐"의 시선에서 보게 되었고, 니체는 우승열패라는 진화의 법칙을 인정하는 반면에 톨스토이는 거부하고 있다고 해석한 것이다.

　지금까지 살펴본, 고니시가 해석한 니체와 톨스토이의 동이同異를 정리하면 다음 페이지의 표와 같다.

　흥미롭게도 고니시 이후에 니체와 톨스토이 해석은 고니시와는 상반되는 경향을 띠기도 한다. 앞에서도 소개했듯이, 고니시가 니체와 톨스토이를 소개한 니콜라이 신학교 기관지 《심해》에는 톨스토이를 비판하는 글들이 잇달아 실린다. 반대로 니체의 경우에는 고니시와는 다른 해석이 등장하는데, 그 주인공이 바로 도쿄제국대학 철학과 출신의 다카야마 조규이다. 조규는 니체를 '이기주의 철학'이 아닌 '생명철학'으로 이해했다.

주제	니체	톨스토이
철학	유물론자	유심론자
동서문명	서구문명의 대표	동구문명의 이상
인성관	성악性惡	성선性善
인간관	인간은 동물이다	인간은 신의 모상이다
욕망론	욕망 긍정	욕망 억제
진화론	우승열패 인정	우승열패 반대
정치론	무정부주의, 혁명주의 옹호	무정부주의, 혁명주의 반대

5. 고니시 이후의 니체 해석

앞에서도 언급했듯이, 고니시가 니체를 일본에 처음 소개한 해에 독일계 러시아인 쾨버가 도쿄제국대학 철학과 교수로 부임하게 된다.[71] 쾨버는 서양철학을 강의했는데, 니체에 대해서는 "극단적인 이기주의자"로 폄하했다.[72] 또한 독일에서 유학하고 돌아온 뒤에, 도쿄제국대학에서 쾨버와 함께 철학을 가르쳤던 이노우에 데쓰지로井上哲次郎 (1856~1944)도 니체 철학을 "극단적인 이기주의"로 폄하했다. 이들의 제자인 구와키 겐요쿠桑木嚴翼(1874~1946) 역시 그 연장선상에서 니체를 "극단적인 개인주의자"로[73] 이해했다.

이처럼 도쿄제국대학은 고니시보다는 약간 늦지만, 니체 철학을 일본에 소개하는 창구 역할을 담당했다. 그것도 대학이라는 제도권을 통해서 전파했다는 점에서는 고니시보다 본격적이고 집단적인 차원이었다고 할 수 있다. 하지만 니체를 '이기주의'로 해석한다는 점에서, 그리고 구와키 겐요쿠의《니체씨 윤리설 일반》이라는 저서 제목에서 알 수 있듯이, 니체 철학을 윤리학이나 도덕론의 관점에서 이해한다는 점에서는 고니시와 크게 다르지 않았다.

그런데 구와키와 함께 도쿄제국대학 철학과를 다녔던 동급생 다카야마 조규高山樗牛의 경우에는 전혀 다른 양상을 보였다. 그는 니체를 "위대한 문명비평가Kulturkritiker"라고 높게 평가하면서,[74] 니체의 개인주의를 '생명주의'와 결부시켜 이해하였다. "강대한 개인의 의지의 힘〔意力〕이 드러나는 곳에는 반드시 영원한 생명이 있다"고 생각했기 때문이다.[75] 그래서 조규로 오게 되면, 니체에 대한 이해의 폭이 윤리학자에서 '문명비평가'로 확장되고, 니체 철학도 이기주의에서 '생명주의'로 긍정되기에 이른다.

특히 조규의 생명주의적 해석은 이후에 다이쇼 생명주의大正生命主義의 분위기를 타고 와쓰지 데쓰로和辻哲郞(1889~1960)의 니체 해석으로 이어졌다. 와쓰지는 조규의 도쿄제국대학 철학과 16년 후배로(조규는 1896년 졸업, 와쓰지는 1912년 졸업), 졸업한 이듬해에 일본 최초의 본격적인 니체 연구서《니이체 연구ニイチェ研究》(1913)를 저술했다. 와쓰지는 이 기념비적인 저작의 초판 서문에서 "진정한 일본인의 피에는 니체와 상통하는 것이 있다고 믿는다"고 천명한 뒤에,[76] '우주 생명'과 '내적 생명' 등의 개념을 사용하면서 니체 철학을 생명철학의 관점에서 독자적으로 해석했다.[77]

한편 조규와 동급생이었던 아네자키 마사하루姉崎正治(1873~1949)는 조규를 도와서 니체 철학을 널리 알린 동지와 같은 존재였다. 아네자키는 니체의 친구였던 파울 도이센Paul Deussen(1845~1919)의 제자로, 인도학의 대가이자 쇼펜하우어의 번역자이기도 하다.[78] 그는 조규의 니체 이해에 공감하면서, 니체를 자신의 신앙인 불교와의 관련 속에서 이해하여 "니체 철학은 불교를 자극할 것이다"고 말했다.[79]

아네자키는 니체뿐만 아니라 톨스토이와도 관련이 깊다. 앞서 소개한 바와 같이, 톨스토이는 러일전쟁 때에《런던 타임즈The Times of London》에 '비전론非戰論'을 싣는데, 아네자키가 이것을 일본에 적극 소개했기 때문이다. 특히 '영성'을 통해서 혼란스러운 세상을 바꾸어야 한다는 입장을 취했는데, 바로 이런 점이 톨스토이와 상통했으리라 생각된다. 그런 점에서는 아네자키도 고니시와 같은 진영에 있다고 할 수 있다. 그러나 니체 철학에 대한 이해에 있어서 니체를 이기주의자로 해석한 고니시보다는, '초인'을 이상으로 하는 개인주의자로 본 조규에 가깝다. 그런 의미에서 아네자키는 니체와 톨스토이를 모두 긍정적으로 수용한 당시로서는 보기 드문 지식인이었다.

그뿐만 아니라 아네자키는 러일전쟁 당시에 "모든 것은 하나"라는 진리는 그리스도교 신앙의 핵심일 뿐만 아니라 불교적 믿음의 본질이기도 하다고 하면서, '그리도교와 불교'의 화해까지 시도했다. 이와 같이 아네자키 안에는 니체와 톨스토이, 그리스도교와 불교가 이원화되지 않고 한데 어우러져 있다. 아마도 여기에는 기본적으로 '조화'를 추구하는 그의 기질이 바탕에 깔려 있고, 그 위에 스승 도이센과 친구 조규의 지적인 영향, 그리고 독실한 종교가로서의 영성적 성향 등이 작용했을 것이다.

그러나 아네자키의 니체와 톨스토이 수용 양상과 구와키 겐요쿠의《니체씨 윤리설 일반》, 그리고 와쓰지 데쓰로의《니이체 연구》에 대한 연구는 국내에서는 아직 시작되지 않았다. 이 문제를 해결하기 위해서는 무엇보다도 이들 저작에 대한 번역이 선행되어야 할 것이다.

6. 초기 일본 니체 수용사의 의미

지금까지 논의된 내용을 정리하면 다음과 같다.

첫째, 일본에서의 니체 수용은 러시아를 경유해서 유입되어 톨스토이와 비교되는 형태로 이루어졌다. 특히 니체를 일본에 처음 소개한 고니시 마스타로의 스승인 러시아인 니콜라이 그롯의 니체와 톨스토이 해석, 그리고 당시의 일본의 지성사적 분위기, 여기에 고니시라는 인물의 사상적 지향성 등이 가미되어 니체가 일본에 소개되었다. 따라서 일본에서의 니체 수용사는 기본적으로 톨스토이 수용사와 같이 고찰되어야 한다. 그러나 이러한 접근 방식은 아직 본격적으로 시작되지 않았다.

둘째, 고니시 마스타로는 니체와 톨스토이를 한편으로는 '사회진화론'과 '유물론-유심론'의 틀로 이해하면서, 다른 한편으로는 '도덕개혁론자'라고 높게 평가했다. 고니시에 의하면, 니체는 인간을 동물로 보면서 욕망을 지나치게 긍정했고, 톨스토이는 인간을 신의 모상으로 보면서 욕망을 지나치게 긍정했다. 따라서 니체는 인간의 과제가 금수같은 하등 동물에서 '초인'같은 고등 동물로 진화하는 데 있다고 보았고, 톨스토이는 본래의 신의 모습을 되찾는 데 있다고 생각했다. 이러한 이원론적 이해는 고니시가 러시아에 가기 직전의 일본 지성계에서도 찾아볼 수 있는데, 그것이 도쿠토미 소호의 '이기利己'와 '이타利他' 논의이다.

셋째, 고니시 마스타로는 일본의 니체 수용사에 있어서 효시에 해당하는 인물일 뿐만 아니라 톨스토이 수용사에 있어서도 중요한 역할을 했다. 특히 프로테스탄트 계열과 문학가 계열의 톨스토이 수용에 큰 영향을 끼쳤다. 반면에 고니시 자신이 속해 있었던 러시아 정교회 소속의 니콜라이 신학교 그룹들과는 의견이 상충되었다. 그들은 톨스토이의 종교론을 비판하는 논설을 실었는데, 톨스토이의 영향을 많이 받은 고니시는 결국 신학교를 떠나게 된다.

넷째, 고니시 마스타로의 니체 소개와 거의 동시에 도쿄제국대학 철학과에도 니체가 소개되는데, 이들은 고니시와는 다른 방식으로 니체를 해석했다. 다카야마 조규의 '미적생활론'에 전개된 '문명비평가'로서의 니체관과 니체 철학에 대한 '생명주의'적 해석이 그것이다. 그로부터 10여 년 후에 조규의 후학인 와쓰지 데쓰로는 본격적으로 생명철학의 관점에서 니체를 연구하게 되는데, 그것이 1913년에 나온 《니이체 연구》다. 이 책은 니체 원전에 입각해서 니체를 연구한 일본 최초의 연구서로, 아직 국내에는 번역서가 없다. 따라서 일본에서의 본격적인 니체 수용에 관한 연구가 진행되려면 먼저 《니이체 연구》에 대한 번역서가 나와야 할 것이다. 이는 향후의 과제로 남겨둔다.

3장

다카야마 조규의 〈미적 생활을 논하다〉와 니체 사상

이와와키-리벨 도요미
*번역: 김남은(한림대학교)

1. 다카야마 조규의 문제의식의 형성과 배경

다카야마 조규高山樗牛(1871~1902)가 잡지《태양太陽》에 〈미적 생활을 논하다美的生活を論ず〉를 발표한 것은 1901년(메이지 34년) 8월 니체(1844~1900) 서거 1년 후, 조규 본인 사망 1년 전의 일이었다. 조규는 그 이전까지는 청일전쟁(1894~1895) 이후의 삼국간섭을 국가적 굴욕으로 생각하면서 '일본주의'라는 국체적國體的 입장을 취하는, 상당한 영향력을 지닌 신진 '평론가'였다. 그런데 이 〈미적 생활을 논하다〉에서 전개한 "본능의 만족이야말로 미적 생활이다"[1]라는 신선한 논지로, 당시 문단에서는 '미적 생활론'뿐만 아니라 그 논지의 근간이 되었던 니체 사상 자체에 대한 찬반양론이 일어났다. 메이지 30년대의 일본은 청일전쟁 후의 근대 국가체제 및 자본주의 경제체제의 확립으로 인해 국권國權 사상적 조류에서 근대 자아적 개인주의가 의식화되는 과도기였다. 특히 청일전쟁에서 러일전쟁(1904~1905)으로 나아가는 시대는 문학적으로나 사회적으로나 낭만주의로부터 자연주의 및 리얼

리즘으로 향하던 시대이기도 했다. 메이지 시대의 평론가가 수행한 역할은, 대학이라는 연구 영역에 속해 있든 아니든 상관없이, 현대의 문화적 상황과 비교해보아도 더욱 광범위하고 상당한 영향력을 행사하고 있었다.[2]

평론 〈미적 생활을 논하다〉에서 니체라는 이름은 단 한 번도 등장하지 않지만, 니체의 지명도가 그의 죽음을 계기로 상승하기 시작한 1900년 이후, 조규는 이 평론으로 인해 니체를 긍정적으로 수용한 초창기 니체주의자로 불린다. 일본에서의 니체 사상 수용은 유럽에서의 니체 수용과 거의 시간적으로 일치한다. 한편 조규는 '미적 생활론'으로 오히려 자신의 콘텍스트에 반영한 개인주의 사상을 주장했다고 보아야 할 것이다. 이 글에서는 우선 이와 같은 메이지 중기 사상계의 조규 개인의 문제의식과 사상 형성을 살펴본다. 또한 거기에 나타난 니체 사상에 의한 영향과 융합 및 그 시대 배경을 고찰한다.

2. 다카야마 조규의 평론 활동 성립과 개인주의

다카야마 조규(본명은 다카야마 린지로林次郎)는 1871년(메이지 4년)에 야마가타현山形県 쓰루오카鶴岡에서 태어나서, 센다이仙台의 제2고등학교를 졸업한 후에, 1893년(메이지 26년) 23세 때 도쿄제국대학 문과대학 철학과에 입학한다. 그의 대학 기숙사에는 아네자키 마사하루姉崎正治(필명은 아네자키 조후嘲風), 구로야나기 구니타로畔柳都太郎(필명은 구로야나기 가이슈芥舟) 등이 있으며, 급우로는 사사카와 다네오笹川種郎(필명은 사사카와 린푸臨風), 도이 반스이土井晩翠, 구와키 겐요쿠桑木厳翼 등이 있다. 그리고 그는 그해《요미우리 신문読売新聞》현상소설 공모에 응모하여 〈다키구치 뉴도滝口入道〉라는 작품으로 입상한다. 1895년(메이지 28년)에는 이노우에 데쓰지로井上哲次郎, 우에다 빈上田敏, 아네자키 마사하루 등과 함께 도쿄제국대학 문과대학 잡지《제국문학帝国文学》발간에 관여했고, 그와 동시에 박문당博文堂에서 발행하는 종합잡지《태양》의 문학섹션이나 도쿄제국대학의《철학잡지哲学雑誌》, 비정기적으로《와세다문학早稲田文学》에도 기고한다. 그러한 가운데 '일본주의'를 주장한 후에 〈문명비평가로서의 문학가文明批評家としての文学者〉나 〈미적 생활을 논하다〉와 같은 초기 니체 사상 수용사에서 주목할 만한 논문을 발표했다. 1902년(메이지 35년)에 요절하기까지 9년 동안 정력적인 평론 활동을 했으며, 조규 사후에《조규 전집樗牛全集》(전5권)과《조규 전집 주석 개정樗牛全集 註釈 改訂》(전7권)이 아네자키 마사하루 등에 의해 간행되었다.[3]

조규의 평론은 일반적으로 다음과 같은 세 시기로 구분된다.[4]

1) 제1기 철학과 창작의 시대
- 대학을 졸업한 1896년(메이지 29년)까지

조규는 낭만주의적 문학작품과 문학론을 집필했고, 그중에서도 앞서 언급한 수상작 〈다키구치 뉴도〉는 가장 중요한 작품이다. 초창기의 철학적 논평인 〈도덕의 이상을 논하다道徳の理想を論ず〉나 〈동서 두 문명의 충돌東西二文明の衝突〉 등은 사회·개인이나 세계적 관점에서 논하고 있다.

2) 제2기 일본주의 시대

- 1897~1900년(메이지 30~ 33년)

조규는 현저한 민족주의적 '일본주의'를 대표하는 존재가 되었다. 평론 〈일본주의日本主義〉를 시작으로〈일본주의를 찬양한다日本主義を賛す〉, 〈일본주의와 철학日本主義と哲学〉, 〈일본주의에 대한 세상의 평가를 개탄한다日本主義に対する世評を慨す〉 등이 있는데, "일본주의는 야마토大和 민족의 포부 및 이상을 표명하는 것이다. 일본주의는 일본 국민의 안심입명처安心立命地를 지정하는 것이다. 일본주의는 종교가 아니고 철학이 아니며 국민적 실행 도덕의 원리이다"(《태양》, 1897. 5.) 라고 정의한다.

3) 제3기 개인주의 시대, 니체주의 시대, 니치렌 숭배 시대

- 1901~1902년(메이지 34~ 35년)

'미적 생활론'의 본능주의에 의해 개인주의가 강조되고, 더 이상 국민국가나 도덕 이념은 문제가 되지 않는다. 니체나 가마쿠라 불교鎌倉仏教 니치렌종日蓮宗의 창시자인 니치렌(1222~1282)이 강력한 자아의 개인 원리로 내세워진다.

3. 조규의 〈미적 생활을 논하다〉 이전의 니체상 형성

1895~1896년(메이지 28~29년)에는 이미 개국 전후부터 일본 근대화를 위해 선진 문명을 중개한 '고용 외국인' 라파엘 폰 쾨버Raphael von Koeber(1848~1923)가 도쿄제국대학 철학과에서, 그리고 카를 플로렌츠Karl Florenz(1848~1939)가 독문과에서 니체 사상을 강의하

고 있었다. 다카야마 조규, 아네자키 마사하루, 구와키 겐요쿠는 쾨버의 학생이었고,《미적 생활론과 니체美的生活論とニーチェ》(1902)를 써서 '미적 생활 논쟁'을 일으켰던 한 학년 아래의 도바리 치쿠후登張竹風(1873~1955)는 플로렌츠의 학생이었다. 이 무렵 니체에 대한 거부 반응은 쾨버나 도쿄제국대학 교수인 이노우에 데쓰지로井上哲次郎(1855~1944)에게도 보이며, 칸트 철학이 주류였던 관학 아카데미즘에서 니체는 정통 철학자로 인정받지 못했다. 그러나 다카야마 조규, 도바리 치쿠후, 아네자키 마사하루(조후) 세대는 니체의 새로운 철학을 호의적으로 혹은 유연하게 받아들였던 것 같다.

조규의 〈미적 생활을 논하다〉에는 니체에 대한 찬양이 전혀 없는데도 불구하고 그가 이 평론으로 '니체주의자'로 확정된 데에는 이유가 있다. 첫 번째 이유는 당시 제1의 니체 이해자인 도바리 치쿠후가 〈미적 생활을 논하다〉에 대해 "근래 가장 통쾌한 논문"이라고 찬동했고, "분명 니체의 학설에 그 근거가 있다. 그렇다면 니체 학설의 대강을 이해하는 자가 아니면 도저히 그 본의를 파악하기 어렵고, 그 묘미는 더 말할 필요도 없을 것이다"라고 단언한 것이다.[5] 두 번째 이유는 조규 자신도 〈미적 생활을 논하다〉 간행 이전인 1900년(메이지 33년) 6월에 독일, 프랑스, 이탈리아 삼국의 유학을 명령 받은 이후 〈아네자키 조후에게 보내는 글姉崎嘲風に与ふる書〉과 〈문명비평가로서의 문학가〉를 발표하여, 개인주의자 및 문명비평가라는 니체상을 형성하고 있었기 때문이다.

조규는 〈아네자키 조후에게 보내는 글〉에서 중부 유럽의 개인주의적 현대 시인으로 니체, 입센, 톨스토이 등을 꼽았으며, "세상에 창작의 권능 있는 자는 '그 누구에게도 얽매이지 않고 홀로 선(不羈独立)' 천재성이 풍부한 '나'의 모습이 되어 모든 법칙"을 탄생시킨다고 했다. 바꾸어 말하면 "주관적 유심론唯心論에 더해 신비적 성질까지 갖춘 것"이라고 보는 것이다. 또한 그는 개인주의를 주관주의적 문제로 받아들이고 막스 슈티르너Max Stirner(1806~1856)와 니체를 '개인주의의 선구자'라고 보았다. "초인을 이상으로 하는 개인주의는 니체의 인격에 의해 비로소 성립할 수 있으며, 의지의 발전을 극치로 삼는 개인주의는 입센의 개성을 기다려야 비로소 의의가 있다. 일단 위대한 인격의 강렬한 의지에 의해 전도된 주관주의는 때때로 세상의 민심을 파악하여 이른바 시대정신을 만들기도 한다"[6]며 초인 개념을 극단적인 개인주의의 정점으로 파악했다.

조규의 니체 찬미는 주로 〈문명비평가로서의 문학가·일본 문단의 측면 비평文明批評家としての文学者·本邦文壇の側面評〉 제1절에 보다 현저하게 나타난다. 조규는 니체를 철학자라기보다는 19세기 문명 전체에 반항한 '위대한 시인', 즉 '위대한 문명비평가Kulturkritiker'라고 부르며, 역사주의Historismus에 대한 니체의 논박을 계승하고, 그것을 위학자僞學者(Bildungsphilister)에 의한 속론俗論에 지나지 않는다고 이해한다.[7] 조규는 "19세기 말의 우리는 너무 많은 역사에 짓눌려 있다. 주관을 없애고 인격을 학대하며 선천적인 본능을 무시하는 것은 역사다. 개인의 자유 발달을 방해하고 모든 인류를 평범하게 만들고 모든 천재를 저주하는 것은 역사"라고 했다. 덧붙이면 여기에 인용되었다고 생각되는 테오발트 지글러Theobald Ziegler(1846~1918)의 원문은, 니체의 역사발달설을 "19세기 사람들은 역사에 대한 과잉, 비만에 시달리고 있다. 그러나 역사는 인격을 객관적, 즉 무주관적으로 만들어서 약화시킨다. 역사는 해부 연습을 함으로써 민족의 생명 본능을 가로

막고, 전체와 똑같이 개인의 성숙을 방해하며, 조화로운 인격을 불가능하게 하고 있다"라고 설명하고 있다. 이는 조규의 문장과, "모든 천재를 저주하는 것은 역사다"를 제외하고는, 매우 흡사하다.[8] 또한 '위학자'라는 말은 니체가 다비트 슈트라우스David Strauß(1808~1874)를 비판한 《반시대적 고찰Unzeitgemäße Betrachtungen》 I, II에 기초한 부분에서[9] 사용되고 있는데, 이것도 지글러의 원문에 소개되어 있다.

아래에서 지글러가 조규에게 끼친 영향에 대해서 자세히 언급하겠지만, 조규의 문화비평가·시인으로서의 니체상은 대부분 지글러에서 유래했다. 조규는 위학자들에 대해 "온갖 활력 있고 창조하는 자의 장해, 온갖 의혹에 빠지고 길을 잘못 든 자의 미로, 모든 지친 자의 수렁, 모든 높은 목적을 향해 달리는 자의 족쇄, 온갖 싱그러운 새싹의 유독한 안개, 무언가를 찾고 새로운 생명을 갈망하는 독일 정신의 말라붙은 사막"[10]이라고 지글러를 인용하면서, 그 좋은 모범으로 〈신구신앙新舊信仰〉의 저자 다비트 슈트라우스 박사를 지명하고 있다.

조규는 니체가 민주주의와 사회주의를 부정하고 대중Masse을 부정하며 역사, 진리, 사회, 국가를 부정하고, 철저하게 개인주의에 입각하여 그 인도적 이상을 소수의 '천재', 즉 초인의 탄생으로 이해하고 있다고 보았다. 본능과 동기와 감정과 의지가 망각된 당시의 철학과 학술 도덕은 니체가 보기에는 위학偽學이자 배척되는 것이라고 한다. 지글러는 니체를 심리학자, 상징주의자라고 소개하고, "니체는 시인이자 예술가였다. 상징주의 시인의 작품이라는 형태로 많은 것이 해석되고 은닉되고, 그 대부분이 이해되지 않는 철학은 뭔가 새롭고 흥미 깊은 것이었다"[11]라며 니체를 호평한다.

조규도 문명비평가로서의 니체는 "원래 철학자가 아니라 시인이다. 그래서 [⋯] 그 스스로도 해석할 수 없는 천지인생天地人生의 오묘함幽微이다. [⋯] 오직 영적인 것만이 영적인 것을 움직일 수 있다"[12]라고 하면서, 시인의 신비로운 영력을 언급하고 있다. 이 논문의 결론 부분에서는 '미적 생활론'과 직결되는 문학가와 문명비평가로서 결정적인 '천직天職' 논리가 제시된다. "니체는 한 사람의 시인일 뿐이다. 그리고 독일 사상계는 실로 그로 인해 움직이고 있다. 오히려 당연하다고도 보일 수 있는 그의 개인주의가 이렇게 한 나라의 문명의 큰 동력이 될 수 있는 것을 보면, 우리는 진심으로 문학예술 세력이 실로 과학철학의 몇 배나 된다고 생각하며, 또한 이 점에서 더욱더 문학가의 숭고하고 위대한 천직을 각오하지 않으면 안 된다"[13]라며, 니체에게 보이는 시인·문학가·문명비평가의 천직에 대한 자각을 메이지 일본의 문학가에게도 요구했다.

4. 〈미적 생활을 논하다〉의 주요 논지

그렇다면 총 7장으로 이루어진 조규의 대표작 〈미적 생활을 논하다〉에서는 무슨 이야기를 하고 있는 걸까?

우선 '1. 서론'에서는 "생명을 위해 무엇을 먹고 무엇을 마시고, 신체를 위해 무엇을 입을까를 걱정하지 말아야 한다. 생명이 양식보다도, 신체가 옷보다도 훌륭하지 않은가라고 [⋯] '미적 생활이란 무엇인가?'라고 물으면 우리는 이렇게 답할 것이다. 양식과 옷보다 더 훌륭한 생명과 신체를 섬기는 것이라고"[14]하면서, 첫머리부터 생명과 신체의 우위를 강조하고 있고, 후대의 삶의 철학과 현상학적 '신체 철학'을 떠올리게 하는 문제들이 제기된다.

'2. 도덕적 판단의 가치'에서는 서론에서의 문제의식이 종래의 지선至善, 즉 "인간 행위의 최고 목적으로 내가 이상으로 삼는 관념"으로부터의 도덕 가치로의 전환을 예상하게 한다. 선善과 불선不善은 인간의 견해상의 명목에 지나지 않고, 인생 본연의 가치로 삼을 필요도 없다는 것이다. "나의 인생관은 도학선생의 그것과 다른데" "미적 생활을 논하며 감히 이것을 추천한다"라고 문제 제기한다.

'3. 인생의 지극한 즐거움'에서는 "태어난 후의 우리의 목적은 말할 것도 없이 행복해지는 데에 있다. 행복이란 무엇인가? 우리가 믿는 것을 가지고 보면 본능의 만족, 이것뿐이다. 본능이란 무엇인가? 인간성 본연의 요구이다. 인간성 본연의 요구를 만족시키는 것, 이것을 미적 생활이라고 한다." 이에 대해 차라투스트라의 '초인'을 연상시키듯이, "도덕과 이성은 인류를 하등 동물로부터 구별하는 주요 특질이다. 하지만 우리에게 가장 큰 행복을 줄 수 있는 것은 이 양자가 아니라 실은 본능임을 알아야 한다. 인류는 그 본성이 하등 동물과 크게 다르지 않다. 세상의 도학선생의 설에 따르면, 리의理義가 아무리 높더라도 언어가 아무리 아름답다 하더라도, 그들에게 마음속의 소신을 적나라하게 고백할 용기를 갖게 한다면, 반드시 인생의 지극한 즐거움은 결국 성욕의 만족에 있음을 인정할 것이다."라고 한다. 또한 "잘못하여 만물의 영장이라 불린 이후부터 사람들은 점차 그 동물적 본성을 폭로하기를 꺼려하다가 〔…〕 그 본연의 요구에 반하여 허위의 생활을 영위하게 되었다"는 것을 깨닫는다. 니체의 철학적 인간학 및 (사회)진화론의 영향을 생각하게 한다.

'4. 도덕과 지식의 상대적 가치'에서는 "도덕과 지식은 그 자체로서 많은 독립적 가치를 지니는 것이 아니다"라고 했다. 그리고 "지식과 도덕이라는 것은 어차피 맹목적인 본능의 지도자, 조언자일 뿐이다. 본능은 군주이고 지덕智德은 신하일 뿐이다. 본능이 목적이고 지덕智德은 수단일 뿐이다. 지덕智德 그 자체는 결코 인생의 행복을 이루는 것이 아니다"라고 했으며, 본능이란 '종족적 습관'이며, "본능을 성립시키기 위하여 들인 피와 눈물과 생명과 세월과 장소는 도학선생의 탁상 위의 사색에 입각한 도덕 따위에 비할 바가 못 된다"라고 말하며, 조상의 은혜에 대해 현재의 행복에 감사를 표한다.

'5. 미적 생활의 절대적 가치'에서는 "미적 생활은 인생 본연의 요구를 충족시키는 곳에 존재하기 때문에 생활 자체가 이미 절대적인 가치를 지닌다."라며, "생활 자체Leben an sich"에서 상대와 절대의 가치 전환을 제시한다. 미적 생활은 "그 가치는 이미 절대적이고 본질적intrinsic이다. 의지할 곳 없이, 구속할 곳 없이, 혼연히 리의理義의 경지를 초탈한다. 이것은 마음의 평안安心이 깃드는 곳, 평화가 머무는 곳, 끊임없이(生生) 존속되는 세력을 지니면서 우주 발달의 원기元氣가 저장되는 곳이다. 인생의 지극한 즐거움의 경지는 이곳을 떠나 어디에서 찾을 수 있겠는가"라고 강조한다.

'6. 미적 생활의 사례'에서는 앞장에서 언급된 충신 열사, 학자, 수전노, 연애하는 남녀, 불교 수행자瑜伽行者, 트라피스트 수도회 수도사Trappist 등으로 미적 생활의 가치를 확장하고, 마지막으로 시인과 예술가의 미적 생활에 대해서 "시인, 미술가가 자신이 좋아하는 것에 만족하며 기꺼이 목숨을 버린 사례는 〔…〕 결국 예술은 그들의 생명이자 이상이다. 이 때문에 살고 죽는 것은 시인이며 미술가인 그들에게 천직인 것이다. 이 천직을 다하기 위하여 〔…〕 죽음으로서도 위협할 수 없는 그들의 마음의 평안은 얼마나 값진가"라고 했는데, 이는 천직 수행을 통한 개인의 절대적 행복을 추구하는 생사관으로 이어진다.

최종장인 '7. 시대의 폐해 및 결론'에서는 "이 세상에서 인생 본래의 행복을 추구하기에는 우리의 도덕과 지식은 너무 번거롭고 너무 우원함에 지나지 않는다. 저 도학선생 같은 자가 만약 진정으로 세상의 인심을 위해 도모하고자 한다면, 모름지기 솔선하여 오늘의 태도를 일변시켜야 한다"라고 스스로 이해받지 못할 것을 예상하면서, "가난한 자여 근심하지 말라. 희망을 잃은 자여 슬퍼하지 말라. 왕국은 항상 그대의 가슴에 있다. 그리하여 그대에게 이 복음을 이해시키는 것은 미적인 생활이다"라며 신약성서처럼 원고를 마감하고 있다.

이와 같은 획기적인 〈미적 생활을 논하다〉를 발표한 후에, 그 논지 자체는 물론이고, 본능주의자, 개인주의자, 무도덕자로 소개된 니체에 관한 반응들이 속출했고, 앞서 언급한 도바리 치쿠후를 비롯한 신진 문인들뿐만 아니라 쓰보우치 쇼요坪内逍遥(1859~1935)와 모리 오가이森鷗外(1862~1922)와 같은 문호들이 가세하면서 치열한 논쟁으로 발전했다.[15] 여기에서는 상세하게 언급하지 않겠지만 '미적 생활' 개념과 더불어 니체 사상에 대한 관심이 높아졌음은 분명하다.

5. 니체와 지글러로부터의 '미적 생활론' 해석과 결론

조규의 니체상은 니체의 원전보다는 초창기 니체 연구자 중 한 사람인 개인주의자 테오발트 지글러의 《19세기의 정신적 사회적 사조Die geistigen und sozialen Strömungen des neunzehnten Jahrhunderts》를 바탕으로 성립되었다고 보는 것이 정설이다. 1966년에 나온 스기타 히로코杉田弘子의 〈니체 수용을 둘러싼 자료적 연구: 일본 문헌과 외국 문헌의 관계ニーチェ移入をめぐる資料的研: 日本文献と外国文献の関係〉(《일본어와 일본 문학国語と国文学》, 쇼와 41년 5월)에 의하면, 본고 제2절에서도 몇 가지 예를 들었듯이, 주로 〈문명비평가로서의 문학가〉에서는 《19세기 정신적 사회적 사조》 중 〈프리드리히 니체Friedrich Nietzsche〉와 〈니체의 영향Die Wirkung Nietzsches〉과 일치하는 부분이 다수 발견되는데,[16] 〈미적 생활을 논하다〉에도 공통되는 점이 많다.

미적 생활론과 관련 있다고 생각되는 부분을 언급하면, 지글러는 먼저 첫머리에서 니체를 19세기의, 특히 청년과 여성들에게 영향력 있는 개인주의자Individualist라고 소개하면서, "귀족적이고 고귀하고 재능이 있고, 신경이 과민하고 예민하며 미에 도취된 성격으로, 대중과 그들의 본능에 대항적"이며, 또한 "고전 문헌학자이고, 그리스어에 능통하며, 의식적으로 르네상스풍으로 회귀하여 쇼펜하우어와 바그너의 제자로, 철저히 현대적이고 낭만적이다"라고 그 성격을 규정하고 있다. 조규의 미적 이상에도 대중 본능과는 정반대인, 개인에 근거한 고고한 이상이 발견되고, 그것이 조규의 현대 낭만주의로 이어지고 있다고 말할 수 있다. 일찍이 '일본주의'라는 국가 지상주의적 도덕·교육을 부르짖던 조규가 '남성적·적극적 낭만주의'[17]라는 개인주의적 행복 추구로 이행한 것이다.

조규에게 있어 미적 생활의 행복의 본질을 생각해보면, 대체로 디오니소스적이라고 표현할 수 있다. '미적 생활'은 아름다움Ästhetik이라고 말하고 있지만, 본능 즉 '인성 본연의 요구'의 만족이며, 기존의 아름다움(진과 선의 인식 문제도 마찬가지)에 대한 가치관과는 전혀 다르다. 또한 근대적 삶을 '정신적·형이상학적'인 것으로 해석하지 않고, 동물적 삶의 쾌감에 가치를 두고 있다. 조규는 〈미적 생활을 논하다〉에서 '디오니소스Dionysos'나 '권력의지Wille zur Macht' 개념에 대해서는 언급하지 않지만, 이성Vernunft으로부터 본능Instinkt으로의 미적 기준의 가치 전환은 지글러의 다음과 같은 말에서 영향을 받은 것이 아닐까?

　　니체는 아폴로적인 명석함과 더불어 이미 그리스 세계에서 디오니소스적인 것의 암담한 배경을 제대로 찾아냈는데, 그에 따라 그의 개인주의는 오히려 권력에의 의지가 분출된 천재 숭배가 되었다.[18]

　　그러나 이 과정에서 전통과 도덕의 벽에 부딪힌다. 아폴로적 아름다움은 고전적 조화의 법칙이나 형식주의적인 규정이다. 조규는 디오니소스적 인간의 반대말에 해당하는 아폴로적 '도학선생'이 설파하는 도덕과 지식의 가치를 '수단으로서' 상대화하여 미적 생활을 절대화하는, 마치 니체가 '큰 이성die große Vernunft'을 정신der Geist이 아닌 몸der Leib으로 규정했던 것처럼,[19] 그리고 노예도덕Sklavenmoral으로부터 주인도덕Herrenmoral으로의 모든 가치의 전환을 주장했듯이,[20] 지글러는 니체 철학이 주로 도덕의 영역이며, 특히 가치철학Philosophie der Werthe[21]이라고 해설하고 있다. '도학선생'이라는 말에도 니체가

《반시대적 고찰》에서 다비트 슈트라우스를 비판하면서 '위학자Bil-
dungsphilister'라고 명명한 것과 유사한 부정적인 가치관이 담겨 있다.

　　여기에서 조규의 '행복'과 관련이 있는 지글러의 차라투스트라
상 및 초인상에 대해서 고찰해보자. 지글러는 "(초인이라는) 철학적 창
조자의 권리로 인해 니체는 모든 가치 전환을 수용했다"라고 말한다.
니체는 오랫동안 독일에서도 '최대 다수의 최대 이익 법칙Prinzip des
größt möglichen Nutzens möglichst vieler zahlreiche Anhänger'으로서 도
덕철학에서 회자되어온 공리주의Utilitarismus에 대해서, "너무나 이타
적이고 사회주의적이며, 너무나 대중 및 다수에 영합적이고, 너무나
민주적인 것으로서 사회행복주의"라고 하면서, 바꾸어 말하면 "개인
을 위한 투쟁 및 무리 동물들에 대한 투쟁Kampf um den ein zelnen und
Kampf gegen das Herdentier"[22]을 하지 않았다면서 거부한다. 도바리 치
쿠후가 〈미적 생활론과 니체〉에서 말했듯이, 니체에게는 '행복'이라는
개념이 그다지 중요하지 않았으며, 그보다는 본능적인 것을, 그것도
'자유의 본능'[23]을 그의 인생관의 기초로 삼았다. 오히려 생존의 고뇌에
대치하지 않는 것이 부정되었다.

　　또한 지글러는 차라투스트라를 "생명 증진과 활력의 종교 창설
자der Stifter einer Religion der Lebens förderung und Tatkraft"라고 정
의했다. 그는 차라투스트라의 '영원회귀' 선고를 고대 그리스의 신
비주의로 이해하고, 《즐거운 학문》의 341절 〈최대의 중량Das größte
Schwergewicht〉에서 데몬의 말의 전문을 인용한다: "이 인생을 네가 지
금 살고 있는 것처럼, 그리고 살아온 것처럼, 너는 다시 한번 무수한 삶
을 살아야 할 것이다. 그리고 그곳에는 새로운 것은 아무것도 없고, 너
의 인생의 모든 고통과 기쁨과 생각과 한숨과 말할 수 없는 작은 것과

큰 것이 모두 같은 순번과 차례로 너에게 돌아올 것임에 틀림없다."[24]
그리고 이어서 "이 고통과 괴로움으로 가득 찬 삶을 반복해서 산다는
것은 삶에 고뇌하는, 고귀하고 섬세한 사람들에게는 분쇄되어 버릴 것
같은zerdrückend 사상이다. 이 삶으로 회귀하고자 하는 욕구를 위해서
는 이 삶을 사랑해야 하며, 이것은 내적 위기감이 없는 무정한 유상무상
有象無象의 안건案件이며, 또한 전적으로 건강하고 억센 자들, 삶을 즐
기고 행복한 자들의 안건이다."라고 말한다. 그리고 니체 자신이 병으
로 삶을 괴로워하고 있었다는 점을 언급하며, 니체에게는 삶을 극복하
기 위해 열정적인 영원회귀 긍정이 필요했고, 그것은 인간의 삶을 가치
있게 할 뿐만 아니라 신적으로 만드는, 즉 '삶의 신성화'[25]에 대한 요구
로 나타난다고 해석했다.

조규는 이러한 삶의 신성화를 '행복'이라고 표현하기에 이르렀다
고 생각되는데, 그것은 또한 '순교'라고 바꿔 말할 수도 있지 않을까?
그리스 이래의 아폴로적 조화의 세계의 진·선·미는 조규에게 있어 디
오니소스적인 삶에 뿌리를 둔 것으로는 반영되지 않았지만, 유럽 낭만
주의의 세례를 받으며 근대적 자아, 즉 개인의 확립을 찾아내려는 조규
가 그 자아의 처리에 고뇌하고, 자아에 의해 자아를 극복하는 방법으로
서 천직天職에서의 '순교'를 내거는, 니힐리즘을 내포한 니체주의가 되
었을 것이다. 니체 찬미로부터 니체 사상을 자기 투영하기에 이르기까
지 '니체 연구'는 될 수 없었던 것은 아닐까?

6. 조규의 자아주의와 니체적 개인주의

조규가 〈미적 생활을 논하다〉를 발표하기 전인 1900년(메이지

33년) 초, 절친인 아네자키 마사하루(조후)는 문부성 유학생으로 독일로 건너간다. 이 무렵 조규는 이미 폐결핵으로 투병 중이었고, 문부성으로부터 심미학審美學 연구를 위한 유럽 유학을 명령 받았지만 건강이 회복될 가망도 없어서 도항渡港은 중지되고, 〈미적 생활을 논하다〉를 집필한 이듬해인 1902년 12월 24일, 폐결핵으로 32세의 나이로 사망한다. 만년에는 문학박사 학위를 받았지만, 1902년에 쓴 〈니치렌 성인은 어떤 사람인가日蓮聖上とは如何なる人ぞ〉(《태양》, 메이지 35년 4월)에서 '일본주의'라는 국가적 입장에서 '니체주의'라는 개인주의 입장, 그리고 다시 '니치렌주의'로 전향하게 된다. 그러나 조규의 이러한 내적 변화는 일관성이 있어 보인다. 니치렌에 대해서 조규는 "큰 확신을 가지고 활동하는 그(=니치렌)의 반평생에 걸친 사업이 얼마나 웅대하며 숭엄하기 그지없는가는 단지 가마쿠라 시대의 유적뿐만 아니라, 단지 일본 역사의 장관으로서 뿐만 아니라, 실로 인류의 영원한 역사상의 일대 사실로서도 전해져야 할 것이다."[26]고 했는데, 니체 평가로부터 이어지는 천재 니치렌에 대한 찬사에는 조규 자신의 행복 실현을 위한 소망이 반영된 것이 아닐까?

만년에 집필한 니치렌과 같이, 미적 생활론은 조규 개인의 자아주의의 발로라고 할 수 있지만, 자신의 죽음의 예감이 그의 내면에서 니체와 같은 열렬한 개성에 대한 공감과 감탄을 불러일으키고, 시인·미술가의 '미학'이 죽음도 두려워하지 않고 천직天職을 다하는 '삶'에서 나타나는 '복음'으로 울려 퍼졌을 것이다. 사회·정치적으로, 학문적으로 니체를 수용했다기보다는 오히려 강한 자아의 주장자인 니체에 대한 동경을 품고 있었다고 생각된다.

조규, 치쿠후와 같은 문학가들이 확립한 메이지 30년대의 개인

주의적, 반도덕주의적, 초인주의적 니체주의 조류는 자연주의 문학의 대두로 서서히 쇠퇴하고, 일본의 학문적 니체 연구는 메이지 말기(1909~1911)에 이쿠다 조코生田長江(1882~1936)가 일본 최초의 번역서《차라투스트라ツァラトゥストラ》를 간행하고, 다이쇼大正 시대가 되어 도쿄제국대학 철학과의 아베 지로阿部次郎(1883~1959)나 와쓰지 데쓰로和辻哲郎(1889~1960)가 원전 연구에 입각하여 이상주의적 니체상을 제시할 때까지 기다리게 된다.

4장

우키타 가즈타미의 애기/애타 해석과
윤리적 제국주의론

유지아

1. 일본의 니체 철학 수용 연구 현황

19세기 말부터 20세기 초, 메이지 시대의 중·후기를 맞이한 일본은 청일전쟁·의화단사건·러일전쟁을 통해 서양 문명국들과 맺었던 불평등조약을 개정하고, 타이완, 사할린樺太, 조선 등을 식민지로 삼으면서 동양의 종주국宗主國으로 등장하기 시작했다. 또한 이 시기는 메이지 초기에 정립한 외교정략론의 주요 개념인 주권선과 이익선[1]을 조선과 만주에 적용하여 일본의 세력범위를 넓히면서 '대일본제국'을 표방한 시대이기도 했다. 따라서 서양의 강요로 개항을 해야 했던 에도 말기와 비교하면, 이 시대는 근대화에 성공하여 번영을 누린 시대, 국제적인 지위를 일거에 향상시킨 비약의 시대로 이미지화되어 있다. 그러나 실상은 청일전쟁·러일전쟁의 승리로 인한 일본제국의 팽창 야욕을 그대로 드러낸 시대였으며, 그 결과 만주사변을 비롯한 아시아 태평양전쟁을 일으켜 동아시아 지역에 씻을 수 없는 상처를 입힌 전쟁의 시대로 진입하는 시기였다.

그렇다면 일본 지식인들은 일본이 제국주의 시대로 접어드는 과정에서 어떠한 정신성과 의식구조로 대응하고자 했을까? 이 질문은 '일본은 왜 전쟁으로 나아갔는가?' 또는 '일본 지식인들은 왜 전쟁을 막을 수 없었는가?'라는 질문과 연동되어 있다. 현대 일본의 역사 인식에서 보면, 만주사변과 아시아 태평양 전쟁은 1929년 대공황과 그로 인한 세계경제 위기를 배경으로 한다고 이해하는 경향이 있다. 특히 1930년대에 일본 국민이 열망한 정당정치, 즉 '정당을 통해 국내의 사회민주주의 개혁을 요구하고, 국민의 뜻이 정당하게 반영되어 정권을 교체할 수 있는 정치'가 실현되지 못하자, '왠지 개혁을 추진할 것만 같은' 군부의 인기가 높아졌다는 것이다.[2] 그러나 이미 다이쇼 데모크라시 시기를 거쳐 정당정치의 정점에 도달해 있던 당시의 일본에서 국민들이 단기간에 사회민주주의 개혁보다는 국가의 안전보장을 최우선으로 하는 군부를 선택했다는 것을 이해하기는 어렵다. 따라서 본고에서는 이 시기에 일본 국민이 개혁을 추진할 것 같은 군부를 선택한 원인을 메이지 유신 이후에 정착하기 시작한 일본 국민의 정신세계에서 찾아보고자 한다.

이에 본고는 주로 메이지 후기에서 다이쇼 초기의 '국민국가' 형성기에 일본에 들어온 독일사상, 그 가운데에서도 '개인주의'가 근대 일본의 지식인에게 미친 영향을 중심으로 살펴보고자 한다. 일본의 '개인주의'에 대한 논의는 니체 철학을 소개하면서 더욱 치열하게 진행되었는데, 니체 철학은 메이지 후기인 19세기 후반에 일본에 소개되었으며, 이는 동양 3국 중에서 최초였다. 일본의 니체 철학 수용에 대한 대표적인 연구로는 메이지 중·후기의 독일사상 및 문화 수용의 계보를 중심으로 분석한 연구와[3] 니체 철학의 수용 과정 속에서 일본 역사 속의 개인주의를 어떻게 해석하는가에 대한 연구가 있다.[4] 그리고 메이지 후기에 니체 철학이 일본 지식인의 관심을 끈 동기는 일본의 근대화 과정과 밀접한 관계가 있다고 분석한 한국의 연구가 있다.[5] 이 논문에서 필자는 니체 철학을 초기에 접한 일본의 지식인들은 그것을 '극단적 이기주의'라고 평가했다고 분석했다. 그 이유로는 당시 일본의 지식인들은 근대화를 최고 목표로 하는 관변官邊 지식인들이 중심이었기 때문에, 근대의 가치들이 삶을 병들게 하고 니힐리즘으로 귀결되었다고 말하는 니체 철학을 인정하기 어려웠다는 점을 들고 있다. 그러나 국가로부터 강제된 근대화에 대해 점차 회의감을 갖기 시작한 지식인들은 니체를 '개인주의'의 옹호자로 추앙하게 되었으며, 그 선봉에는 다카야마 조규高山樗牛[6] 등이 있다고 설명하고 있다.

니체 철학의 수용사에서 주로 다루어진 인물은 다카야마 조규를 중심으로 한 니체 철학 예찬론자들이다. 정낙림은 다카야마 조규의 선언적인 글인 〈미적 생활을 논하다美的生活を論ず〉[7]로 인해 '개인주의' 옹호와 전통적인 공동체 윤리의 논쟁을 촉발했다고 말한다. 이 논쟁은 크게 니체 철학을 개인주의라고 평가한 도쿄제국대학파와 극단적 이기주의라고 평가한 와세다파로 나뉘었다. 그중에서도 후자인 와세다파의 반대 논리를 중심으로 고찰할 것이며, 특히 와세다대학에서 정치, 사회, 역사, 철학을 가르치며 이후 제국주의론자들에게 큰 영향을 준 우키타 가즈타미浮田和民에 주목하고자 한다. 그 이유는 메이지 중·후반기에 들어 앞에서 언급한 도쿄제국대학을 중심으로 한 일본 지식인들이 유럽 사상을 받아들여 개인의 자유와 본능을 촉진시킴으로써 문명의 발달을 도모하고자 하였음에도 불구하고, 일본이 제국주의를 표방하고 패권주의 전쟁을 일으킨 원인을 일본 국민의 정신과 의식의 변

화에서 고찰해 보고자 하기 때문이다.

이를 위해 먼저 메이지 후기에 들어온 니체 철학에 대한 수용 과정을 정리하고, 그 가운데 와세다파라 할 수 있는 우키타가 니체 철학의 주요한 키워드인 애기/애타를 어떻게 해석하고 있는지 분석하고자 한다. 청일전쟁의 승리와 더불어 팽창주의가 급격하게 확산되어 가는 일본에서 윤리학자나 사상가들은 '도덕'에 관심을 가지기 시작했다.[8] 이러한 조류 속에서 도덕이 제국주의와 어떠한 연관성을 가지고 있는지 규명하기 위해, 본고에서는 우키타가 도덕의 문제에서 애기/애타를 어떻게 분석하고 있는지 고찰하여 당시 지식인들의 도덕과 제국주의에 대한 이해를 파악할 것이다.

마지막으로 우키타의 윤리적 제국주의를 통해 서양철학이 일본 지식인들을 통해 제국주의로 통합되는 과정을 살펴보고자 한다. 우키타에 대한 연구는 윤리적 제국주의론을 분석하는 논문이 주를 이루고 있는데,[9] 본고에서는 우키타가 애기/애타를 윤리적 제국주의에서 어떻게 적용하는지 밝힘으로써 일본이 제국주의를 포기하지 않았던 역사적인 개연성을 찾으려 한다. 이는 메이지 후기부터 1세기가 지난 현재까지도 근린국가들과의 관계를 회복하지 못하고 있는 일본의 전쟁 책임 문제, 그 가운데에서도 이제까지 많이 언급되지 않았던 일본 국민의 전쟁 책임 문제와 밀접한 관련이 있다. 따라서 본 연구는 당시 국제사회의 정서와 일본 국민정신의 관계를 명확하게 이해함으로써 보다 객관적으로 전쟁의 역사를 인식하는 데 실마리가 될 것이다.

2. 청일전쟁 이후, 일본 지식인의 니체 철학 수용과 비판

'개인個人'이라는 용어는 일본에서 서양의 'individual'을 번역한 말로 원래는 '일개 인민一個の人民', '한 사람一人', '각인各人'이라는 한자어로 쓰이던 것이, '일개인一個人'이라는 말을 거쳐 1884년에 이르러 '개인'이라는 번역어로 정착하였다.[10] 그리고 일본에서 '개인'이나 '개인주의'라는 용어를 널리 사용하게 된 것은 독일의 철학자 니체Friedrich Nietzsche(1844~1900)를 수용하면서부터이다.[11] 니체 철학을 일본에 소개하는 데는, 1893년에 도쿄제국대학에 초빙된 철학과 교수 쾨버Raphael von Koeber(1848~1923)와 독일에서 유학을 마치고 돌아온 이노우에 데쓰지로井上哲次郎(1856~1944)의 역할이 컸다. 그러나 당시에는 이들마저도 니체 철학에 대해 우호적이지는 않았다. 도쿄제국대학에서 21년간 철학을 강의한 쾨버는 니체에 대해 "그의 가르침은 가장 극단적인 이기주의의 형태로서 반드시 강력하게 거부해야 한다"고 주장할 정도였다.[12] 도쿄제국대학의 제1회 졸업생으로 모교의 철학과 교수가 된 이노우에 데쓰지로도 학생들에게 니체를 소개하면서 그의 사고가 '지적 세계에 상당히 해를 끼칠 것'이라고 경고하면서 니체를 추천하고 싶지 않은 철학자로 분류했다.[13]

이러한 평가는 국가의 이념을 교육하는 대표기관인 도쿄제국대학의 사명을 생각할 때, 메이지 정부의 정치 이념과 밀접한 관련이 있다. 메이지 정부는 1868년 1월에 '왕정복고王政復古'와 '천황의 외교주권장악'을 선언하고, 3월 14일에 국내에 천황을 중심으로 한 새로운 정치 기본인 〈5개조 서문五箇条の誓文〉을 발표했다. 그 가운데 제1조는 정치를 행할 때, 많은 의견을 구하고, 정치에 관해서 모든 것을 회의에서 논의하여 결정한다고 규정하고 있다. 그리고 제2조는 신분의 상하를 막론하고 마음을 하나로 하여 국가를 다스린다는 것이다.[14] 이와 같이 메이지 국가는 천황을 중심으로 한 근대국가와 국민도덕의 확립에 심혈을 기울였을 뿐만 아니라, 일본 역사상 유래 없는 통일적인 시스템을 구축하는 국가주의를 지향했기 때문에 개인을 강조한 니체 철학을 자유롭게 받아들일 수 있는 분위기는 아니었다.

그러나 20세기에 들어 일본에서 니체 철학에 대한 평가는 달라졌다. 그 이유는 메이지 유신으로부터 30여 년이 지나는 사이에, 지성인들 가운데 국가주의에 대한 회의를 느끼는 자들이 등장하여 근대적 자아와 국가주의 사이에서 정신적인 충돌이 생기기 시작했기 때문이다. 이러한 지식인들은 니체를 '극단적 이기주의자'가 아닌 '개인주의자'로 이해하고자 했으며, 그중에서 가장 적극적으로 니체를 논한 인물이 다카야마 조규이다. 조규는 1901년에 자신이 편집주간을 맡고 있던 잡지 《태양太陽》에 실린 〈문명비판가로서의 문학자文明批評家としての文学者〉(《태양》 제7권 2호, 1901년 1월)라는 평론에 니체의 기성도덕을 비판하고 파괴하는 측면을 강조하면서 '개인주의자'로 묘사했다. 그는 평론에서 니체를 "차라리 애매하다고 보아야 할 그러한 개인주의가 이처럼 일국 문명의 큰 동력이 되는 것을 보면, 우리는 진심으로 문학예술의 세력이 실로 과학철학에서 몇 배가 된다는 것을 생각하고, 나아가이 점에서 시를 읊는 문학자의 숭고하고 위대한 천직을 각오하지 않으면 안 된다"고 예찬하면서 개인주의를 표방했다. 그리고 니체에 대해 "그는 개인을 위해 역사와 싸웠다. 진리와 싸웠다. 경우境遇·유전·전설·습관·통계 속에서 모든 생명을 망라하는 지금의 소위 과학적 사상과 싸웠다"고 서술하고 일본 작가들은 그러한 포부가 없다고 비판했다. 이후 조규가 도덕의 위선과 본능의 중요성을 논한 〈미적 생활을 논하

다)(《태양》제7권 2호, 1901년 1월)는 일본 지성인들 사이에 이른바 니체 논쟁을 불러일으켰으며, 이로 인해 니체 철학에 대한 관심이 더욱 높아졌다. 그리고 이 니체 논쟁 이후 3년 정도 일본 문단에서는 니체 붐이라 할 정도로 니체를 논하는 기사가 쏟아져 나왔는데, 저자는 주로 조규와 그의 동문인 도쿄제국대학 출신의 비평가들이었다.[15]

반면, 조규와 도쿄제국대학 출신들의 니체 예찬에 대해 즉각적으로 반발한 인물은 쓰보우치 쇼요坪內逍遥(1859~1935)이다. 와세다대학의 교수였던 쇼요는 조규를 중심으로 한 도쿄제국대학파들이 시대정신의 파악과 문명 비판의 필요를 작가들에게 경고하고 있지만, 그와 더불어 서양의 근대문학자 이름 특히 니체를 가져와 마치 수호신처럼 과시한다고 주장했다. 또한 쇼요는《요미우리 신문読売新聞》에〈마골인언馬骨人言〉을 연재하여[16] 조규의 니체 철학에 대한 찬미가 사회적 해악을 끼친다고 비판했다.〈마골인언〉은 1901년 10월 12일부터 11월 7일까지 요미우리 신문에 게재한 글로 '말이 뼈있는 사람처럼 말한다'는 뜻이다. 용어는《걸리버 여행기》에 등장하는 말을 하는 말馬들이 스스로를 '후이넘'이라 칭하고, 사람을 냉소하고 풍자한다는 내용에서 유래했다고 한다. 당시 신문에는 필자가 xxX라는 익명으로 연재되었지만 문단의 모두는 쇼요가 쓴 글이라고 확신하고 있었으며, 후에 쇼요도 자신의 저서인《통속윤리담通俗倫理談》(1903)에 전문을 싣고 글을 쓴 의도를 집필했다.

이로 인해 이른바 '마골인언' 논쟁을 일으킨 쇼요는, 글의 말미에 일본에서 니체를 환영하는 진짜 이유는 니체 사상이 전해지기 이전부터 많은 사람들이 이미 실제로 니체종宗의 귀의자歸依者, 신자, 실천자였기 때문이라고 말한다. 이뿐만 아니라 같은 문장에서 니체 사상이 전래되기 이전부터 귀의한 자가 있었다는 증거로 모르몬교를 예로 들고 있다. 이와 같이 쇼요는 니체 철학에 대해 강렬하게 거부반응을 보이며 매도할 정도로 맹비난을 쏟아냈다. 이와 같은 쇼요의 니체 철학에 대한 비난에 와세다대학 출신자들이 가세했는데, 그 가운데 하세가와 덴케이長谷川天溪(1876~1940)는 니체 붐이 일기 이전인 1899년에《와세다학보早稻田学報》에 니체의 인문 및 사상을 상세하게 소개한 인물이다. 당세 23세였던 덴케이는 이 글에서 "철학계에는 지금 니체의 철학적 허무당이 나타났다. 모든 이상은 전부 파괴되어 남은 것은 극단적인 개인주의로 이로부터 나오는 부도덕주의를 세웠다. 그리고 그 결과는 그의 이상적 인간 즉 '초인간'론이 되었다"고 비판했다.[17] 이들 와세다파는 덴케이가 말한 바와 같이 니체 철학이 부도덕주의를 세웠다는 논리를 전개하면서 니체를 도덕부정론자, 파괴주의자로 이미지화했다.

그러나 와세다파의 니체에 대한 비난은 조규의 〈미적 생활을 논하다〉를 통렬하게 비판하기 위한 전술이었다고 이해하는 비평가도 있다.[18] 실제로 조규의 〈미적 생활을 논하다〉에는 니체에 대한 언급이 전혀 없었지만, 조규의 친구이자 니체 예찬론자인 도바리 치쿠후登張竹風(1873~1955)가 조규의 글은 니체의 연장선이라고 논하였기 때문에, 조규는 도바리를 민망하게 하지 않기 위해 다른 해석을 붙이지 않았다고 한다. 결국, '마골인언' 논쟁에서 쇼요는 자신의 입장을 학자도 아니고, 평론가도 아닌 교육자라 규정하면서 니체를 극단적 개인주의자, 절대적 이기주의자, 비도덕주의자로 단정하고 청소년들에게 나쁜 영향을 줄 것을 우려하면서 조규의 사상을 사회적으로 매장시키고자 했다.[19]

일본에서 니체 철학이 붐을 이루고 있던 즈음에, 청나라에서는 육체 단련과 종교 활동을 겸한 의화단이 발기하여 1899년에 봉기하여

기독교도를 살해하고 교회를 불태웠으며 선교사를 축출했다. 그리고 1900년 4월에 의화단 세력은 톈진과 베이징으로 들어가 외국 공사관이 있는 지역을 포위했고, 이를 계기로 서양 열강은 연합군을 결성하여 진압하고자 했다. 이 과정에서 러시아는 만주에 군대를 파견하여 점령했다. 이미 청일전쟁 이후 삼국간섭으로 인해 요동반도를 반환한 일본은 러시아에 대한 적개심이 고조되어 있던 상황이었다. 따라서 일본인들은 러시아의 만주 점령을 일본의 국권 침탈로 해석하여 러시아로부터 국권을 지켜야 한다는 목소리가 높아졌다. 결국, 1904년에 러일전쟁이 시작되었고 1905년에 일본이 승리하자 서양 제국을 상대로 승리했다는 일본의 자신감은 또다시 국가주의에 대한 관심으로 발현되었다. 이러한 사회 분위기는 니체에 대한 관심을 약화시키는 원인으로 작용했으며, 니체사상에 대한 다른 해석들이 등장했다. 그 가운데 주목할 인물이 우키타 가즈타미浮田和民(1860~1946)이다. 우키타는 1897년에 쇼요의 초빙으로 와세다대학의 교원이 되어 역사, 윤리 교육, 사회학 분야의 연구를 축적하였했으며, 저널리즘에 시사평론, 사회 비평을 게재하면서 적극적인 발언을 진행했다. 따라서 다음 장에서는 제국주의자로도 잘 알려진 와세다파의 우키타가 '개인주의'를 어떻게 해석하고, 이후 윤리적 제국주의와 어떻게 결합시키는지 뒤에서 더 살펴보고자 한다.

3. 우키타 가즈타미의 애기 / 애타 해석

우키타 가즈타미는 1860년 1월 20일 구마모토번熊本藩 하급 무사인 구리타栗田의 셋째 아들로 태어났다. 선조는 대대로 구마모토번

의 주인 호소가와細川 집안의 하급 무사였지만, 메이지 유신으로 신분제가 폐지되어 가즈타미가 태어났을 때는 가세가 기울기 시작했다. 원래 구리타 집안은 세키가하라 전투関ヶ原の戦い에서 도요토미파인 서군의 중심인물이었던 우키타 히데이에宇喜多秀家의 자손이라고 전해지고 있으며, 1870년에 구리타를 우키타로 개명했다.

우키타는 집안이 가난하여 번교에 다니지 못하고 15살 많은 형에게 유학을 배운 후, 구마모토의 양학교에 1기생으로 입학했다. 양학교에서 만난 스승 제인스Leroy Lansing Janes(1838~1909)로부터 애인애신愛人愛神의 원리 즉, 신과 인간은 인격에서 평등하다는 생각을 갖게 되었으며 이로 인해 우키타는 염세주의를 극복할 수 있었다고 전해진다. 이후 제인스의 추천으로 1876년 9월에 도시샤대학同志社大學에 입학했고, 졸업한 후에는 오사카의 덴만교天滿敎 교회에 부임하여 목사 생활을 했다. 그러나 전도사의 길을 추구한 것은 아니었기 때문에 1882년 교회직을 그만두고 일본 최초의 그리스도교 잡지《칠일잡보七一雜報》와《리쿠고잡지六合雜誌》의 편집을 맡았다. 그 후 도시샤대학에서 교원을 지내다가 1892년에 예일대학에 유학을 가게 되는데, 미국에서 최초의 스승인 제인스가 아메리칸 보드[20]로부터 배척을 당하는 상황을 보고 선교사들을 공개적으로 비판하여 결국 학업을 마치지 못하고 2년 만에 귀국했다. 이러한 사건을 계기로 우키타는 내셔널리즘의 성향을 띠게 되었다.[21] 특히 1894년 도시샤 법정학교 강연에서는 서양 문명의 문제점을 지적하는 한편, '인민의 육체뿐만 아니라 반드시 정신상의 일국을 지배해야 하는 것은 정부로서의 의무'로서 교육칙어와 장단을 맞추어 '충의심'에 기반한 '종교 애국심 교육'이 필요하다고 강조했다. 이는 원래 외국 선교사들이 도시샤를 전도자 양성 학교로 생각하고 있었던 반면, 우키타 등은 전도자만이 아니라 그리스도교를 기반으로 근대적 학문을 습득하여 국가와 사회에 공헌할 수 있는 인물을 양성하는 것을 목표로 하고 있었기 때문에 가능한 행동이었다.

그리고 당시 도시샤대학의 학교 운영이 부진해지자, 우키타는 1895년에 심상중학교[22] 설치를 기본으로 한 '도시샤 개혁안'을 제출하였다. 요지는 도시샤대학이 아메리칸 보드로부터 독립하기 위해서는 자금문제를 해결해야 하는데, 그 방법으로 심상중학교를 설치하여 자금 문제를 해결하자는 것이었다. 1896년 3월에 도시샤대학은 심상중학교 인가신청서에 '성서를 교과서로 하여 윤리 과목을 가르친다'고 써서 제출했으나, 교도부청은 성서의 사용을 금지하고 칙어의 취지에 근거하여 교육할 것과 종교의식의 집행 금지를 요구했다. 도시샤대학은 이를 받아들였고, 그로 인해 1896년 4월 이후 아메리칸 보드와의 관계도 단절되었다. 그러나 도시샤 교우회는 당시 도시샤대학 교장과 우키타에게 책임을 물어 권고사직을 제출하였으며, 이에 우키타는 1897년 5월에 도시샤를 사직하게 되었다.

우키타는 도시샤대학을 사직하고 6개월 동안 직업을 찾지 못하자, 거처를 도쿄로 옮겨 정유윤리회丁酉倫理会[23]의 연구 활동에 참가하면서 그리스도교 잡지 《리쿠고잡지》(1880년에 창간하여 1921년 제41권 2호를 마지막으로 폐간)의 편집위원을 맡았다. 이때 도시샤대학의 후배이자 도쿄전문학교(이후 와세다대학으로 교명 변경)의 교원인 오니시 하지메大西祝(1864~1900)의 소개로 쓰보우치 쇼요의 추천을 받아 1897년 9월에 도쿄전문학교의 교원이 되었다. 와세다대학에서는 서양사, 정치학, 국가 원리, 사회학 등을 강의하면서, 종교론이나 철학론뿐 아니라 윤리, 도덕론, 교육론, 사회론 그리고 국가론, 국제관계론 등 다양한 주제로 집필활동도 전개했다. 우키타가 와세다대학의 교원이 된 과정을 볼 때 니체 논쟁에서는 그가 와세다파의 영향을 받았을 가능성을 배제할 수 없지만, 본고에서는 애기/애타에 대한 그 나름대로의 독특한 해석에 주목하고자 한다.

우키타는 일본이 청일전쟁과 러일전쟁에 승리하여 자본주의가 발전하는 시기에 언론계와 출판계에서도 활약했다. 이 시기에 접어들면서 일본인들은 자신과 가족, 사회에 대해 새롭게 인식하기 시작했다. 청일전쟁과 러일전쟁의 승리, 서양과의 우호적인 외교 관계와 공감대 형성, 입헌민주주의 도입, 지속적인 산업 성장, 대중 교육의 확립, 새로운 형식의 대중 매체 등장 등의 영향으로 기존 가치관에 의문을 제기하고 새로운 생활방식을 모색하고자 했다. 그 결과 서구윤리학의 조류를 흡수하면서 '도덕의 진보'를 둘러싼 논의가 활발하게 전개되었다. 청일전쟁에서 승리하면서 급격히 확산되어 가는 제국주의 발흥기에 도덕은 일본 사상가들에게 중대한 과제였기 때문이다. 이러한 도덕의 진보를 둘러싼 논의가 활성화되는 데 중요한 역할을 한 사람은 가토 히로유키加藤弘之[24]이다. 가토는 이기주의를 인간의 본성으로 보았다. 이기심이 끝없이 경쟁을 유발하고 그러한 경쟁을 통해서만 사회가 진보하기 때문에 이기심은 법과 도덕의 진보를 낳는 원리라고 보았다.[25] 이와 같이 가토는 인간의 본성이 이기심에 있다고 주장하면서, 동시에 이타심의 존재를 인정하고 이기심과 이타심의 관계를 규정하고자 했다. 가토는 이타심도 그 근원은 이기심에 있다는 내용을 다음과 같이 서술하고 있다.

우리는 만약 자신이 이익을 점유하고자 원할 때는 반드시 우선

타인의 신용을 얻어야 한다. … 사기, 기만은 일시적으로 크게 자신에게 이로울 터이지만 이로 인해 타인의 신용을 얻는 것은 기대하기 어렵다. … 진정한 자리는 오직 타인의 신용을 얻음으로써 획득할 수 있으며, 또한 타인의 신용은 오직 성실, 신의의 행위에 의해서만 획득할 수 있는 것이다.[26]

즉, 가토 히로유키는 모든 이타심은 이기심을 배경으로 해서 발휘되며, 이기심을 떠나서는 이타심도 존재할 수 없다고 보았다. 우키타도 가토와 마찬가지로 그의 저서 《윤리총화倫理叢話》에서 이기심과 이타심을 애기愛己와 애타愛他라는 용어를 사용해 소개하면서 도덕의 진의에 대해 다음과 같이 논하고 있다.

무엇으로 도덕의 기초를 삼아야 하는가에 대해서는 두 가지 중요한 견해가 있다. (1) 애기를 기초로 삼는 것은 영국의 홉스, 독일의 니체 등이 주장했고, (2) 애타를 기초로 삼는 것은 독일의 피히테Johann Gottlieb Fichte, 쇼펜하우어 등이 주장했다. 전자는 모든 도덕은 애기, 즉 이기심利己心에서 생긴다고 말한다. 박애도 그렇고 동정도 그렇다. 그렇기 때문에 사람은 가능한 자존자위의 본능을 자유롭게 발달시키고, 자유롭게 만족시키면 된다. 거기에 도덕이 있는 것이다. 후자는 도덕은 애타에서 나오지 않으면 안 되며, 타인을 사랑하는 것을 떠나서 도덕은 존재하지 않는다고 말한다. 애타가 즉 도덕이라는 것이다.[27]

이와 같이 우키타는 애기와 애타, 이기심과 이타심을 주장한 서양

철학자들의 논리를 언급하면서 개념을 설명하고 있다. 이어서 우키타는 이 두 견해에 대해 모두 극단적으로 달리는 도덕론이라고 평가하며, 자기와 타인, 사회와 개인의 관계는 물고기가 물에 있는 것과 같기 때문에 한 사람의 행동은 자신에게만 결과를 낳는 것이 아니라, 타인에게 영향을 미친다고 주장한다. 그렇기 때문에 자기에 대한 의무의 일면은 타인에 대한 의무로 귀결된다고 설명하고 있다.[28] 그리고 맺음말에서 애기와 애타의 관계를 다음과 같이 규정하고 있다.

> 이 두 가지는 모두 천성이어서 평등하게 발달시켜야 하며, 거기에 도덕의 기초가 있다. 단 사회적 본능은 약간 다른 것보다 늦게 발달하게 되지만, 인간이 사회적 동물임은 부정할 수 없는 사실이다. 그렇기 때문에 애기에 치우침이 없고 애타에 치우침이 없는 중용 안에서 비로소 진정한 도덕의 기초가 있는 것이라고 생각한다.[29]

우키타는 애기와 애타가 어느 한쪽으로도 치우침이 없는 중용 안에 도덕의 기초가 존재한다고 강조하고 있다. 이는 가토 히로유키가 말한 자연스럽게 존재하는 이타심이라 해도 그 역시 근원은 이기심에 있기 때문에 도덕은 이기심이 끝없이 경쟁적으로 발휘되었을 때 이루어진다는 관점과는 조금 차이가 있다. 이와 같이 애기와 애타를 모두 가지고 있어야 한다는 자세를 취하는 우키타의 논리는 자아, 즉 자성自性에는 양면성이 있다는 생각에서 기인했다고 볼 수 있다. 그는 "개인적인 것은 그 일면이고 사회적인 것은 다른 면"이라고 이해하고, "개인을 떠나서 사회는 없고, 사회는 바로 개인의 집합"이라고 역설하면서 자애

自愛와 타애他愛에 대해 다음과 같이 논하고 있다.

> 개인적인 것은 자애自愛가 되고, 사회적인 것은 타애他愛가 된다. 세상의 니체주의라고 하는 것은 전자의 극단에 치닫는 것이고, 톨스토이주의라고 하는 것은 후자의 과격에 빠진 것이다. 극단적이고 과격한 두 사람 모두 진리라고 할 수는 없다. … 니체주의는 자애에 치우쳐 야만이 되고 부도덕이 된다. 톨스토이주의는 박애에 치우쳐 무정부주의가 되며, 만약 또 일반에게 행해지면 인류를 약하게 하고 멸망시키게 될 것이다.[30]

이와 같이 우키타는 니체와 톨스토이Lev Nikolayevich Tolstoy (1828~1910)를 개인적인 자애와 사회적인 타애의 양극단에 놓고 비교하면서 양쪽 모두를 비판한다. 먼저 우키타는 니체가 보통의 도덕을 무시하고 있는 점이 오류라고 지적한다. 우키타는 위의 글에 이어지는 내용에서 "세상의 도덕은 노예의 도덕이고, 박애는 독립의 힘이 없는 자가 기뻐하는 바이니 결국에 약자의 도덕이다. 독립적인 사람에게는 박애가 필요 없다. 우리가 그냥 저절로 완전한 사람이 되면 족하다"는 니체의 말을 인용하면서 니체가 도덕을 무시하고 있다고 비판했다. 또 톨스토이에 대해서는, "박애주의는 그리스도가 가르침을 행함에 있다. 즉 사람은 오른쪽 뺨을 맞으면 왼쪽 뺨도 내어주라. 저항하지 말라. 사람을 살해하는 것은 죄악이다. 징병에 나가야 할 이유가 없다"는 톨스토이의 말을 인용하면서 그를 절대적 비전론자라고 규정한다. 그리고 이 비전론에 대해 악의를 가지고 사람을 살해하는 것은 죄악이지만, 전쟁의 경우 사람이 사람을 죽이는 것은 사적인 원한이 아니라 국가에 대한 의무로 하는 것이며, 악의를 가지고 있지 않기 때문에 죄악이라고 할 수 없다는 논리를 펴고 있다. 다시 말해 전쟁은 사회진화의 도중에 피할 수 없는 사정이라고 주장한다.[31]

또한 우키타는 니체의 논리에 대해서는 도덕은 형식적일지라도 진정한 자유는 형식에서 얻을 수 있는 것이니 자기애를 기르는 것이 아니라 사람과 사람이 함께 나아가도록 노력해야 한다고 주장한다. 그리고 톨스토이의 논리에 대해서는 "톨스토이주의가 인간을 나약하게 하고 쇠망하게 하는 경향은 오늘날 바로 나타나지 않겠지만, 만약 인간이 전체적으로 무저항주의화해 버리는 날은 인류가 멸망하는 때"라고 역설한다. 따라서 인간이 건전한 유기체로 있는 동안에는 자연스럽게 저항하고 생존하기 위한 경쟁을 해 정의·박애의 이상을 점차 실현하려는 일에 힘써야 한다고 말하고 있다. 그리고 "진아眞我는 사회적인 동시에 개인적이어야 한다. 인간의 진가는 사회에서 사회에 의해 사회를 위해 실현될 수 있다"고 결론을 내리면서, 다시 도덕은 중용에 존재하기 때문에 과거 극단에서는 진정한 도덕을 발견할 수 없다고 주장한다.[32]

이와 같이 우키타는 가토가 주장한 이기심의 발로로서 발휘되는 이타심이 아니라, 어느 쪽으로도 치우치지 않는 중용의 관점에서 본 애기/애타를 주장하고 있다. 결국 가토의 논리는 세계적 도덕보다는 국가적 이기주의, 국가적 도덕의 절대성으로까지 발전하면서 이타적 행위가 자국의 이익을 꾀하기 위한 수단이어야 한다는 점을 강제하는 것이었다. 그러나 우키타는 니체의 애기와 톨스토이의 애타를 극단적이라고 지적은 하고 있지만, 그 자체를 부정하지는 않았다. 애기와 애타는 자아의 양면성이자 도덕의 기초로서 모두 필요한 사항이지만, 어느 쪽으로도 치우치지 않는 중용의 관점을 견지해야 한다고 강조한 것이다.

이러한 관점의 차이로 인해, 가토는 국가적 이기주의를 강조하는 제국주의론으로 자리 잡아 나아갔다고 한다면, 우키타는 세계적인 도덕을 부정하지 않으면서 이후에 설명할 윤리적 제국주의의 길로 나아간 것이다.

4. 러일전쟁 이후, 국가 인식과 윤리적 제국주의론

1) 러일전쟁 이후, 일본 사회의 양면성과 국가 인식

1905년 9월 5일 일본의 승리를 인정하는 포츠머스조약에 러·일 양국이 서명했다. 조약의 두 번째 조항은 러시아는 조선에서 일본의 최우선적인 이익을 인정하며, 일본의 어떠한 조치도 반대하지 않는다는 내용을 담고 있다. 추가 규정으로 일본은 러시아의 랴오둥반도 조차지와 남만주 철도 및 광산 이권, 사할린 남부 지역을 넘겨받았다. 대신 일본은 러시아로부터 다른 보상을 요구하지 않는다는 조건을 받아들였다. 그러나 일본 국민들의 생각은 달랐다. 10년 전에 승리했던 청일전쟁보다 8배가 넘는 경비가 들었고, 청일전쟁의 4배에 달하는 전사자 6만 명과 병사자 2만 명이 넘는 수많은 희생자가 발생한 전쟁인 만큼 보상금에 대한 기대가 컸기 때문이다. 일본의 민중들은 자신들이 국가에 세금을 내고 국가를 위해 목숨을 바치는 만큼 자신들의 목소리가 정치에 반영되어야 한다고 주장했다. 그들은 제국과 천황을 지지하면서, 민의를 무시하는 천황의 대신들을 비난했으며, 국민과 천황 모두의 소원을 존중하는 정치제도를 요구했다. 이러한 요구는 세금 감면, 입헌주의 강화, 집회의 자유, 아시아의 패권 등으로 집약되어 나타났다. 이처럼 러일전쟁 이후에 민중의 요구가 폭발하여 나타난 데는, 근대화 이후 일본 사회가 가지고 있던 양면성이, 청일전쟁과 러일전쟁을 통해 민중 또는 국민이 주체성을 형성하면서 구체화되었기 때문이다.[33]

러일전쟁 후 일본 사회에 드러난 양면성은 세 가지 면에서 살펴볼 수 있다. 첫째는 경제력과 군사력의 면에서 서양 열강과 맺은 관계에서의 양면성, 둘째는 천황제가 가지고 있는 전제주의와 입헌주의의 양면적인 성격, 셋째는 일본 국민의 아시아와 서양에 대한 인식의 양면성이다.[34] 특히, 일본 사회를 구성하고 있는 민중의 인식을 살펴보면, 1900년대에 들어 일본의 농촌에서는 대지주, 소농, 소작농 등 다양한 계층이 발생했고, 도시에서도 임금 노동자, 상점 주인, 대기업에서 월급을 받는 새로운 중산층이 형성되면서 다양한 계층이 등장했다. 이뿐만 아니라 책과 신문, 잡지가 대량으로 유통되면서 새로운 중산층이 제국을 일으켰다는 자부심과 함께 현대적인 삶을 함께 영유한다는 의식을 갖는 데 일조했다.

이 시기에 우키타는 사회공익론에 관심을 가지면서 국가와 사회적 요소의 중요성을 강조하는 경향이 나타나는데, 이는 러일전쟁 후 내셔널리즘이 고양되는 시대의 풍조를 반영한 것이다. 우키타는 근대 개인주의의 조류도 긍정하면서 유기적인 사회공익론을 전개해나갔다. 그는 공익론의 기초는 개인주의이지만 근대문명과 함께 홍기한 개인주의, 자유방임주의의 폐해에 주목하고, 그것을 수정하고 규정하는 의미에서 사회공익론을 주장했다.[35]

이러한 사상의 형성에는 가토 히로유키 등 철학자들의 영향도 있었을 것이다. 가토는 러·일 관계가 악화되어 가던 1903년 6월에 정유윤리회丁酉倫理会 강연에서 '인류로서의 자격과 국민으로서의 자격'을 동시에 갖는 개인이 '인류'와 '국민', '세계'와 '국가' 사이에서 빠지게 되는 모순을 문제 삼았다. 가토는 개인은 인류로서의 자격과 국민으로서의 자격을 동시에 갖지만, 때때로 전자의 입장에 서면 후자에 저촉되고 후자의 입장에 서면 전자에 저촉되는 경우가 발생하기 때문에 일관되게 하나의 입장을 취하지 않으면 모순에서 벗어날 수 없다고 주장한다.[36] 따라서 가토는 중요한 것은 국가이고 국가의 이익이 합치되는 행위만이 '선'이기 때문에, 자국의 이익을 희생하면서까지 타국을 위해서는 안되며 자국의 이익을 위해서는 타국의 이익을 희생시켜도 된다는 논리로 제국주의를 정당화해나갔다.[37]

그러나 우키타는 가토와 다른 견해를 밝히고 있다. 우키타는 도쿄전문학교로 옮긴 이후, 제국주의에 대한 논문이나 저서를 많이 발표하여 제국주의론자로 알려져 있지만, 그의 사상은 일본이 전면적인 전쟁을 시작하기 전과 후가 다르다고 보는 것이 타당할 것이다.[38] 먼저 우키타가 제창한 제국주의론의 시발점은 이미 1901년에 《국민신문国民新聞》에 연재한 〈일본의 제국주의日本の帝国主義〉[39]에서 찾을 수 있다. 이 글에서 우키타는 제국주의의 정의를 "대체로 일국의 독립을 완수할 수 있을 뿐 아니라, 나아가 세계의 문명 및 정치에 참여하고자 하는 주의"라고 규정하면서, "반드시 침략적 의미를 가지는 것은 아니며, 어떤 의미에서 문명화"라고 주장한다. 특히 영국, 러시아, 미국의 제국주의를 비교하여, 영국은 보수적 제국주의이며, 러시아의 요동반도 진출은 군사적이 아닌 경제적인 이유에서이기 때문에 합당하다고 평가한다. 그리고 영국과 러시아의 제국주의와 달리 미국의 제국주의를 예찬하고 있다. 그는 미국의 제국주의는 "자국의 독립만으로 만족하지 않고, 장래의 명운에 이르러 마침내 남북 양 대륙의 맹주다운 보호자로서 천직이라고 확신"한다고 지적하면서, "영국 및 러시아의 제국주의는 정치적이고 현실적인 것에 비해, 미국의 제국주의는 더욱 정치적이고 또 이상적"이라고 평가했다. 이와 같이 우키타가 영·러·미의 제국주의를 평가한 이유는 이미 세계가 열강에 의해 식민지화되고 있기 때문에 제국주의를 주장할 수밖에 없으며, 윤리적 그리고 정치적으로 후진성을 갖고 있는 일본은 이들을 본보기로 삼아 제국주의의 존재 방식을 모색해야 한다고 판단했기 때문이다.[40]

우키타는 1901년에《국민신문》에 연재한 글들을 엮어 출간한《제국주의와 교육帝国主義と教育》에서 제국주의를 구미의 '침략적 팽창주의'와 민족개발에 기반한 '자연적 팽창주의'로 나누어 논리를 전개했다. 우키타가 지향하는 것은 후자로 "일본이 지금 창도해야 하는 유일한 제국주의는 국제법상의 합의에 근거하여 구미제국을 향해 충분히 자국민의 권리를 확장하고, 또 아세아 국가들의 독립을 부식扶植하며, 그 독립을 부식하기 위하여 아세아 국가들의 개혁을 유도·촉진하는 데 있다"고 주장했다.[41] 바꾸어 말하면, 국제법을 지키고, 국제법상의 완전한 국민국가로서의 위치를 지키며, 산업, 기술, 학문, 종교 등에서 각국과 건전한 경쟁을 넓혀 인류 개화와 세계복지에 기여하고 공헌하는 것이 이상적인 제국주의라는 것이다. 그리고 이러한 제국주의를 완성하기 위해서는 국민교육을 통해 세계에서 통용될 수 있는 산업인을 육성해야 한다고 역설한다.

2) 우키타 가즈타미의 윤리적 제국주의론

우키타는 제국주의에 대한 논문과 강연을 지속적으로 진행하면서, 1909년에 결과물을 모아 대표 저서인《윤리적 제국주의倫理的帝国主義》를 간행한다. 이 책은 주로 러일전쟁 이후 국제 질서에서 일본이 어떠한 자세를 취해야 하는가를 논한 것이다. 특히 일반적으로 침략적 제국주의는 비윤리적인 정책에 의해 성립되었기 때문에 성공할 수 없다고 주장하면서, 따라서 제국주의는 윤리성에 입각해서 전개해야 한다고 주장한다. 우키타는 이러한 제국주의를 위해 새로운 일본이 필요로 하는 도덕을 다음과 같이 제시했다.

> 첫째, 신일본은 학술을 요하기 때문에 학술적 도덕을 필요로 한다.
> 둘째, 신일본은 산업을 요하기 때문에 산업적 도덕을 필요로 한다.
> 셋째, 신일본은 헌법 정치를 요하기 때문에 헌법의 도덕을 필요로 한다.[42]

그는 이제까지 일본은 봉건사회였기 때문에 봉건 도덕을 양성했지만, 새로운 일본은 구일본과 같이 단순한 사회가 아니므로 도덕도 봉건 도덕과 같이 단순할 수 없다고 말한다. 이에 새로운 일본 사회가 요구하는 도덕은 첫째가 학술적 도덕인데, 그 이유는 현재 동양의 문명이 퇴보하여 나아가지 못하는 것은 학술의 쇠퇴에 있기 때문에 "일신을 희생하여 만유의 진리에 봉사하고, 결코 결과를 위해 진리를 두려워하지 않으며, 단지 진리를 위해 진리를 추구하는 도덕을 양성"해야 하기 때문이라고 주장한다. 또한 그는 구일본은 봉건사회였기 때문에 무직武職을 중히 여기고 산업을 가볍게 여겨 정부를 공경하는 인민을 천하게 여겼으나, 신일본은 전혀 그 반대가 되어 무직은 산업을 보호하는 방편이 되고, 정부는 정부를 위한 정부가 아니라 인민을 위한 정부가 되어야 한다고 말한다. 따라서 산업사회에서 최대 다수의 최대 행복을 목적으로 하는 산업적 도덕을 양성해야 한다는 것이다. 마지막으로 만약 일본의 관민이 지금 갑자기 마음을 바꾸어 과거의 잘못을 뉘우치고 과거를 거울 삼아 장래를 훈계하여 헌법적 도덕을 확실하게 지키지 않으면 일본은 천하의 웃음거리가 될 것이라고 경고한다. 따라서 현재 "제국 헌법의 신성을 모독하고, 일본인민이 지켜야 할 헌법적 도덕을 훼손하여, 2000여 년간의 황통일계가 계속되고 있고, 또 이후에도 무궁하게 드리워야 할 일본으로 하여금 가장 지극한 천분 천직을 파괴하고자 하는 자"가 있다고 지적하면서, 이 천직을 다할 수 있는 헌법적 도덕을 양성해야 일본이 세계에서 망하지 않고 존립한다고 주장한다. 우키타는 이러한 도덕이 지켜졌을 때 다음과 같은 윤리적인 제국주의를 이룰 수 있다고 생각했다.

> 근래 소위 제국주의라는 것은 대개 일국의 독립을 완전히 얻을 수 있을 뿐만 아니라 나아가 세계의 문명 및 정치에 참여하고자 하는 주의로, 반드시 천하를 정복 또는 세계를 통일하고자 하는 것을 말하는 것은 아니다. 경제상에서는 자국의 화물을 수출하기 위해 되도록 널리 외국으로 시장을 얻고, 또 국내의 인구를 이주시키기 위해 되도록 많은 근거지를 점령하고, 정치상으로는 열국과 협동하여 세계의 문제에 발언권을 가지게 되어, 교육·과학·문학·예술 및 종교 등 모든 세계의 문화에 되도록 많이 기여하는 바가 있도록 힘쓰는 것이다.[43]

당시 우키타가 생각한 제국주의는 국제법을 지키고, 국제법상의 완전한 국가로서의 위치를 유지하며 산업, 기예技藝, 학문, 종교 등에서 각국과 건전한 경쟁을 하여, 인류 개화와 세계복지에 기여하는 것을 국가의 이상으로 삼는 체제이다. 그러기 위해서는 자국의 경제와 정치가 중요하다고 본다. 이러한 논리에서는 대외적 침략주의를 찾아볼 수 없다. 그의 저서와 같이 제국주의의 윤리성을 강조하면서 '제국주의는 윤리적이어야 한다'는 것이다. 또한 우키타는 이러한 국제 사회를 만들기 위해 다음과 같은 생존경쟁이 필요하다고 말한다.

> 아마 무력에만 의존하여 생존 경쟁하는 사람은 무력 위에 지력을 겸비한 사람을 만나면 멸망하고, 가령 무력에 지력을 겸비하더라도 무력·지력 위에 도덕을 가지고 있는 자를 만나면 반드시 실패하게 된다. 지무智武를 이기지 못하고, 덕지德智를 이기지 못하는 것은 오로지 시대의 추세에 의한 것이라고 말하지만, 많은 사람은 지 있는 자는 무비武備가 없고, 덕 있는 자는 지력智力이 결여되는 바, 세계는 세력의 세계가 된다. 지도 덕도 적어도 사회적 세력으로서가 아니면 반드시 생존경쟁에 실패하는 결과가 될 뿐이다.[44]

우키타가 위에서 언급한 사회적 세력으로서의 생존경쟁은 자연 상태로의 경쟁이 아니다. 그는 같은 글에서 "스펜서의 사회유기체설은 자연방임주의가 되어 자연적 경쟁에 일임하면 절대적인 완전에 이를 수 있는 것처럼 단정함으로써 극단적인 개인주의에 빠졌다"고 비판하고, 다윈의 저술에는 이와 같은 독단설이 전혀 없다고 말하여 다윈의 사회진화론에 영향을 받았음을 밝히고 있다. 그러나 당시 일본에서 진화론을 수용하는 특질은 진화론의 생물학상의 논의보다는 과학적으로 해석하는 '생존경쟁과 자연도태', '우승열패, 적자생존'과 같은 공식으로 받아들여 '부국강병'을 정당화하는 국가주의적 이론으로 발전하는 경향이 강했으며, 우키타도 그런 경향에서 벗어날 수 없었던 듯하다.[45] 우키타가 《제국주의와 교육帝国主義と教育》에서 "국내에서 부도덕하거나 무능력한 인간은 어떤 권리도 향유할 이유가 없고, 그들이 단지 사회의 인내와 동정에 의해 혹은 타인의 보호에 의해 생존하는 것을 안다면, 국외에서 국가가 반개半開, 야만 민족을 정복하거나 스스로 독립할 수 없는 다른 국가를 병탄倂呑하는 일이 있더라도 이를 결코 불의不義·부정不正이라고 말할 수 없는 이유가 있다"[46]고 말한 것과 같이 제국주의가 세계의 도덕을 지키면서 윤리적이라면, 한 국가가 야만이라고 여기는 민족을 정복하거나 병탄하는 것도 정당하다고 인식하고 있었다. 이러한 논리는 아래의 '제국적 사회주의'론에도 드러난다.

> 제국사회주의라는 것은 그다지 언급하지 않는 말이다. 제국주의와 사회주의는 반대여서 사회주의는 제국주의를 배척하기 때문에 서로 모순되어 있다고 하지만, 내 생각으로는 독단적 사회주의 및 공상적 사회주의는 제국주의와 모순되어 있을지 몰라도, 제국주의에도 여러 종류의 주의가 있어서 무단적 제국주의도 있고, 평화적 제국주의도 있다. 무단적 또는 침략적 제국주의와 사회주의는 양립하기 어려운 결과를 낳지만, 가능한 이 양극단을 피하고 제국주의를 윤리적으로 해석하고 이것을 경제적으로 응용하는 날에는 제국주의와 사회주의를 충분히 조화롭게 할 수 있을 것이다. 또한 이것을 조화할 수 있게 된다면, 20세기

정치는 밖으로는 제국주의, 안으로는 사회주의로 하지 않으면 어떠한 국가도 성립할 수 없을 것이라고 생각한다.[47]

우키타는 사회주의뿐만 아니라 제국주의도 여러 종류가 있어서 서로가 양극단을 피하면 제국주의와 사회주의가 조화할 수 있다고 보았다. 그리고 조화를 위해 필요한 것은 제국주의를 윤리적으로 해석하는 것이며, 20세기에는 이러한 조화를 이루어 '밖으로는 제국주의, 안으로는 사회주의'를 해야 한다고 주장한다. 우키타의 이 논리는 이후 전개될 다이쇼 데모크라시의 이중적인 논리[48]와 맥락을 같이 한다. 다이쇼 데모크라시는 일본의 다양한 계층에 의해 기존의 사회 구조와 질서에 대항하여 전개된 운동이다. 이 운동을 이끈 인물로 알려져 있는 요시노 사쿠조吉野作造(1878~1933)는 젊은 시절에 읽었던 《태양太陽》의 권두에 우키타가 자유주의에 입각한 장문의 정론을 게재했고, 그로 인해 우키타는 천하의 독서생들로부터의 존경의 중심에 있었으며 그 자신도 충분히 매료되었다고 밝히고 있다.[49] 요시노는 '인민의 의사에 의한 지배'를 국내 정치의 보편적 가치로 제시하면서도, 대외적으로는 '인민의 의사에 반하는 지배'인 제국주의의 길을 수용했다는 평가를 받고 있다. 그는 민족 생존의 필요를 바탕으로 한 제국주의적 진출은 국제적으로 용납될 수 있다는 논리로 제국주의적 팽창을 합리화했으며,[50] 그런 점에서 우키타의 영향을 받았을 가능성이 높다. 당시 다이쇼 시대에는 일본 사회의 양면성을 적나라하게 드러내면서 다이쇼 데모크라시의 이중성도 강화되어 갔다. 다이쇼 데모크라시의 이중성은 특히 식민지 국민에 대한 일본 국민의 배외주의적인 인식과 연결된다. 따라서 이 시기 일본 내부에서 대중들은 민주주의적인 입장에서 국민의 권리를 주장하는 민중운동을 활발하게 전개하면서, 대외적으로는 배외주의와 전쟁의 승리로 인해 쟁취해야 할 아시아의 패권에 대한 요구를 주장했다. 바꾸어 말하면, 내부적으로는 자유와 인권이 정착되어가던 다이쇼 데모크라시 시기에 대외적으로는 일본인의 자유와 인권을 보장할 아시아의 패권 장악이라는 양면성이 작용하고 있었던 것이다. 이러한 이중성이 일본이 전쟁으로 나아가는 데 논리적인 근거를 제공했다는 점은 부정할 수 없으며, 같은 맥락에서 우키타의 윤리적 제국주의는 봉건적인 침략을 부정했다 하더라도 일본의 전쟁 논리에 일조했다는 평가를 피할 수는 없을 것이다.

5. 우키타 가즈타미의 제국주의로의 전이

우키타 가즈타미는 1890년대 후반부터 1900년대 초기까지 일본의 제국주의론을 이끌었던 인물이다. 당시 일본에서는 서구 윤리학의 조류를 흡수하면서 '도덕의 진보'를 둘러싼 논의가 활발하게 전개되었다. 청일전쟁에서 승리하면서 급격히 확산되어 가는 제국주의 발흥기에 도덕은 일본 사상가들에게 중대한 과제였기 때문이다. 이에 우키타는 영국의 홉스, 독일의 니체 등이 기초 삼는 애기와 독일의 피히테, 쇼펜하우어를 기초로 삼는 애타에 대해, 모두 극단적으로 달리는 도덕론이라고 평가하면서 어느 한쪽으로도 치우침이 없는 중용 안에 도덕의 기초가 존재한다고 강조했다.

또한 우키타는 사회공익론에 관심을 가지면서 국가와 사회적 요소의 중요성을 강조하는 경향을 띠었는데, 이는 러일전쟁 후 내셔널리즘이 고양되는 시대의 풍조를 반영한 것이다. 이러한 조류 속에서 제국주의론의 대표적인 철학자 가토 히로유키는 중요한 것은 국가이고 국가의 이익이 합치되는 행위만이 '선'이기 때문에, 자국의 이익을 희생하면서까지 타국을 위해서는 안 되며, 자국의 이익을 위해서는 타국의 이익을 희생시켜도 된다는 논리로 제국주의를 정당화했다. 이에 반해, 우키타는 제국주의가 일국의 독립을 완수할 수 있을 뿐만 아니라, 나아가 세계의 문명 및 정치에 참여하고자 하는 주의라고 규정하면서 반드시 침략적 의미를 가지는 것은 아니라고 정의한다. 그는 제국주의가 윤리성을 가진다면 사회주의와도 조화를 이룰 수 있다고 말하며, 20세기에는 '밖으로는 제국주의, 안으로는 사회주의'를 해야 한다고 주장한다. 이러한 인식은 이후에 유행한 다이쇼 데모크라시에 나타난 이중성, 즉 일본 내부에서는 민주주의적인 입장에서 국민의 권리를 주장하는 민중운동을 전개하면서, 대외적으로는 배외주의적인 아시아의 패권을 요구하는 이중성에 영향을 주었다. 따라서 우키타의 윤리적 제국주의는 침략을 부정했다 하더라도 일본의 전쟁논리에 일조했다는 평가를 피할 수 없다.

이뿐만 아니라 우키타의 윤리적 제국주의론은 1931년에 일본이 일으킨 만주사변 이후에 본격화되는 중국에 대한 침략 행위를 인정하면서 제국주의를 정당화하는 논리로 자리매김한다. 이 시기 우키타의 사상적 전환은《만주국 독립과 국제연맹滿洲国独立と国際聯盟》에서 보다 명확하게 드러나는데, 그는 만주사변을 이론적으로 어떻게 생각하느냐에 대해서 두 가지 원칙론을 제시한다. 하나는 일본이 국제연맹을 중심으로 한 국제법상의 조약들에 근거하면서, 그 권리를 지켜야 하는 자위를 위해 취한 행동이라는 입장, 다른 하나는 일본과 만주가 군사상, 산업상 분리하기 어려운 사활의 문제이기 때문에 일본 생존권의 입장에서 만주를 국민의 생명선으로 보는 관점이다. 우키타는 후자의 입장을 취하면서 "일본인은 거기에서 한발도 후퇴해서는 안 된다. 이것은 우리들에게 최소 한도의 생존권이다"라고 강하게 주장했다.[51]

이러한 논리는 외교관이었던 마쓰오카 요스케松岡洋右(1880~1946)가 1930년 12월에 국회 통상의회에서 연설한 "만몽은 일본의 생명선이다"는 관점과 일치한다. 마쓰오카의 주장은 "만몽은 일본의 생명선이며, 따라서 일본 국민의 만몽에 대한 요구는 생물로서 최소한의 생존권"이라는 것이다.[52] 이 말은 일거에 일본 사회에서 유행어가 되었으며, 특히 군부에서는 더 나아가 중국이 조약으로 인정받은 일본의 권리를 침해하고, 그로 인해 일본의 생존권이 위협받고 있기 때문에 일본의 권익을 지켜야 한다는 논리로 발전해 나갔으며, 그 결과 9개월 후에 만주사변이 발발하게 된 것이다. 따라서 결과적으로 우키타는 군부가 주장한 전쟁의 이유에 정당성을 부여하는 역할을 했다.

앞에서 살펴본 바와 같이 일본 사회는 메이지 후기부터 서구의 도덕 개념을 수용하는 과정에서 다양한 논의를 전개해왔다. 그 가운데 우키타는 기존의 제국주의론자들과 다른 특성을 보였지만, 일본이 전면적인 전쟁을 시작하면서 사상적인 전환을 하게 된다. 이러한 지성인들의 사상적인 전환과 전이가 일본이 '그럼에도 불구하고 전쟁으로 나아가게 되는 원인'이 된 것은 아닐까? 이후 일본 사회는 중일전쟁이 발발하자, 일본에서는 국체에 관한 정통적인 해석서로《국체의 본의国体の本義》를 간행하여 이전부터 전개되어온 이기심과 이타심에 대해 "개인주의에는 모순 대립을 조정 완화하기 위해 협동, 타협, 희생 등이 있을수 있어도 결국 진정한 화和는 없다"[53]라고 하여 진정한 화를 위해 개인주의 및 개인을 조정해야 한다는 논리를 정립했다. 그리고 이 논리에

따라 국민의 자유를 국가에 복속시켰고, 이로 인해 일본 국민은 국가의 정책과 이념에 따라 전쟁을 수행하는 수단이 되었다.

5장

량치차오 사회진화론과
니체 사상

김현주

1. 니체와 진화론

헉슬리의 《진화와 윤리Evolution and Ethics》를 《천연론天然論》이라는 제목으로 번역하여 중국인들에게 알린 사람은 옌푸嚴復(1853~1921)이지만, 정작 근대 중국에 사회진화론을 유행시킨 장본인은 량치차오梁啓超(1873~1929)라고 할 수 있다.[1] 그는 "실제 모든 나라, 종족, 종교, 학술, 인사에서 행해지고 있는 크고 작은 일 모두 천연의 대법칙에 속해 있다"[2]고 말할 정도로 진화를 보편적 법칙으로써 중시했다.

니체 또한 그가 살던 당시에 유행하던 진화론의 영향을 피해갈 수 없었다.[3] 물론 니체는 다윈의 이론에 대해 "유럽 정신의 전반적인 침체overall depression of the European spirit"를 가져온 "편협하고, 무미건조하고, 부지런한 성실함narrowness, aridity, and industrious diligence"(BGE 253)[4]이라고 비판했고,[5] 또한 "모든 영국 다윈주의는 영국의 과잉인구가 풍기는 쾨쾨한 냄새를 풍기는데, 넘쳐나는 소인들과 그 고통의 냄새 같다"(GS 349)[6]고 신랄한 비판을 했다. 그러므로 디르크 존슨Dirk Johnson과 같은 연구자들은 니체와 다윈의 친화성을 부정했지만,[7] 니체와 다윈의 친화성에 관한 연구는 그동안 여러 연구자에 의해 주장되어 왔다. 대표적으로 틸리Alexander Tille,[8] 듀랜트Will Durant,[9] 리처드슨John Richardson,[10] 존슨Dirk R. Johnson,[11] 로빈Small Robin[12] 등이 있다. 일례로 니체와 다윈의 연관성을 주장한 윌슨Catherine Wilson은 니체가 변형variation과 삭제deletion라는 두 가지 다윈주의적 과정을 제시[13]했다고 주장했다. 그 이유로는 니체가 소수를 위한 수많은 개인의 희생을 언급했기 때문이라는 점을 제시했다. 니체가 그것이 위대한, 그리고 가치 있는 개인을 탄생시키기 위한 '몸'을 구성한다고 보았기 때문이라는 것이다. 이렇듯 일부 니체 연구자들이 니체 사상과 진화론을 결부시킨 것은 니체 사상 속에 진화론적 색채가 보이기 때문일 것이다.

재미있는 것은 니체는 부정했지만, 진화론을 긍정했던 량치차오의 진화론에도 니체주의적 색채가 보인다는 점이다. 이 글에서는 량치차오의 여러 글을 통해 그의 진화론에서 다루고 있는 진화의 주체와 진화의 동력을 분석하고, 그것을 바탕으로 그것이 니체 사상과 어떠한 연관성을 갖는지 이야기해보고자 한다.

2. 진화사상의 주체

1902년 량치차오는《신민총보新民叢報》에서 발표한〈천연학의 시조 다윈의 학설과 그 대강天演學初祖達爾文之學說及其傳略〉이라는 글에서, 다윈이 생물 진화의 근본 원인을 생존이라고 보았다고 하면서, 그러한 진화는 돌발突發적이 아니라 점진적으로 이루어진다고 주장했다. 또한, 량치차오는 자연계에서 자연도태가 끊임없이 이루어지고 있다고 보았는데, 그뿐만 아니라 "인사人事도태"를 별도로 구분하여 더 강조했다.

　　다윈은 생물 변천의 원인이 모두 생존, 경쟁, 우승열패의 공리에 서 비롯된다고 생각했고, 승패의 기회는 자연적인 것도 있고, 인 위적인 것도 있다고 보았다. 자연적인 것을 자연도태라고 하고, 인위적인 것을 인사도태라고 하면서, 도태가 끊임없이 일어나 며 종이 나날이 발전한다고 보았다.[14]

　　이렇듯 량치차오는 다윈의 진화론 중에서 생존, 경쟁, 우승열패의 원칙을 인정하고, 승패는 자연뿐만 아니라 인간에게도 있다고 보았지 만, 후자를 더욱 중시하였다. 그것은 진화의 주체가 자연이라기보다는 인간(人)과 그 무리(群)라고 보았기 때문이다. 량치차오는 역사 발전의 주체로서 인간을 인식하면서, 인간에 대해 이중적으로 이해했다. 즉 개 인과 개인의 집합체로서의 사회로 인식한 것이다. 진화의 주체로서 량 치차오가 제시한 개념이 "영웅"인데, 영웅 또한 이중적인 의미를 갖는 다. 개인으로서의 영웅이 있지만, 집단(群)으로서의 영웅도 있다. 량치 차오는 사회진화에 있어서 양자 모두 중요하다고 보았다. 그리고 나아 가 집단(群)에는 국가와 천하의 집단이 있고, 그에 상응하여 국가의 진 화와 천하의 진화가 있다고 보았는데, 서구의 정치는 국가 집단(國群) 에는 널리 시행되고 있지만, 천하 집단(天下群)에는 아직 시행되지 못 하고 있다고 생각했다.[15] 국가적 차원에서의 집단은 의회라고 할 수 있 고, 상업적 차원에서의 집단은 회사이며, 선비 차원의 집단은 학회[16]로 이해했다. 이렇듯 집단을 이룬다(合群)는 것은 물경천택物競天擇의 공리에서 보면 혼자의 힘만으로 힘든 것을 여러 사람이 모여 더 강한 힘을 형성[17]하여 자연에 대항하는 것을 말하며, 그런 의미에서 집단을 이루는 것이 생존과 진화에 유리할 수밖에 없다고 생각한 것이다. 그런데 량치차오는 중국에는 서양 정치에서의 집단이 형성되지 않았다고 보았다. 그런 만큼 그에게 있어서 집단을 형성하는 것은 중요한 의미를 가졌다.

량치차오에게 있어서, '군체群體'는 개개의 개체가 모여서 만들어지고, 국가는 국민이라는 개체가 모여서 만들어지지만, 모두 그저 모여 있다고 해서 강해지는 것은 아니었다. 약한 개체들끼리의 집합은 약한 군체를 만들 뿐이었다.[18] 국가의 흥망성쇠에 있어서도 국민의 소양이 중요한 이유가 바로 그 때문이었다.

> 그러나 종종 주공도 공자도 플라톤도 아리스토텔레스도 모르는 것이 있고, 할 수 없는 일이 있지만, 오늘날의 젖먹이 아이들도 알고 할 수 있는 것이 있다. 무엇인가? 다름이 아니라, 서로 이어 져서, 서로 전하고, 서로 변하여, 지혜를 발전시킬 수 있다는 점 이고, 그렇게 재력才力이 발전하고, 도덕이 발전한다. 발전한다 는 것은 인격의 무리를 말하는 것이지, 평범한 개인을 말하는 것 이 아니다. 그러나 역사에서 가장 주의해야 하는 것은 사회(人群) 의 일이고, 그 일이 사회와 관계가 없다면, 기이하고 특이한 언 행이라도 반드시 역사의 범주에 들어가기에는 부족하다.[19]

량치차오는 개체의 소양이란 것이 영원불변의 것이 아니라 개선 될 수 있는 것이라고 보았다. 이것은 니체가 인간을 위험천만한 심연

위에 매달린 밧줄 위에 있다고 보았으며, 또한 한쪽은 짐승으로의 길, 다른 한쪽은 초인으로의 길로의 묘사를 통해 인간이 자신의 자유의지에 의해 그 어느 쪽으로의 길도 선택할 수 있다는 것을 보여준 것과 상통한다. 그리고 마침내 초인으로의 길을 선택할 수 있다는 것, 그리고 똑같이 위험천만해 보이지만 초인으로의 길로 가야 한다는 것을 제시한 것과 같은 맥락이라고 볼 수 있다. 량치차오와 니체 모두 인간이 현재를 극복하고 미래의 '나'로 전환할 수 있다는 가능성을 지지한다는 점에서 같았다. 이렇게 량치차오는 개인(個體)의 소양이 발달하면, 그것이 쌓여 사회(群體)의 소양이 발달한다고 본 것이다.

량치차오는 역사가들이 인물전으로 역사를 서술하기도 하는데, 그것은 역사에 있어서 개인이 중시되었기 때문이 아니라, 그 개인의 역사가 사회 전체에 영향을 주었기 때문이라고 생각했다.[20] 그러나 전통적으로 중국의 역사 서술은 그런 점을 간과하고 군체의 진화에 대해 관심을 갖지 않았고, 단지 왕조의 교체나 한 두 사람의 권력자에게만 관심을 가졌을 뿐이었다. 량치차오는 "역사란, 사회(人群)의 진화 현상을 서술하는 것이다"[21]라고 생각했다. 그러므로 진화도 결국은 사회에서 찾아야 한다[22]고 보았다. 그는 진화란 한 사회의 발전을 말하는 것이어야 하지, 한 개인의 발전을 말하는 것이 아니라고 생각했기 때문이다.[23]

그런데도, 량치차오의 진화사상에서 중요시되었던 주체는 영웅이다. "무릇 한 나라의, 한 시대의 사회의 흥망성쇠는 오직 영웅이 있느냐 없느냐에 달려 있다"[24]고 할 정도로 영웅의 존재는 량치차오 진화사상에서 중요한 위치를 차지한다. 영웅의 존재는 무명의 영웅, 즉 일반 군중(群)을 이끌기 위한 존재이고, 일반 군중을 '무명의 영웅'으로 만들기 위한 존재이다.

수천 년 중국과 외국의 역사에서 가장 활동력이 강한 사람이 없었다면, 역사가 여전히 그렇다고 할 수 있을지 모르겠다. 유럽의 큰 전쟁에서 빌헬름 2세, 윌슨, 로이드조지, 클레망소 등과 같은 몇 사람이 없었다면, 역사는 당연히 다른 모습이었을 것이고, 유럽 대전도 이기지 못했을 수 있거나, 이겼어도 그런 결과는 아니었을 수 있다.[25]

이렇듯 빌헬름 2세, 윌슨, 로이드조지, 클레망소와 같은 사람들은 영웅이라고 하기에 손색이 없지만, 그들이 영웅으로 인정받는 것은 군중을 이끌어 전쟁을 승리로 이끌었기 때문이라는 것이다. 그리고 전쟁을 승리로 이끈 군중들은 '무명의 영웅'이고, 그들이 없었다면 사실 전쟁에서 승리했다고 해도 그 사회의 역사가 유지되기에는 힘들다는 것이 량치차오의 생각이었다. "앞으로의 역사는 대다수 노동자 또는 모든 국민(全民)을 주체로 할 것"[26]이기 때문이었다. 그러므로 "국민이 약하면 국가도 약하고, 국민이 강하면 국가도 강하며, 그림자가 따라가고, 소리가 울린다는 것에는 조금의 가차도 없다"[27]라고 생각한 량치차오는 "신민이 오늘날 중국의 제일 급선무"[28]라고 생각했다. 그에게 있어서 국가란 국가 구성원 모두의 것이고, 국가를 다스리는 일도 모든 구성원의 일이었다.[29] 그러므로 국가 구성원 즉 국민의 소양이 정치의 좋고 나쁨과 직결될 수밖에 없다고 생각한 것이다.

그런데 량치차오의 영웅은 니체의 초인과 어떤 연관성을 가질까? 그것은 영웅과 무명의 영웅과의 관계에서 찾을 수 있다. 니체의 초인은 량치차오에게 있어서 '유명의 영웅'과 같다.

그러므로 영웅이 없는 고로, 문제는 무명의 영웅도 없다는 데 있다. … 예를 들어 한 군대에서, 큰 공을 세울 수 있는 자는 장수이겠지만, 그 장수로 하여금 큰 성공을 거둘 수 있게 한 자는 또한 병졸이기 때문이다. 나폴레옹, 윌링턴으로 하여금 중국의 군대(綠營)와 병사(防勇)를 이끌도록 한다면, 반드시 능력을 발휘하지 못할 것이다. 군대가 이러한데, 국가도 그렇지 않겠는가 … 천하 사람들 모두 무명의 영웅이 된다면, 유명의 영웅이 반드시 거기에서 나오는 법이다.[30]

영웅의 출현은 곧 문명의 필요에 의해서이고, 다른 말로 표현하면 사회의 진화를 위해 요구된다. 사회의 문명이 잘 발달한 곳에서는 영웅이 덜 중시된다. 량치차오는 영웅은 "옛날에는 평범하지 않은 사람(非常人)"이었지만, "오늘날에는 평범한 사람(常人)"[31]이라고 보았다. 영웅은 누구든지 될 수 있다는 가능성을 인정한 것이지만, 그렇다고 태어나면서부터 모두가 영웅은 아니다. 평범하든 평범하지 않든 영웅이 되기 위한 조건은 노예성으로부터의 탈피이다.

량치차오는 중국에서 수천 년간 행해진 부패와 퇴보도 노예성에서 비롯되었다고 생각했고, 그것은 중국이 살아남기 위해서는 반드시 극복해야 하는 것이었다. 그런데 노예성은 정부나 타민족의 압제를 통해 초래될 수도 있지만, 자신이나 타자에 의존하려는 마음, 복종하려는 마음에서 비롯되기도 한다.[32] 중국인은 수천 년이나 통치계급에 의해 노예로 길들여져 왔고, 결국 한 사람도 노예로 여겨지지 않는 사람이 없게 되었다[33]고 량치차오는 생각했다.

그는 노예는 몸의 노예(身奴)와 마음의 노예(心奴)로 나눌 수 있는

데, 후자는 스스로 원하여 노예이기를 바라는 것이고, 그런 마음이 중국 국민의 노예성으로 자리 잡고 있다고 생각했다. 마음의 노예에는 네가지가 있다.[34] 첫째는 옛사람의 노예이다. 둘째는 세속의 노예이다. 셋째는 상황의 노예이다. 넷째는 정욕의 노예이다. 개성을 말살한 봉건도덕이 중국인의 도덕과 사상에 깊게 영향을 미쳐 이러한 노예를 양성하고 있으며, 자유사상이 발달하는 것을 방해하고 있다고 본 것이다.

여기서 진화사상의 필요성이 제기된다. 량치차오는 진화의 주체가 우선은 개인이라고 보았고, 개인이 스스로 자유로운 존재라는 것을 인식하는 것에서 출발해야 한다고 보았기 때문이다. 그러나 그는 개인주의에서만 머물지 않고, 사회, 국가, 세계로 인식을 확장했다. 개인만 자유로운 존재가 아니라, 개인이 모여서 이루어진 사회도, 국가도, 세계도 자유로워야 한다고 본 것이다. 그런 점에서 그는 개인주의나 사회주의 어디에도 치우치는 것을 원하지 않았다.

량치차오의 그런 생각은 니체와 마르크스 사상을 바라볼 때도 드러난다. 량치차오는 다음과 같이 키드의 말을 인용하여 니체를 개인주의자로 여겼다. 그는 니체의 사상을 다수를 대변하는 마르크스와 대립적인 사상으로 열거했다. 그리고 "소수의 뛰어난 자"를 옹호한 사상가로 보았다. 그는 마르크스도 니체도 일장일단이 있다고 보았지만, 어느한쪽도 옹호하지 않았다.

오늘날 독일에서 가장 힘을 얻고 있는 2가지 사상 중 하나는 마르크스의 사회주의이고, 하나는 니체의 개인주의이다. (니체는 극단적 강권론자이다. 그는 지난해에 정신병으로 죽었다. 그 세력이 전 유럽세계를 석권하여 19세기 말의 신종교라고 불린다.)

마르크스는 오늘날 사회의 폐단이 다수의 약자가 소수의 강자에게 억압당하는 것이라고 말했다. 니체는 오늘날 사회의 폐단이 소수의 뛰어난 자가 다수의 열등한 자들에 의해 제약을 받는 것이라고 말했다. 둘은 모두 나름의 근거를 갖고 이론을 말했지만, 그 목적은 모두 현재에 있지 소위 미래에 살 사람들에 있지 않다.[35](《진화론 혁명자 키드의 학설》)

이러한 량치차오의 해석은 일본 학자인 구와키 겐요쿠桑木厳翼(1874~1946)와 도바리 치쿠후登張竹風(1873~1955)의 니체 평가에서 비롯되었다고 한다.[36] 그러나 놀랍게도 니체에 대한 량치차오의 오해에도 불구하고, 니체의 생각과 량치차오의 생각은 많은 점이 닮았다. 니체의 초인과 량치차오의 영웅이 기존의 도덕과 가치에 대한 비판에서 비롯된 것도 닮았고, 그 출발로 마음을 강조한 것도 닮았다. 그리고 둘 다 차라투스트라와 같이 세상에 대고 변해야 한다고 외친 것도 닮았다.

3. 진화의 동력

량치차오는 1902년 〈신사학新史學〉을 발표했는데, 이 글에서 진화가 인류 역사의 보편적 법칙이라고 설명했다.

순환이란, 갔다 다시 돌아오고, 멈추고 나아가지 않기도 하는데, 이런 유형에 속한 학문을 '천연학'이라 한다. 진화란, 갔다 돌아오지 않고, 나아가기가 끝이 없다; 무릇 이런 유형에 속한 학문을 '역사학'이라 한다. 천하의 만사 만물은 모두 공간과 시간에 있고, 천연계와 역사계는 실로 두 가지 범위로 나뉜다. 천연학은 공간의 현상을 연구하는 것이고, 역사학은 시간의 현상을 연구하는 것이다.[37]

량치차오는 이렇듯 인류 진화의 공리와 공례를 추구하는 것을 역사학의 대상으로 삼아야 한다[38]고 보았는데, 그 인류 진화의 공리와 공례라는 것은 한 마디로 '경쟁'이었다. 그러므로 량치차오는 인간 사회에서 경쟁은 피할 수 없는 것이라고 보았다.[39] 그것은 국가 간의 사회에서도 마찬가지였다. 량치차오는 〈중국사서론中國史敍論〉에서 중국 역사를 크게 "중국의 중국(中國之中國)", "아시아의 중국(亞洲之中國)", "세계의 중국(世界之中國)" 세 단계로 나누고, 중국이 세계의 일부분이라는 것을 강조하면서, 중국도 세계 각국과 마찬가지로 경쟁이라는 보편적 법칙에서 벗어날 수 없다고 역설했다. 그는 "경쟁은 문명의 어머니로, 하루 경쟁이 멈추면 문명의 진보도 곧 멈춘다"[40]고 보았으며, 나아가 "경쟁은 진화의 어머니"[41]라고 표현했다.

경쟁은 국가 내부의 경쟁(內競)도 있고, 국가 간의 경쟁(外競)도 있다. 량치차오가 개인의 자유를 중시하면서도 합군(合群)을 강조한 이유는 바로 외부와의 경쟁(外競) 때문이었다. 국가 간의 경쟁은 합군 경쟁이기 때문이다.

물경천택의 공례에 따라, 인간과 인간은 충돌하지 않을 수 없고, 국가와 국가도 충돌하지 않을 수 없다. 국가의 이름을 내세워 집단(群)에 맞서는 것이다[42]

이는 저쪽이 여럿이 덤빈다면, 이쪽도 여럿이 막을 수밖에 없다는 단순한 논리가 작용한 것이라 할 수 있다. 그러므로 "인류는 합군을 해야 생존할 수 있다"[43]고 강조하게 된 것이다. 게다가 인간은 본래 무리 지어 사는 동물이고, 집단생활을 통해 금수와 구별된다.[44] 그것이 진화로 나타난다. 이렇듯 그는 "인류의 진화라는 것은 한 무리의 진화이지, 한 개인의 진화가 아니다"[45]라고 보았다. 량치차오가 진화론을 중시한 이유가 바로 개인과 개인의 경쟁 때문이 아니라, 국가와 국가 간의 경쟁 때문이라는 것을 알 수 있다.

니체에게 있어서 경쟁과 그로 인한 갈등이 "힘에의 의지" 즉 "삶에의 의지"를 반영[46]하는 것처럼, 량치차오는 그것을 사실로 받아들였지만, 도태되고 있는 현실을 바꾸고 '예외'가 되기를 희망했다. 그리고 그것을 '변혁(革)'에서 찾았다. 그에게 "변혁(革)이란, 천연계에서 불가피한 공례"[47]이고, 인간 사회에서의 변역은 '인사 도태'로 나타난다. "무릇 외부 환경에 적응한 사물은 살아남고, 외부 환경에 적응하지 못하면 사라진다."[48] 그렇게 사라지는 것을 '도태淘汰'라고 부른다. 량치차오에게 있어서 "자연도태"와 "인사도태"[49] 중 후자는 변혁을 위해 필요한 것이었다. "변혁이란, 반드시 그 군치群治의 상황을 일변시키고, 과거와는 전혀 다르게 만드는 것"[50]이기 때문이다. 량치차오가 말하는 변혁(革)이란 'reform'과 'revolution'을 모두 포함하는 개념으로, 과거의 제도를 파괴하고, 새로운 제도를 세우는 것을 의미한다.

'Reform'이란, 고유한 것을 덜어내거나 보태어 좋게 만드는 것이고, 1832년 영국 국회의 'Revolution'과 같은 것이다. 일본인은 그것을 개혁이라고도 하고, 혁신이라고도 번역한다.

'Revolution'이란 바퀴가 도는 것처럼, 바닥부터 뒤집어서 하나의 신세계를 따로 만드는 것으로, 1789년 프랑스의 'Revolution'과 같은 것으로, 일본인은 그것을 혁명이라 번역한다. '혁명'이란 두 글자는 정확한 번역이 아니다. '혁명'이란 명사는 중국에서 처음 보이는데, 그것은 《역》에서 다음과 같이 말한 것이다: "탕무 혁명은 하늘에 따르고 사람에 따르는 것이다."[51]

량치차오는 1899년부터 1909년에 걸쳐 쓴 《자유서自由書》에서 '파괴주의'를 이야기했는데, 이것은 그의 '변혁' 사상과 연계된 것이었다. 완전히 새로운 것을 만들기 위한 '변혁'은 낡은 것에 대한 전복과 파괴를 전제로 하기 때문이다. 그러나 그것은 무엇보다도 자유와 마음의 문제이다.

량치차오는 "마음의 힘(心力)"에 대해 긍정하고,[52] 마음의 힘이 인류의 역사를 만들었고 만든다는 적극적 역사주의를 주장했는데, 그것은 자유와 연관된 것이었다.[53] 그는 세계적인 대사건은 '자유'가 원동력으로 작용한 것[54]이라고 생각하였을 뿐만 아니라, "자유는 천하의 공리이며, 인생의 필수적 도구이고, 어디를 가나 적용되지 않는 곳이 없다"라고 강조했다.[55] 이렇듯 그는 자유를 인류사회 발전의 원동력[56]으로 이해한 것이었다.

그것은 자유의지가 창조심과 모방심으로 발현되고, 그것이 표현된 활동이 업종業種, 즉 문화종文化種이고, 그런 활동의 결과물이 바로 업과業果, 즉 문화과文化果이기 때문이다. 문화는 바로 문화종과 문화과의 공동산물이고, 그것을 만들어내는 것이 바로 자유의지라는 말이다.[57] 량치차오는 우주 만물을 자연계와 인문계(문화계)로 분리하고,

"자연계는 인과율의 영토이고, 문화계는 자유의지의 영토"[58]라고 말했다. 량치차오는 문화를 자연에 상대적인 개념으로 상정하고, 문화와 비문화를 구분하는 것은 '가치'라고 보았다. "문화란, 인류의 심능心能에서 발현되어 쌓아온 가치 있는 공업"[59]이고, 그 가치의 근본은 '자유의지'에 있다고 생각했다.

니체도 량치차오와 마찬가지로 인간 자신의 의지를 강조했다. 니체는 "삶이란 내적 환경이 외적 힘에 적응하는 것이 아니라, 힘에의 의지"[60]라고 주장했고, 자기보존을 위한 본능이나 충동보다는 힘에의 의지를 중시했다. 니체의 힘에의 의지는 외부가 아니라 내부에서 발현되는 것으로 단순히 외부(자연)에 적응하여 살아남는 자기보존에만 치중하는 것이 아니라, 오히려 외부를 정복하고 동화시킨다. 그렇게 니체에게 있어서 외부와 내부가 하나가 된다. 그리고 가치의 변혁, 도덕의 변혁, 문화의 변혁이 이루어신다.

량치차오가 변혁에 있어서 자유의지를 강조한 것은 그의 변법 사상에서 그 이유를 찾을 수 있다. 그것은 그가 수동적 변혁(代變)이 아니라 능동적이며 주체적 변혁(自變)을 원했기 때문이다. 그가 "변화라는 것은 천하의 공리"[61]라고 보았지만, 천연계가 아닌 인간계에서의 변화는 인간의 자유의지가 작동한 것이라 보았다. 그리고 그래야만 인간사회, 즉 중국 사회가 도태에서 벗어나 변혁을 통해 진화할 수 있다고 생각한 것이다.

4. 진화의 과정

량치차오는 자유의지의 작용에 상응하는 경제적 측면에서의 진화도 설명하였다. 그는 인류사회의 진화를 생산도구의 발달로 구분하고, 석기시대, 청동기시대, 철기시대로 진화한다고 보았다. 그에 상응하여 인간사회가 수렵시대, 목축시대, 농경시대로 발전했다고 여겼다.[62] 이러한 경제적 진화에 상응한 정치제도의 변화를 "삼세육별三世六別"이라 할 수 있다.

삼세의 정치형태는 "다군위정多君爲政(여러 군주가 다스리는 정치)", "일군위정一君爲政(하나의 군주가 다스리는 정치)", 그리고 "민위정民爲政(천하의 백성이 다스리는 정치)"으로 진화한다고 보았다. 그리고 각각의 정치형태는 다시 두 가지로 구분할 수 있다. 다군위정은 추장이 다스리는 정치와 봉건 및 세경世卿이 다스리는 정치로 구분되며, 일군위정은 군주가 다스리는 정치와 군주와 백성이 함께 다스리는 정치로 구분되고, 민위정은 총통이 다스리는 정치와 총통이 없는 정치로 구분된다. 이렇게 모두 여섯 가지의 정치형태로 구별된다.

다군위정은 량치차오의 스승인 캉유웨이康有爲가 제시한 삼세三世 중 거란세據亂世에 해당하며, 일군위정은 승평세升平世, 민위정은 태평세太平世에 해당한다. 이러한 역사 발전은 순차적으로 이루어지며, 생략하거나 뛰어넘을 수 없다.[63] 그것은 다시 말하면, 일군위정, 즉 군주가 다스리는 정치형태를 띠는 청나라의 제도는 반드시 개혁되어야 하고, 그 개혁의 최종적 방향이 민주정이라는 논리가 형성되는 것이다.

량치차오는 서양도 동양과 마찬가지로 고대에는 민주정이 실현되지 못했다고 보았고, 고대 로마의 민주정을 현대인이 생각하는 민주정이라고 우긴다면, 중국도 없다고는 못한다고 생각했다. 그는 고대 그리스나 로마의 의원제도도 진정한 민주주의는 아니었으며, "거란세"의 다군위정에 해당한다고 보았다.[64] 그러나 근대에 이르러 서양은 비로소 민주주의를 실현할 수 있게 되었다는 점을 량치차오는 중시했다. 그리고 그것이야말로 서양이 강한 생명력과 경쟁력을 가지고 동양을 제압할 수 있는 근원이라고 보았다. 그러므로 중국도 역사적 필연 단계인 민주정으로의 전환이 시급하다는 것이 량치차오의 생각이었다.

하지만 그러한 사회의 진화가 하루아침에 이루어지는 것이 아니라 점진적이며 순차적으로 이루어진다고 보았다. 그래서 량치차오는 혁명이 아니라 개혁을 주장한 것이었다. 군주전제君主專制에서 군주입헌제君主立憲制로, 그리고 민주공화제民主共和制로의 정치제도의 발전도 순차적으로 이루어져야 한다고 생각했다. 이러한 개혁관은 물론 전통적 변역관의 영향을 받은 것이었다. 특히 변화(變)에 대한 이해가 그러했다. 그러나 량치차오는 "천하가 생겨난지 오래되었는데, 한 번 다스려지면, 한 번 어지러워졌다(天下之生久矣, 一治一亂)"[65]라고 생각한 맹자의 역사적 순환론을 비판하고, 역사는 점진적이며 순차적으로 더 나은 방향으로 발전한다고 믿었다.

이런 맥락에서 "조상의 법은 바꾸어서는 안 된다(祖宗之法不可變)"라는 수구적 사고에 반대하고, 시대에 맞게 제도와 법이 바뀌어야 한다고 생각했다. 그런 점에서 〈변법통의變法通義〉에서 변법을 강조하고, "법을 만들지 않고 성인이라 할 수 없고, 시대에 따르지 않고 성인이라 할 수 없다"[66]고 주장했다. 그러나 무작정 바꾸자, 변하자고 주장한 것이 아니라, "훼손된 곳은 허물고 쓸어버리고 고치고, 장인을 모으고 재료를 마련하여, 새롭게 다시"[67] 만드는 것으로, 모두 허물어버리는 것은 아니었다. 그리고 그 과정은 아주 천천히 한 걸음, 한 걸음 진행되는 요원한 과정이고, 궤도를 따라 순차적으로 이루어진다고 생각했다.[68]

량치차오는 당시 중국이 가야 할 방향은 민주공화제라고 보았는데, 그것이 최종적인 목표는 아니라고 할지라도 그가 봉건군주제 보다는 민주공화제가 더 진화된 정치제도라고 생각한 것은 분명했다. 그와 달리, 니체는 "공공연히 민주주의를 격렬한 표현으로 비판"[69]했다. 그러나 니체가 비판한 것은 민주주의 일반을 부정했다기보다는 현실 민주주의의 문제점을 예견하고 목도했기 때문이었다. 량치차오는 서방 사회와 달리 중국은 아직 민주주의를 경험하지 못했기 때문에, 그다음 단계를 얘기할 수 없다고 보았던 만큼 민주주의의 한계보다는 그 기본적 제도의 실현에 초점을 두었다. 이렇게 민주주의의 제도적 틀은 긍정했지만, 량치차오 또한 니체와 마찬가지로 노예도덕으로 인한 데카당스의 출현을 의식하고 있었기 때문에, 전면적인 직접 민주주의의 실현은 중국의 현실에 맞지 않는다고 보았다. 그러므로 그는 노예가 되지 말아야 한다고 강조하고, 자신의 권리에 대한 자각적 의식을 갖고 있는 정치적 주체가 되어야 한다고 거듭 강조했다. 그것이 그의 "신민新民"의 핵심이라고 할 수 있고, 신민, 즉 노예가 아닌 사람들에 의한 정치를 지향했다. 니체가 공격했던 것은 민주주의의 하향 평준화였던 만큼, '이상적' 민주주의와 그 정치적 주체에게 요구되는 품성에 있어서 량치차오와 니체는 서로 생각을 공유하고 있다. 또한, 그들이 생각하는 이상적 정치제도가 민주주의적 제도에서 멈추지 않고, 그 너머를 바라본다는 점에서도 뜻을 같이 한다.

5. 량치차오와 니체의 진화사상

량치차오와 니체는 그들이 처한 시대적 상황에 따라 다른 듯 보이면서도 공통점을 갖고 있다. 그것은 양자 모두 군중의 무지와 정신적 허약함을 비판하면서도 군중의 역량에 대해서는 믿음을 가졌다는 것, 그리고 군중에 대한 사상 계몽이 가능할 것이라는 생각에 바탕을 두고 있었다는 것, 그리고 역사적 진보에 대해 믿었다는 것, 마지막으로 도덕적 쇄신의 필요성을 인식했다는 점이다. 량치차오가 진화론을 수용한 이유는 변혁의 필요성 때문이었다. 그에게 진화는 새로워져야 하는 이유를 설명해주는 것이었다. 니체는 진화론에 대해 비판적이었지만, 그래도 인류의 도덕과 가치가 새로워져야 한다는 점에서는 량치차오와 견해를 같이했다. "본래 있던 것은 갈고닦아 새롭게 만들고(淬厲其所本有而新之)", "본래 없던 것은 보충하여 새롭게 만들자(采補其所本無而新之)"[70]는 것이 량치차오의 생각이었다면, 니체 또한 새로운 도덕을 갈구했고 "본래 있던 것", 즉 고대 그리스 비극의 시대의 "디오니소스적인 것"을 통해 그것을 실현하고자 했다.

그렇다고 그들이 같다고 할 수 없는 이유는 무엇보다도 개인과 사회에 대한 평가의 차이에 있다. 량치차오는 개인만큼 사회가 진화를 위해 중요한 주체라고 생각했다. "인간이란 무리 짓기를 잘하는 동물"[71]이라고 생각한 그는 집단을 통해 인간이 금수와 구별될 수 있다고 보았는데, 그것은 적자생존과 우승열패의 현실에서 인간이 살아남을 수 있는 방법이었기 때문이다.[72] 도덕이라는 것도 집단을 이롭게 하기 위한 것이고, 도덕을 통해 집단을 단결시키고, 향상시키며, 그것을 통해 진보를 이룰 수 있도록 하는 수단으로 이해했다.[73]

량치차오와 비교하면, 니체는 개인을 새로운 도덕을 창조할 수 있는 주체로 인식하고, "고귀한 인간",[74] "독자적 인간", 그리고 "주인으로서의 인간"이 되어야 한다고 강조하며, 개인의 자기 극복[75]을 거듭 주장하는 등 개인에 주안점을 두었다. 그렇다고 량치차오가 개인이 아니라 사회만을 우선시했다는 것은 아니다. 그도 주체로서의 개인, 자유의 담지자로서의 개인, 도덕의 완성자로서의 개인 등 개인을 강조하였지만, 개인에서 사회로, 사회에서 국가로, 국가에서 세계로의 도덕의 확장적 실천을 주장했다는 점에서 양자가 차이가 있다.

양자의 차이는 분명하게 드러난다. 동정에 대해 비판적이었던 니체와 달리, 량치차오는 "유가는 인류의 동정심 중 가장 낮은 수준을 인간이 모두 동일하게 가지고 있다는 것을 이용하여, 그것을 키우고 확충하여, 최고의 수준에 도달하도록 해, 그것을 이상적인 '인仁한 사회'를 완성하고자 했다"[76]고 유가 사상을 평가하면서, 동정심을 현대의 "박애심"과 "동류의식"으로 해석하고 긍정했다. 이런 량치차오의 이해는 세계대전 이후 크게 변화한 것으로, 세계대전의 근본적 원인이 다윈의 생물진화론으로 인한 군국주의, 제국주의에 있다고 생각했기 때문이었다. 그런 만큼 진화론에 대한 생각이 바뀌기 이전, 진화론에 더 친화적일 때의 량치차오가 더 니체에 가깝다는 것은 아이러니라고 할 수 있다.

6장

루쉰과 선충원의 니체 해석

-1920년대 문학 경전화와 니체의 중국화를 중심으로

가오지안후이

1. 1902~1908년: 루쉰의 니체에 대한 이론적인 해석

1) 1902년, 외래 자원으로서의 니체

1902년 봄 관비 유학을 통해 일본 도쿄에 도착한 루쉰은 홍문서원에서 일본어를 수학했다. 그해 무술변법 실패로 일본으로 망명한 량치차오梁啓超는 일본에서《신민총보新民叢報》와《신소설新小說》두 잡지를 창간하며 '신민 사상新民思想'을 제창했고《신민총보》10월 16일 자 18호에서〈진화론 혁명가 키드의 학설進化論革命者頡德之學說〉을 발표해 당시 독일에서 가장 유력한 양대 사상으로 마르크스의 사회주의와 니체의 개인주의를 꼽았다고 말했다. 량치차오의 간행물은 루쉰에게 많은 영향을 주었는데, 루쉰의 동생 저우쭤런周作人은 다음과 같이 회상했다.

루쉰이 신서적과 간행물에 더 폭넓게 접촉한 것은 1902년 일본에 도착한 이후였다. 당시 량치차오는 일본에 망명해 요코하

마에서《청의보清議報》를 만든 뒤《신민총보》로 인기를 끌었는데…. 일반 젊은이들의 마음을 움직여 세력이 컸다. 1903년 3월 루쉰이 나에게 책 한 봉지를 보냈는데 안에《청의보회편清議報滙編》8권,《신민총보》와《신소설》각 3권….[1]

학계에서는 루쉰이 니체를 언제 알았는지에 대해 아직 정설이 없지만, 저우쮜런의 회고에 따르면 루쉰은 일본에 도착하자 량치차오 등을 통해 니체를 알게 되었고, 그 경로는《신민총보》에 실린 니체에 관한 글이었을 것이다. 또 도쿄 시기의 루쉰은 은둔 생활을 했으며, 많은 시간을 책 찾기와 독서에 몰두했으며, 일본어와 독일어를 매개로 적극적으로 외래 자원과 대화했다고 저우쮜런은 소개했다. 이런 외래 자원 중에서 가장 중요한 것은 바로 니체였다.《차라투스트라는 이렇게 말했다》(이하《차라투스트라》)는 여러 해 동안 그의 책장에 보관되어 있었다.[2] 루쉰의 친구인 쉬셔우상許壽裳은 일찍이 루쉰이 홍문서원에 있을 때 적지 않은 일본어 서적을 구입했는데 그 안에는 "니체의 전기"가 있었다고 회고하였다.[3]

1904년 9월 루쉰은 도쿄에서 센다이까지 가서 의학을 공부할 것을 선택했는데 이유는 "새로운 의학이 일본의 유신에 큰 도움이 된다는 것을 알게 되었기 때문"이었다.[4] 그러나 1906년 3월, 1년 반 만에 그것을 그만뒀는데 유명한 '환등기 사건'[5] 때문이다. 거하이팅葛海庭은 이 사건의 진실성에 대해 〈20세기 일본 한학자 루쉰의 '기의종문棄醫從文'에 관한 실증 연구〉라는 글에서 1900년대 초기와 전후戰後 70년대 당시 루쉰의 '기의종문'에 대한 여러 일본 한학자들의 고증을 통해 당시의 역사 사실을 온전하게 보여주었다.[6] 루쉰은 의학은 '구신救身'

만 할 뿐 '구심救心'은 할 수 없다고 여겨 민지民智를 열고 '구심'을 하기 위해 의학을 버리고 글을 쓰기로 결심했다. 환등기 속 무감각한 구경꾼들도 훗날 루쉰의 문학 작품에서 중국인의 국민성을 비판하는 중요한 시각의 대상이 됐다. 이것은 동시에 루쉰으로 하여금 량치차오와 사회진화론 사상에 대한 반성도 불러일으켜, 루쉰은 인간적인 각성이 없으면 중국이 일본과 같은 강대국이 되더라도 수성獸性의 일면을 벗어날 수 없다고 주장했다. 이로써 개인의 주체성, 인간성, 개인의 의지에 대한 관심은 루쉰을 당시 최대 외래 자원인 니체의 철학 세계에 진입하게 했다.

2) 루쉰의 '니체'에 대한 중국 현지화와 이론적인 해석

1907년~1908년 루쉰은 〈문화편향론文化偏至論〉, 〈마라시력설摩羅詩力說〉 및 〈파악성론破惡聲論〉이라는 중요한 논문 세 편을 완성했다.[7] 니체의 이름은 이 세 편의 논문에서 나오기 시작했으며, 모두 여덟 번 등장한다. 〈마라시력설〉에서 3번, 〈문화편향론〉에서 4번, 〈파악성론〉에서 1번이다. 루쉰은 이를 통해 니체의 어록을 직접 중역하거나 니체의 견해를 간접적으로 전하거나 니체 인식에 대한 총체적 풍모를 조목조목 묘사하거나 사회사적 배경 소개, 동시대 인물과 동일하게 비교하기도 했다.

우선, 루쉰은 니체를 문학가로서 받아들였다. 〈마라시력설〉에서 니체는 바이런과 함께 마라시인의 대표자로 꼽히는데, 이들의 특징은 강한 의지력과 정신력, 반항 정신, 반反전통도덕, '대다수(대중)'를 배척하는 것이다. 또 니체《차라투스트라》의 "오래된 원천은 다했고, 미래의 새로운 원천을 찾아갈 것이다. 아, 내 형제들이여, 새 생명의 시작이여, 새 샘물이 심연에서 솟아오르고 있으니, 그날이 멀지 않다"[8]라는 어록을 인용하여 번역했으며 이러한 정신의 사막에서 먼저 깨달은 소수의 사람만이 정신을 가다듬고, 낡은 것을 버리고 새로운 것을 추구하며 분발하는 절박한 요구를 보여준다는 점이다.

둘째, 루쉰은 니체를 개인주의의 영웅으로 여겼다. 루쉰은 〈문화편향론文化偏至論〉에서 "니체가 개인주의의 최고의 영웅이다"[9]라고 극찬했다. 그는 니체의 차라투스트라의 말을 빌려 19세기의 통폐는 물질만 중시하고 정신은 중시하지 않으며, 정신적인 확고한 신앙이 없고, 많은 사람이 남이 하는 대로 따라 하며, 독창적인 정신이 없는 것이고, 니체 같은 개인주의 영웅들은 19세기 문명의 편도, 이른바 '물질'과 '대다수'의 폐해를 교정하는 데 주력했다고 했다. 이에 대해 중국은 이런 19세기의 서양을 따라가지 말아야 한다고 주장했다. "서양을 보고 중국을 구해야 한다"는 논리가 궤변이라며 당시 주류였던 각종 자본주의의 개혁 방침을 비판했다.

마지막으로 니체의 '초인' 사상에 공감하고 '입인立人' 사상을 제시했다. 루쉰은 19세기의 '폐단'을 바로잡으려면 개인의 주체성과 개인의 의지 확립, 즉 정신적 인간의 세움立人을 통해서만 가능하다고 생각했다. 그런 사람이 니체가 기대하는 '초인'과 같은 것이다. "니체가 바라는 것은 절세의 의지력이 있는 자다. 거의 신선 같은 초인超人이다"라고 말했다. 〈파악성론破惡聲論〉에서 루쉰은 먼저 선악 시비의 기준은 반드시 인성론의 전제 하에 있어야 한다며 무릇 인성에 부합하는 것은 합리적인 선행이라고 말할 수 있고, 그렇지 않으면 그 그릇된 것은 '악성惡聲'이라고 했다. 인간성이란 무엇인가 하면 인간성의 근본은 개인의 주관 정신, 즉 '심성心聲'에 있다. "진심에서 우러나온 마음으로 자신을 찾아야만 개인의 주체성을 얻을 수 있고, 사람마다 자신의 주체성이 있어야 대중이 전체적으로 각성할 수 있다."[10] 인간성에 부합하고 개인의 주관을 가진 소수 천재의 각성이 사회인의 각성을 이끄는 유일한 희망은 '입인立人'에 있으며, 천재를 통해 민중의 정신 개선을 이끄는 것이다. 루쉰이 원했던 천재는 니체의 초인과 완전히 같은 개념은 아니었지만 이론적으로는 궤를 같이했다.

3) 루쉰의 일본 '니체'에 대한 선택적 수용

루쉰이 일본에 있었던 시기는 니체 붐(尼采熱)의 절정기로, 니체 사상과 의지력 철학이 일본 학계에 널리 퍼지고 있었다.[11] 일본 니체의 유행은 루쉰에게 비교하고 참조할 기회를 제공함으로써 니체를 보다 포괄적으로 이해할 수 있게 했다. 일본 학자 이토 후마루伊藤虎丸의 연구에 따르면 이 시기 일본 사상계의 니체에 대한 이해는 크게 세 가지였음을 알 수 있다. 첫째, 니체는 적극적인 반항의 이미지로 국권론과 반反기독교론자였다. 둘째, 니체는 극단적인 개인주의자, 반도덕주의자, 반국가주의자였다. 셋째, 니체는 본능주의자였다.[12] 루쉰은 일본의 '니체' 인식을 통째로 받아들인 것이 아니라 중국 본토의 상황에 기초해 우약愚弱한 국민정신을 바꾸겠다는 강한 의지로 독자적인 선택과 판단을 내렸다.

우선, 루쉰은 국권론을 선양한 니체의 사상을 인정하지 않았다. 당시 일본은 국가주의가 상승하고 있었고 니체의 학설은 국력의 과시를 고취하고 외부로의 확장을 부추겼으며 애국주의자는 거만한 민족주의자로 변모해 러일전쟁 때에는 더욱 심해졌다. 루쉰은 이를 '환등기 사건'에서 실감했는데, 〈파악성론〉에서는 "침략을 숭상하는 사람들은 유기체 같은 동물이고, 수성獸性이 지배적이며, 가장 노예적이다. 중국 지사들은 왜 예속했을까. …지혜로운 현인이지만 더럽게 물들 수 있다"고 말했다.[13]

루쉰의 목적은 일본의 국가주의와는 완전히 다른데, 그는 단지 가난하고 약한 중국이 강대해지고 강자의 침략에 단호히 반대하기를 바랄 뿐이다. 힘을 믿어 약자를 괴롭히고 강자가 약자를 노역하고 침략하는 것은 비합법적이며, 이러한 강자에 대하여 루쉰은 이를 '수성獸性적 애국'의 반열에 올려놓는 것은 짐승이나 다름이 없고, 그런 강자는 여전히 '수성獸性'을 벗어나지 못하니 철인들도 오염될 수밖에 없다는 경각심을 가져야 한다고 생각했다.

둘째, 본능적인 니체설에 대해서도 루쉰은 받아들이지 않았다. 루쉰은 본능주의적 관점을 버리고 물질주의적 비판에 대한 관점을 선택적으로 받아들였다. 장자오이張釗貽가 루쉰의 〈문화편향론〉과 〈마라시력설〉에 밝힌 견해는 '일본의 니체'라고 불린 다카야마 조규高山樗牛의 《문명비평가로서의 문학자》(1901)의 물질주의와 '대다수(대중)'에 반대하는 관점과 같은 것이라고 주장했다. 둘 다 신흥의 이상주의와 개인주의 사상을 빌려 문학과 문화 비평을 통해 이러한 문화 '폐단' 현상을 바로잡기를 희망했다.[14]

마지막으로, 루쉰이 중국인들에게 전한 것은 영웅주의와 문명비판자의 니체 이미지였다. 일본 메이지 시대의 개인주의와 반도덕주의의 니체관을 루쉰이 수용한 것이다. 이토 후마루는 루쉰이 이해한 '니체'는 메이지 일본의 니체와 동시대적이라고 생각했는데, 루쉰이 니체의 초인을 '대사천재大士天才'와 '의지력이 절세하고 거의 신명에 가까운' 사람으로 해석한 것은 일본 니체의 "수많은 중생과 함께 부침하지 않고, 세속과 인생의 진정한 스승이 되어야 한다"는 '긍정적인 인물'의 반영이었다.[15] 이토 후마루는 또 루쉰이 니체의 철학에서 받아들인 것은 조직에 대립하는 개인의 본능주의가 아니라 문학, 사상, 질서, 조직을 변혁하여 창조하는 인간의 주체성이라고 주장했다. 그는 루쉰이 니체를 통해 유럽 근대 문명의 '정수神髓', 즉 주체성과 개성의 존엄성을 얻었다고 본다.[16] 이 점이 바로 루쉰이 바라본 니체의 본질이다.

이 시기는 루쉰이 니체를 받아들이는 첫 번째 절정기였으며, 니체의 인간 철학은 루쉰이 초기에 시작한 인생 문제에 대한 사색을 심화시켰고, 중국 사회의 근본적인 폐단이 낙후된 중국인 개인의 주체성 결핍에 있음을 깨닫고 입인立人의 중요한 사상을 제시하도록 했다. 니체 철학은 루쉰의 '입인' 주장의 이론적 초석이라고 할 수 있다. 20세기 초반 중국 사회는 내우외환內憂外患을 겪으면서 구망도존救亡圖存과 민족 진흥이 급선무였다. 루쉰은 일본에서의 생활 경험으로 니체를 처음부터 접하게 되면서 '개인 주체성'의 본질을 잡았고, 민족국가 의식 아래 니체로부터 국민정신을 개조하는 사상자원을 얻어 중국의 국민성을 개조하는 새로운 과제를 열었다. 지금 보아도 루쉰의 사상은 여전히 의미가 있으며, 독자적으로 사고하는 선진 지식인으로서 시대를 초월하는 모습을 보여준다. 루쉰은 처음부터 니체를 바이런과 같은 문학가로 바라보면서 도덕적이나 인간성적 관점에서 연구하는 방법을 채택했고, 이는 중국이 니체를 받아들이는 기본 방향을 확립해 중국이 니체를 받아들일 수 있는 토대를 마련했다.

2. 1918~1925년: 루쉰의 니체 중국화의 문학 실천

루쉰이 니체를 받아들인 두 번째 절정은 5·4운동 전후로, 이 시기는 중국 역사에서 대변화의 시기였다. 1915년 신문화운동新文化運動의 발상지 격인《청년잡지青年雜誌》(2권부터《신청년新青年》으로 개칭)가 창간되는 등 사상 문학 분야에 큰 변화가 있었다.《신청년》은 청년들에게 '신新청년'을 권장하고, '민주'와 '과학'의 두 기치를 내걸고 반봉건, 반전통, 반예教禮의 목소리를 냈다. 현대문학사에서 익히 알려진 이름들이 모두《신청년》주변을 에워싸면서 신문화운동 진영이 되었다. 1917년《신청년》에 합류한 루쉰은 1918년 중국 최초의 백화白話 현대소설《광인일기狂人日記》를 창작해 5월 15일《신청년》 4권 5호에 발표했다.

1)《광인일기》: 루쉰의 중국소설 '니체 패턴'의 개척

《광인일기》는 '박해광 공포증'을 앓는 '광인'이 주인공인 일기체 소설로, 거의 광인 내면의 독백이다. 광인은 주변 사람들이 모두 사람을 먹고 있다고 생각해 주변 사람들에게 사람을 그만 먹으라고 계속 권유한다. 결말에 광인은 자신도 무심코 여동생을 먹어본 적이 있다는 사실을 깨닫고 절망하고 비통해 한다.《광인일기》는 신문화운동의 '시초작'으로 불리며 내용·형식 면에서 중국 전통문학과는 사뭇 다른 세계 문학에 접목돼 중국 현대 신문학의 탄생을 상징한다. 또한 이것은 루쉰의 니체 사상에 대한 첫 번째 문학적 시도로서 중국 최초로 니체 사상을 중국 문학으로 현지화한 실천으로, 작품 속 니체 사상은 초기 일본 시절의 니체에 대한 인식을 거의 그대로 유지하고 있다.

우선, '초인' 마인드와 '초인' 이미지 메이킹이다. '광인' 이미지는 니체의 초인적인 기질을 지닌 인물이며, 이 점은 루쉰이 《중국신문학대계 소설 2집》의 서문을 통해 다음과 같이 설명했다.

> 1918년 5월부터 《광인일기》 등 … 속속 출현하여 '문학혁명'의 실적을 나타낸 셈인데 《광인일기》가 1834년경에 고골이 이미 《광인일기》를 쓴 것이다. 니체는 1883년경에도 차라투스트라의 입을 빌려 "너희들은 이미 벌레에서 사람까지 길을 갔고 너희들 중에는 아직도 벌레들이 많이 있다. 당신들은 원숭이로 살아왔으나 지금도 사람들은 원숭이로 남는다"라는 글을 남겼다. … 그러나 중국의 《광인일기》는 가족제도와 예교의 폐해를 드러낸다는 뜻이며 고골의 울분보다 훨씬 깊고 니체의 초인의 막연함보다 덜 막연하다.[17]

루쉰의 《광인일기》는 러시아 작가 고골의 《광인일기》의 이름을 차용해 니체의 초인적인 사상을 담았고 중국 현실성도 더해졌다는 것을 알 수 있다. 광인狂人은 '광언狂言'이지만 자기 본심을 향해 진실을 말한다. 차라투스트라도 시장에 나가 초인 철학을 전파했을 때, 주위 대중들은 그를 향해 웃고 소리를 질렀고, 또한 그를 우스꽝스럽고 괘씸한 '미치광이'로 여겼다. 니체가 어떠한 새로운 사상적 신사상의 발생에 대해서도 "거의 광기가 이러한 사상 대신 선로를 개척하고 미신과 낡은 관습을 타파한다"고 말했다.[18] 광인狂人은 진짜 미치광이가 아니라 시대의 각성자다. 그는 매우 날카로운 통찰력과 투철함을 지녀 봉건사회의 본질인 '식인吃人'을 발견했다.

무슨 일이든 반드시 연구해야만 비로소 알 수 있다. 옛날부터 늘 사람을 잡아먹었는데, 나도 아직 기억은 나지만, 잘 모른다. 내가 역사를 펼쳐 조사해 보니, 이 역사는 연대가 없고, 매 페이지에 모두 '인의도덕仁義道德'이라는 몇 글자가 비뚤비뚤하게 쓰여 있다. 나는 어쨌든 잠을 잘 수 없어서 한밤중에 자세히 보고서야, 글자 틈으로 글자를 알아보니, 모두 두 글자 '식인吃人'이라고 쓰여 있다.[19]

물론 진짜 사람을 먹는 것이 아니라 인간에 대한 인간의 정신적 폭력으로 봉건예교가 인간성을 말살한다는 상징이다. 광인은 유교문화를 핵심으로 하는 전통문화의 비인간적 허점을 날카롭고 정확하게 찌르고, 중국 봉건예교의 억눌러 죽이는 본성을 깨닫고, 구원을 생각하며 점차 개성주의로 나아가고 있다는 징표다. 니체는《차라투스트라》에서 신이 죽었다고 거듭 강조했고, 루쉰은《광인일기》에서 유가문화와 그 가족제도를 핵심으로 하는 중국 전통 가치의 죽음을 선언했다.

둘째, 인간이념과 '진짜 인간(眞的人)'이다. 루쉰은 초기에 선악의 평가 기준은 마땅히 인성에 부합하는지가 되어야 한다고 제기했다. 광인狂人은 선의식善意識을 가지고 '사람 잡아먹지 말고' 주변 사람 좋게 만들려 애쓴다. 먼저 '사람 먹는' 현상의 불합리성에 대한 의구심을 불러일으키고, 인간 진화의 관점에서 동물로 타락하는 것을 배척하고 '진짜 인간'으로 변모시키려 하고, 마지막으로 의식 전환을 하지 않는 끔찍한 결과를 사회 발전 차원에서 묘사한다.

너희들은 마땅히 고쳐야 한다. 진심으로 고쳐라! 앞으로 사람을 먹는 사람이 세상에 살 수 없다는 것을 알아야 한다… 너희들은 고치지 않으면 자신도 먹힐 것이다. 아이를 많이 낳아도 '진짜 인간'한테 죽는다. 사냥꾼이 늑대를 때리는 듯이!─벌레처럼![20]

'진짜 인간'은 벌레, 야만인에 맞서 말하며 니체에서 나온 개념으로 가장 인간적인 사람을 가리킨다. 루쉰이 보기에 '진짜 인간'은 '초인'과 마찬가지로 인간 발전의 최고 단계에서 이상적인 인간 상태이다. 니체는 《차라투스트라》 서문 3절에서 이런 인류의 발전과 끝없이 초월의 사상을 표현했다. "지금 모든 생물은 자신을 초월하는 무언가를 창조하고 있다… 사람에게 원숭이는 무엇인가? 그저 우스운 동물이나 고통스러운 수치일 뿐이다. 초인에게도 인간은 우스꽝스럽거나 고통스러운 수치일 뿐이다."[21] '광인'도 거의 같은 말을 했는데 "아마 그 당시에 야만적인 사람들은 모두 사람을 조금 먹어본 적이 있다. 그러다가 마음이 달라져서 어떤 사람은 사람을 안 먹고 사람이 되고 또 '진짜 인간'이 된다. 어떤 사람들은 그래도 여전히 사람을 먹는다. 벌레처럼… 사람을 잡아먹는 사람은 그렇지 않은 사람보다 얼마나 부끄러운가. 벌레가 원숭이를 부끄러워하는 것보다도 훨씬 창피하다."[22]

셋째, 모든 가치를 재평가한다. 모든 가치를 재평가하는 것이 니체의 핵심 사상 중 하나이며, 도덕적 가치를 최고의 가치로 여기고, 기독교를 인간적 결핍이라고 비난하며 생명과 대적하는 것이 윤리이기 때문에 기독교 도덕을 최고 권좌에서 끌어내릴 것을 선언했다. 루쉰은 《광인일기》에서 봉건예교가 사람을 잡아먹는 본질을 지적하고, 많은 사람이 일어나 전통 봉건문화의 가치를 의심하고 반항하며 재평가하도록 일깨우는 등 반항의식을 제시했다. 광인狂人은 사람을 먹는 일이 맞느냐고 묻는데 돌아온 대답은 "여태껏 그래 왔다"는 것이었다. 광인狂人의 질문은 종래의 가치질서에 대한 의문이자, 비인간적 문화 전통 속에서 살아가는 방식에 대한 의문으로 모든 가치를 재평가하는 독립적 사고를 보여주는 것이다. 광인의 용기는 자신이 처한 봉건적 예교사회를 의심하는 데 있을 뿐 아니라 스스로에 대한 반성도 있다. "사람 먹는 건 우리 형이야! 나는 사람을 잡아먹는 자의 형제다! 나는 먹혔지만 여전히 사람을 잡아먹는 자의 형제다." 라고 말했다.[23] 광인은 자신도 무심코 '식인종'에 합류한 것을 발견하고 강한 공포감과 죄책감을 느끼며 계몽과 반역의 긴급함과 필요성을 깨닫고 "여기에 사람을 먹어본 적이 없는 아이 있니? 그 아이들 좀 살려줘라"고 외쳤다.[24]

넷째, 영원히 순환한다. 《광인일기》에서 봉건예교 '식인'은 개별 가족과 마을에서 일어나는 우연한 사건이 아니라 오랜 중화민족의 '통질痛疾'로, 수년간 축적된 '조전祖傳'의 질병'이자 '여태껏 그래 왔다'는 것이다. 집안에서 큰형은 다섯 살 난 여동생을 먹고, 다른 사람과 '나'를 먹으려고 계획했는데, 모든 사람은 사람을 잡아먹는 사람이며, 또한 피식자고, 대대로 순환이 반복되고, 모두가 패를 면치 못하고 있다. 니체는 《차라투스트라》 57장에서 인간의 존재는 스스로 영구 순환의 인과율에 얽매여 유럽 문명을 영구 순환이라고 말한다.[25] 루쉰이 봉건전통 예교의 비인간성에 대한 본질적 인식이 상당히 깊으며, 중국 역사도 일종의 대순환이라고 생각해, 그가 《광인일기》에서 묘사한 것은 바로 이러한 중국 역사에서 영구적으로 순환하고 있는 '식인민족'의 풍속화다.[26]

다섯째, 국민성 비판과 '말인末人' 이미지 메이킹이다. 루쉰은 일본 초기 논문에서 물질주의의 '대다수(대중)'를 비판했고, 《광인일기》에서도 이런 사상을 가진 '말인末人(the last man)'을 형상화했다. 니체의 철학에서 '말인'은 초인, '진짜 인간'과 대립하는 이미지로, 이들은 창조적인 소망이나 능력 없이 미래를 희생하는 대가로 살아가는 사람을 가리킨다.[27] 말인의 노예 심리를 혐오하는 니체의 글에서 말인의 원형은 기독교 신앙 아래의 독일 민중으로, 이들은 맹목적으로 기독교를 믿으며, 생각 없이 또 다른 삶을 위해 노력하지 않으려 한다. 루쉰이 일본 유학 시절에 겪은 '환등기 사건'에서 구경꾼들의 무감각함은 루쉰에게 중국 국민성의 후진성과 그들이 가지고 있는 '말인'의 특징을 보여줬다. 《광인일기》 중 자오구이모趙貴翁의 눈빛이 "나를 해치려는 것 같다." 앞쪽 애들의 눈빛도 자오구이모과 똑같다. 어제 거리의 그 여자는 나를 쳐다본다며 나를 몇 입 물었다고 했다. 집에 있는 큰형님이 나를 몇 번 보신다. "오늘에야 그의 눈빛이 바깥의 그 무리들과 똑같다는 것을 알았다." 이외에도 각양각색의 구경꾼들이 있다. 그들이 지현에게 맞은 적도 있고, 신사의 손찌검을 받은 사람도 있고, 아전이 그의 아내를 차지했던 사람도 있고, 부모가 빚쟁이에게 쫓겨 죽은 사람도 있다. 그들은 모욕당하거나 피해를 본 사람들인데도 저항할 엄두를 내지 못했다. 자신은 남에게 능욕을 당하고, 또 남을 능욕하며, 자신은 남에게 "먹히고" 또 다른 사람을 "먹는다." 정신적으로 지극히 우매하고 무지하며 무감각한 것이 중국의 국민성, 즉 말인末人들의 정신세계다.[28]

　《광인일기》는 루쉰의 일본 초기 니체의 사상이론을 해석한 문학 실천으로 루쉰은 인물의 언어, 스토리텔링부터 캐릭터 디자인, 사상 내용까지 니체 사상을 담아서 니체의 중국화 패턴을 개척하고 추진했다. 작품 말미에서 루쉰은 광인들의 '정신질환'이 치료되게 하여 어느 지역

관직 후보자로 부임하게 했다. 깨어난 계몽가들은 대중을 깨우기는커녕 치료해야 할 '질환'이 됐고, 결국 평범한 인간과 같은 '정상인'이 된다. 그만큼 현실과 이상의 차이는 크고 계몽자의 몫은 멀다. 이 소설은 모든 루쉰의 작품 총강령적 작품이라 할 수 있는데, 후의 소설들은 거의 다《광인일기》의 '니체 패턴'에서 벗어나지 않았다.

2) 루쉰의 작품 속 '니체' 패턴의 지속과 발전

《광인일기》이후 루쉰은 '수감록'에서 니체를 계속 소개하면서 1925년까지 20여 편의 소설을 집필하는 등 니체 패턴을 계속 이어가며 루쉰 소설 특유의 '광인(초인) 가문'을 형성했다. 니체의 철학으로 볼 때 초인은 가장 완벽한 인격을 가지고 있는 니체의 이상적인 인간성에 대한 갈망의 외적인 표현이다. 루쉰은 니체의 이 철학 이념을 중국 문학화하여 초인에게 중국인의 얼굴, 목소리, 복장, 표정과 동작을 부여해 중국인의 실제 생활과 가깝게 만들어주었고, 사상에서 모든 것을 재평가하는 니체의 가치관을 전달하려고 했다. 이 '초인'은 특히 반항적 사상을 가진 개별 의식 있는 사람, 계몽하는 사람, 혁명가, 지식인들을 지칭한다. 예를 들어서 〈장명등長明燈〉에서 '그'는《광인일기》의 광인처럼 신묘神廟에 있는 예부터 마을 사람들이 모셔온 장명등을 끄려고 애썼다. 그리고 마을 사람들에게 묶인 뒤에도 신묘를 불태우겠다고 아우성쳤다. 광인보다 그는 더 확고하고 용기 있고 행동력 있는 반항 정신을 보여준 인물이다.

이런 인물들은 동시에 중국의 사회현실에서 좌절하고 실패한다. 〈술집에서在酒樓上〉는 '강자'였던 뤼웨이푸呂緯甫가 혁명이 저점에 빠지면서 자신의 방향을 잃고 고민하는 애절하고 고달픈 처지를 보여준다. 〈고독자孤獨者〉도 같은 외로움을 표현하고 있다. 위련수魏連殳는 원래 열심히 대중들을 구했지만 주변에서 그를 이교도와 외국인으로 보고, 어린아이까지 그를 가리키며 '죽어라'라고 외치자 결국 그는 사회에서 고독자가 된다. 〈죽음을 슬퍼하며傷逝〉는 루쉰의 소설 중에서 유일하게 사랑을 세밀하게 다룬 소설이다. 주인공 쯔쥔子君과 쥐엔성涓生은 당당하게 자유연애해 봉건적인 결혼 전통에 반대했으나 1년 후에 실패로 끝난다. 쯔쥔은 집으로 돌아와 묵묵히 죽고, 쥐엔성은 고통과 외로움 속에서 삶을 뉘우친다. 황화이쥔黃懷軍은 루쉰이 만든 이런 니체식 '초인'들을 '준초인'이라고 불렀는데, 이런 인물들은 니체의 초인과는 여전히 거리가 있다고 봤다. 본문은 그 '거리'가 루쉰의 이들에 대한 중국화 처리에서 기인한다고 생각하는데, 이런 인물들은 '준초인'이 아니고 모두 중국화되어 정신적 반항의 특징을 지닌 중국식 '초인'이다.

루쉰의 중국식 '니체 초인'이 직면한 실패와 절망은 루쉰의 계몽의 어려움에 대한 깊은 경험에서 비롯됐으며, 중국 전통 봉건사회에서 개체정신을 가진 사람들은 누구나 욕을 먹었다. 루쉰은 〈문화편향론〉에서 "'개인'이란 말은, 중국에 들어온 지 3~4년도 안 돼 시무時務를 잘 아는 사람들은 대개 이를 큰 수치라고 하는데, 가령 '개인'이라 하면 마치 민적民賊이라 부른 것과 차이가 없다"[29]고 말한 바와 같이 스스로 선구자로서 니체와 같은 '외로움'을 가끔 느꼈을 때가 있었다. 니체는 주신정신과 일신정신을 대립시키고 인생의 진리를 선과 악, 절망과 희망의 양면으로 나누며 생명의 비관은 니체에 의해 비장하게 여겨지고, 그 비장함이 절망을 희망에 녹여 생존에 무한한 생명력을 제공한다고 주장했다. 루쉰도 희망에 차서 '초인'은 추구할 만한 방향이라고 굳게 믿어 "세계의 기존 인종이라는 사실로 볼 때 장래에 특히 고상하고 원만한 인류의 등장을 확신할 수 있을 것이다"[30]고 말했다. 루쉰의 작품 속 '초인'들의 외로움, 발광함과 죽음도 절망 속에서 희망을 가지고 각성하고 투쟁하는 증거라고 볼 수 있다. 이렇게 보면 니체 사상은 루쉰의 '초인'에게 희망과 생명력을 제공했다.

'말인末人'과 '대다수(대중)'의 이미지는 루쉰의 작품에서 국민성을 비판한 주요 부분이다.[31] 루쉰의 중국 국민성에 대한 연구는 니체의 현대인, 특히 독일 민족의 열근성에 대한 비판 위에 세워졌으며, 루쉰의 재해석을 거쳐 새로운 개념화의 의미를 부여했다. 니체의 '말인末人'은 개인의 행복만을 추구하고 인류의 위대한 정신사상을 추구하지 않는 사람들을 가리키며, 루쉰이 쓴 '말인末人'은 또한 중국적 특성이 있고, 정신이 퇴화되어 평범하고 재미없으며 삶의 목표가 없으며 무감각하고 우매한 민중을 가리킨다. 〈약藥〉 중 화라오쉬안華老栓은 아들이 폐결핵에 걸렸는데, 민간에서 사람의 피를 묻힌 찐빵으로 고칠 수 있다는 말을 듣고 우여곡절 끝에 범인의 피를 묻힌 찐빵을 손에 넣는다. 그러나 끝내 아들의 목숨을 구하지 못한다. 화라오쉬안과 찻집의 손님들은 그들에게 피를 빼앗긴 이 '범인'이 바로 그들의 미래를 위해 목숨을 바친 혁명자라는 사실을 알지 못한다. 감옥에 갇혀도 반란을 권유했다는 혁명자의 말에 다들 '미쳤다'는 평가를 내린다.

중국 '대다수(대중)'의 우매함은 섬뜩할 정도다. 〈축복祝福〉의 쌍린싸오祥林嫂는 남편을 여의고 다시 시집와 아들을 잃었다. 천재지변과 인재는 쌍린싸오에게 큰 정신적 충격을 줬지만, 그녀에게 가장 큰 영향을 끼친 것은 역시 두 번째 남편 루전魯鎮에 간 뒤 주위의 시선이다. 사람들에게 쌍린싸오는 칭찬받는 사람에서 풍속을 문란하게 하는 사람으로 변한다. 봉건적 족권族權, 부권, 신권의 억압 속에서 운명에 맡길 줄만 알았던 쌍린싸오는 모아둔 임금을 토지신묘에 헌납한 뒤 물질부터 정신까지 아무것도 없는 거지가 돼 결국 설날 밤의 '축복' 속에 죽는다.

대표적인 '말인'이 《아큐정전阿Q正傳》의 아큐다. 아큐는 집도, 신분도 없어 이름조차 알 수 없었다. 그는 삶에 대한 희망도, 죽음에 대한 감각도, 생명에 대한 계획도, 미래에 대한 관심도, 가난에 굴욕하고 재난을 극복하는 데도 관심없는 태도를 보인다. 그는 하루 종일 하는 일 없이 무료한 생활 속에서 정신없이 지냈고, 괴롭힘을 당해도 아랑곳하지 않은 채 이른바 '정신 승리법精神勝利法'으로 '마음 편하게' 자신이 만든 '행복한' 세상에서 살았다. 하지만 기회만 되면 그보다 못한 어린 비구니를 괴롭힌다. 나약함, 교활함, 무감각함, 무식함, 오만함, 정신승리법은 아큐의 성격 중 외견상 드러나는 부분이며, 그는 자기 주체의식과 자기각성 능력이 결여되어 있다. 그는 거의 본능적으로만 살아남는 동물처럼 독립적으로 사고하고 판단은 하지 않는다.

루쉰은 '말인'이라는 개념을 현대 중국어 속으로 가져왔다. '말인末人'이 존재하고 오래도록 쇠퇴하지 않는 근본 원인은 봉건제도가 사람들의 사상 속에 뿌리내리고 성장기에 사람들의 사상과 영혼을 옥죄는 정신의 굴레를 구축했기 때문이다. 루쉰이 살던 시절에 그는 정신적인 빈곤이 중국인의 성격에서 보편적으로 존재하는 약점이라는 것을 보고 '말인末人'이 중국 사회의 여러 계층에 존재했고 당시 중국에 큰 해를 끼쳤다는 것을 깨달았다. 그러자 루쉰은 그의 소설에서 말인의 이미지를 보여주며 말인의 존재가 민족에게 주는 해악과 고통을 내색하지 않고 표현하고 있다. 루쉰이 일본 유학 시절 이야기한 '국민성 개조',

'입인立人'을 통해 인간의 정신과 영혼을 구해야 중국을 바꿀 수 있다는 논점을 다시 한번 입증한 것이다.

루쉰의 니체에 대한 중국 문학적 실천을 보면, 니체에 대한 루쉰의 중국적 해석은 여전히 계몽과 구망도존救亡圖存이라는 대전제하의 실용성과 공리성이라는 특징을 갖는다.[32] 동시에 루쉰과 니체는 중국 민중의 영혼을 구할 약藥을 찾다가 접점을 찾았다. 루쉰이 개척한 '니체' 문학 패턴은 당시 중국 학계가 니체를 서구문화의 아이콘으로만 여기는 단순한 단편적 이해를 심화시켜 1918~1925년 제1차 '니체 붐'을 일으켰다. 아울러 이 '니체' 문학 양식이 루쉰 주변의 작가들, 나아가 중국 현대문학 전반에 심대한 영향을 미쳤다는 점은 뒤에서 자세히 다루겠다.

3) 산문시집《들풀》: 중국화된《차라투스트라는 이렇게 말했다》

루쉰은《광인일기》이후 20여 편의 소설을 출간하면서 니체의 철학 사상을 구국과 존망을 위한 중국 사회의 실천에 끌어들였다. 국민성을 비판하고 '초인'을 만드는 실천 속에서 루쉰은 중국의 사회 역사에 대해 더 깊은 인식을 갖게 되었고, 그의 사상도 성숙의 단계에 이르렀다. 성숙기의 루쉰은 일본 시기의 니체에 대한 이해를 내재화했다. 이런 내재화는 중국 역사에 대한 일종의 직관적 구조 외에 루쉰의 정신적 인격에도 나타난다. 이른바 '니체화된 루쉰'의 독립된 인격은 산문집《들풀野草》에 드러난다.

《들풀》의 창작 시대는 5·4운동 이후 가장 암울한 시대다. 5·4시대 사상계·문화계가 형성한 통일전선이 분열되고 신문화운동과 문학혁명의 창도자들이 각자의 길을 가면서 침묵하거나 보수로 회귀하거나 배신했다. 루쉰은 5·4운동의 개척자로서 외로움과 쓸쓸함을 절실히 느꼈다. 니체는 "내 책은 풍부한 심리경험을 갖고 있다"고 자신의 창작을 밝힌 바 있다.[33]《들풀》역시 루쉰이 고통을 억누르던 시절 자신의 내면의 독백이기도 한다.《들풀》은 니체의《차라투스트라》에 비해 짧은 편이지만 그 정신적 기질은 니체의 작품과 판박이처럼 중국화된《차라투스트라》에 가깝다.

《들풀》과《차라투스트라》두 작품의 많은 장은 서로 대응이 되는데, 예를 들면〈그림자의 고별影的告別〉과〈그림자〉의 구상이 일치하고,〈죽은 불死火〉은〈감람산에서〉와,〈빗돌 글墓碣文〉은〈무덤의 노래〉와 비슷한 경지에 있다.〈희망希望〉,〈길손過客〉등 몇몇 장 역시《차라투스트라는 이렇게 말했다》의 부분과 유사하다. 작품 구성도 비슷해 언어는 모두 시화詩化되어 있다. 창작 기법에서는 모두 상징주의 기법을 사용했고 많은 상징과 비유는 니체에서 나왔다. 미학적인 풍격에 있어서 모두 깊고 비장한 아름다움을 가지고 있다. 내면 감정으로 보면 루쉰은 다음과 같은 몇 가지 방면에 표현되어 있다.

(1) 절망에 맞서 고군분투하는 정신이다. 니체의《차라투스트라》중〈그림자〉에서 그림자는 차라투스트라를 필사적으로 뒤쫓고 차라투스트라는 그림자를 뿌리치려 한다. 루쉰의〈그림자의 고별影的告別〉에서는 '그림자'의 이미지를 차용해 거꾸로 사용했고, 그림자는 스스로 '혼수자昏睡者'에게 이별을 고한다. 고독 속에 놓인 루쉰의 고민, 방황과 절망, 그리고 절망에 맞서 고군분투하며 새로운 희망을 찾는 용기가 표현되어 있다.

(2) '초인'의 강력한 의지다.〈가을밤秋夜〉에서 니체의 초인 같은 영웅 정신을 지닌 것은 묵묵히 강철같이 하늘을 찌르며 반항하는 대추

나무다. 니체는 식물 중 지구에서 가장 아름다운 것으로 고상하고 강한 의지력을 가지고 있는 "크고, 침묵하고, 강인해, 우뚝 솟은" 나무를 꼽았다고 말했다. 〈가을밤〉의 대추나무는 바로 이런 고독한 전사의 모습이다. 대추나무의 고독함, 침묵, 상처, 저항에서 '강한 의지'의 힘을 느껴 루쉰은 이들을 '영웅들'이라고 부르며 경의를 표한다.

(3) '대다수(대중)', '노예', '말인'에 대한 배척이다. 〈동냥치求乞者〉에서 '나'는 한 아이가 '나'에게 구걸을 하는 것에 대한 미운 마음이 생겼다. 니체의 《차라투스트라는 이렇게 말했다》 중 〈머리말〉과 67번째 장에서 모두 구걸에 반대하는 의견을 냈다. 니체의 입장에서 볼 때, 구걸하는 모든 행위는 모두 마음이 연약하다는 증거다. 니체의 도덕관에서도 동정과 연민은 '노예 도덕'을 길러낼 수밖에 없고, 동냥치는 자신의 의지를 상실해 생명 의지가 강한 개체로서 구걸로 살아갈 가능성은 없다고 말했다.

(4) 모든 가치를 재평가하는 질의와 내성內省 정신이다. 모든 가치를 재평가하는 반항과 질의 정신은 자신에 대한 의문과 내성, 참회 의식과 함께 나타난다. 이는 루쉰과 니체의 가장 두드러진 심리적인 특징이자, 《들풀》과 《차라투스트라》 중에 가장 깊은 사상적 주제이다. 〈빗돌 글墓碣文〉은 '나'가 빗돌에 적힌 글을 읽으며 한 죽은 사람의 영혼(시체)과 문답하는 모습을 담고 있다. 민항생閔抗生은 이것이 루쉰이 자신의 영혼과 나눈 대화라고 생각했다.[34] 루쉰이 허무주의와 정신적 고민에 빠졌을 때 자신의 정신세계에 대한 의문과 자기 해부였다. 이것은 니체의 질의·부정·비판·항쟁의 정신과 일치한다. 차라투스트라가 "무덤이 있는 곳에 새싹이 있다"[35]고 말했듯이 〈빗돌 글〉에서도 시체가 스스로 먼지가 되는 것에 대해 '미소'를 지으며 루쉰 자신의 허무주의

사상으로부터 빠져나오는 긍정적인 정서를 보여준다.

(5) 영구적인 순환과 개인 주체 정신의 확립이다. 〈길손過客〉에서 할아버지가 '길손'의 앞길을 말리는 대목은《차라투스트라》〈머리말〉 2절과 비슷하다. 걷기(走)는 길손에게 있어서 중요한 의미를 가지며 이것은 길손의 생명의 근원이자 존재 방식, 세계 본원에 대한 루쉰의 이해이기도 하다. 멈추지 않는 '걷기'는 '영원히 순환하는' 세상의 존재 방식이자 니체의 차라투스트라 이미지의 핵심이다. 어느 면에서《들풀》은 '걷기'에 관한 시학이라고 말할 수 있다.[36] 루쉰은 자신도 끊임없이 걸어 다니는 길손으로 여겼는데, 길손의 정신 기질은 니체의 '초인'의 특징이자, 루쉰의 내면 정신세계의 표현이기도 하다.

《들풀》과《차라투스트라》의 관계는 분명하다고 말할 수 있다. 1936년 쥔두君度는 판청梵澄이 번역한《차라투스트라》를 논하던 중 갑자기 "루쉰 선생의《들풀》이 생각난다"라고 말했다.[37] 또는 많은 연구자가 루쉰의 니체에 관한 대부분의 표현이《차라투스트라》를 근거로 하고 있으며,《차라투스트라》의 범위, 특히 〈머리말〉 부분을 벗어나지 않는다는 사실을 밝혀냈다.[38] 장자오이張釗貽는 약간 의심이 가는 대목에서 "《차라투스트라》는 니체의 중요한 철학적 명제와 가장 친숙한 어구를 모두 담고 있다. 예를 들면 '초인', '권력의지', '영구 순환', '모든 가치를 재평가' 등이다. 니체의 대표작이라 해도 과언이 아니다. … 사실 니체는 차라투스트라를 통해 자신의 철학적 사상을 찾을 수 있는 최고의 표현이라고 생각한다. 그래서 루쉰은 니체의 저서를 많이 읽지 못했지만《차라투스트라》를 읽으면서 니체의 주요 사상을 접하게 되었다"[39]고 말했다.

니체 사상은 청년 루쉰 사상의 근원이자 중년 루쉰의 중국 사회문제 해결의 열쇠가 된다. 인생의 미망기에 인생의 의미에 대한 철학적 검토에서 니체와 다시 한번 만나게 되어 '초인'과 같은 정신력을 얻었던 루쉰은 이때 '중국의 니체' 이미지로 점차 인식되고 있었다. 즉 니체의 중국화와 동시에 루쉰이 '니체화' 되었다. 다음에 니체의 중국화와 루쉰의 '니체화'라는 이 양자가 상생하는 관계와 발전 과정을 살펴보겠다.

3. 1918~1925년: 니체의 중국 본토화와 루쉰의 경전화

1918~1925년은 중국의 '니체 붐(尼采熱)'이 처음 시작된 기간으로, 또 루쉰이 중국 첫 백화소설《광인일기》의 창작을 통해 등단해 중국 현대문학의 중심인물이 된 시기이기도 하다. 루쉰의 중국 니체 문학 실천은 니체의 중국화를 촉진하는 데 가장 중요한 역할을 했다. 그러나 루쉰의 니체에 대한 해석과 문학적 실천은 처음부터 중국 본토 사회에 받아들여진 것이 아니라 발생, 발전, 불인정에서 점차 익숙해지고 받아들이는 과정을 거쳤다. 이 과정은 첫째는 신문화운동의 큰 배경에서 진행됐다. 둘째, 이 과정은 루쉰의 중국 현대 신문학 작가로서의 이미지를 고전화시키고, 중국의 니체에 대한 인식도 따라서 어떤 문화 아이콘에서 사상으로, 범위는 소수의 해외 유학 작가에서 일반 본토 작가로까지 깊어졌다. 마지막으로, 이 과정에서 니체에 대한 인식이 심화되면서 역설적으로 루쉰을 '중국의 니체'로 문학계의 공감대가 이뤄져 상생의 관계 양상을 보여준다.

1) '신문화' 공간의 확대와 루쉰의 경전화

루쉰은 신문학 작품을 창작하기 전까지는 문학 창작에 있어서 사회로부터 보편적인 인정을 받지 못했고, 강렬한 사회적 반향도 일으키지 못했다. 귀국 후 1918년 신문학 개산작開山作이자 중국 현대문학사에서 최고로 군림했던《광인일기》는《신청년》에 발표된 이후에도 별다른 반향을 일으키지도 문예계를 뒤흔들지도 못했다. 실제 상황은 당장 큰 관심을 끌지 못했고, 아무도 루쉰의 소설에 대해 말하지 않았다. "낯선 사람에게 고함치고, 낯선 사람은 반응하지 않는다"는 루쉰의 말대로 '외롭다'는 느낌만 들었을 뿐이었다.[40] 저우다모周達摩는 1931년《중국신문학연진의 조감中國新文學演進之鳥瞰》에서 "1919~1920년 … 이때 문단, 거의 모든 것이 빙심冰心을 우상으로 여겨졌다. … 이 빙심冰心 세력권 아래 유일하게 성공한 작가가 문단에 우뚝 솟아 대중에게 외면당했다. 이 사람이 바로 루쉰씨인데…"라고 적었다.[41]

당시 신문화운동의 메카인 잡지《신청년》의 사정은 비슷했다. 1918년 첸쉬안퉁錢玄同의 초청으로《신청년》에 합류한 루쉰은〈외침呐喊〉중 서문(自序)에서 "그들은《신청년》을 만들고 있었는데, 당시에는 찬성하는 사람이 없었던 것 같고 반대하는 사람도 없었던 것 같다. 외로워진 게 아닌가 싶다"고 말했다. 문학평론가 쉬지에許傑는 그 시대를 거치며 다음과 같이 회상했다.

《광인일기》는 1918년 5월에 출판된《신청년》잡지에 발표되었는데, 그때 나는 아직 그것을 못 보았고, 나도 그것의 내용을 알지 못했다. 이듬해 5월이 되어서야 나는 소위 '5·4운동'이 있다는 것을 알게 되었는데 … 이 해 여름방학이 된 후에 우리 학교의 선생님께서 우리에게 새로 출판한 간행물을 사주셨는데, 그 안에 바로《신청년》잡지가 있었다. 하지만 그때까지만 해도 나

는 이 《광인일기》의 의미를 이해하지 못했다.[42]

5·4운동은 중국 신문화와 전통 봉건 구문화의 경계선으로, 신문화운동은 역사 기년표에서만 일어나고 있지만 수용자 입장에서 보면 신문학 사상을 가진 수용 단체가 형성되지 않은 하나의 문화적 단층기斷層期다. 이 단층기에 독자와 문화계는 중국 유교 전통에서 부드럽고 반듯한 문학 양식을 이어왔는데, 이를테면 당시 유행했던 빙심冰心의 문학은 담담하고 싱그럽고 따뜻하기로 유명하다. 루쉰의 현대 신문학 작품에서 니체의 모든 가치를 재평가하고 반항하는 사상, 음산하고 외롭고 절망적인 정서는 일반 대중이 받아들이기 어려웠다. 1923년 마오둔茅盾이 《광인일기》를 평론하면서 내린 결론 중 하나가 《광인일기》가 '기발하고 괴팍하다(新奇古怪)'는 것이다.[43] 당시 독자들은 이런 특별한 양식의 작품을 충분히 이해하고 감상하지 못했고, 작품에 담긴 니체의 사상은 더더욱 이해할 수 없었다. 니체 사상의 전파는 사실 여전히 소수의 유학에서 돌아온 신문화 운동의 선구자 사이에 국한되어 있었다.

《신청년》의 외로움은, 신문화의 외로움이기도 하고, 루쉰과 니체의 외로움이기도 하다. 이 문화적 단절은 《신청년》 독자가 증가하면서 《신청년》 작가와 독자층이 형성됐고, 특히 니체에 대한 깊이 있는 전파와 루쉰이 고전화되면서 봉합됐다. 1919년 5·4운동 이후 신문화운동의 영향이 커지면서 《신청년》의 판매량은 증정을 포함하여 천여 권에서 약 1만 5000~1만 6000권으로 늘었다.[44] 신문학의 사회적 공감대가 높아지고, 신문학을 받아들일 수 있는 독자층이 해외 유학 엘리트, 북경대학 학생, 지방 학생, 지방 청년층까지 점차 넓어졌다.[45] 독자들이 차곡차곡 쌓여가면서 루쉰의 가치를 발견하게 됐고, 1923년 소설집 《외침吶喊》이 출간됐을 때 루쉰의 영향은 예전 같지 않았다. 그의 소설은 공급이 수요를 따르지 못할 정도로 관심이 많아졌다. 이로써 루쉰은 '무명기無名期'를 끝내고 신문학 운동의 핫이슈이자 경전적 인물로 거듭났다. "잡지에 루쉰 선생의 글을 싣기만 해도 판로가 보장된다. 루쉰 선생의 책 두 가지만 있으면 서점을 열어도 얼마든지 장사가 된다."[46] 루쉰 생애 후반기에 창작된 작품이 출간되자마자 간행물이 품절되었을 정도[47]였다는 것으로 루쉰의 인기가 어느 정도였는지를 알 수 있다.

　　루쉰의 작품은 중국뿐 아니라 1920년대에 이미 여러 언어로 번역돼 해외 여러 나라에 퍼졌다.[48] 루쉰은 국내외에서 신문화운동의 대표 작가이자 경전적인 작가가 되었다. 여러 신문학 단체의 발기에도 참여했고, 서로 긴밀한 관계를 유지하고 있었다. 문학단체의 출판·편집 작업에 참여해 '신청년'들을 키워 '청년 멘토', '사상계 권위'라고 불릴 정도로 유명했다. 당시 청년들 사이에서 루쉰의 위상에 대해 1924년 주간지 《어사語絲》의 〈'양수다'군의 습격을 기록하다記'楊樹達'君來襲〉라는 글에서도 루쉰의 당시 영향력을 확인할 수 있다. 이 시기 역시 니체의 중국화가 이뤄진 시기였고, 루쉰은 한편으로는 작품이 뛰어난 예술적 창조성을 지녔으나, 한편으로는 심오한 니체의 사상을 가진 신문화운동의 핵심 인물로, 그의 작품 속 니체의 사상은 이 시기에 널리 퍼졌다. '니체'의 서구문화 아이콘 이미지가 더 널리 알려지고, 중국 본토에서 니체에 대한 이해가 높아지면서 루쉰은 이 시기 니체의 중국화를 추진한 가장 강력한 중국 본토 실천자가 되었다.

2) '니체 붐'과 '중국의 니체 루쉰' 인식의 형성

니체는 신문화운동 이전에 이미 중국인들에게 알려졌지만 위천쯔雨塵子, 량치차오梁啓超의 《신민총보新民叢報》 소개와 《허난河南》에 실린 니체의 문학·도덕·종교적 해석 모두 일본, 중국인 유학생층에 국한돼 중국 본토에서의 영향력은 미미했다. 이때 중국 본토 지식인 최초로 니체의 학설을 접하게 된 사람은 문학비평가이자 역사학자인 왕궈웨이王國維였다. 그러나 왕궈웨이는 니체의 소개에 있어서 순수 학술 연구에 전념했고, 새로운 문화 운동에 대해서는 인정하지 않았다.[49] 이 때문에 일반 대중에게 미치는 영향은 여전히 미미했다. 정작 니체를 중국에서 핫이슈로 만든 건 《신청년》 주변을 둘러싼 신문화운동 지지자들이었다. 신문화운동 선두주자들의 잦은 인용과 해석으로 신파 지식인층에서는 니체가 조금씩 알려지고 있었다. 그러나 신문화운동가들은 실용성實用性과 공리성功利性을 목적으로 한 경우가 많았으며 니체에 대한 소개는 여전히 반전통, 반봉건, 서구문화를 대표하는 문화 아이콘에 국한되어 있어 이해의 깊이가 부족했다. 1918년 《광인일기》 발표에서 루쉰은 니체의 철학사상과 《차라투스트라》의 인물을 문학 형상화했기 때문에 표어화, 구호화된 니체에 피와 살과 몸을 부여하면서 중국 니체 붐에 불을 붙이기 시작했다. 루쉰의 문학적 해석을 통해 비로소 니체는 중국에 제대로 소개되어 사람들의 마음에 깊이 자리 잡게 되었다고 말할 수 있다.

니체의 사상을 더 잘 밝히기 위해 루쉰은 《광인일기》를 창작함과 동시에 《차라투스트라》의 서문 앞 세 절을 문언문文言文으로 번역했다. 이 번역문은 정식 간행되지 않았으나, 후에 《루쉰 전집 보유 속편魯迅全集補遺續編》을 편찬하여 《문예부흥총서 제2집文藝復興叢書第2輯》

으로 출판할 때 그것을 수록됐다. 같은 해 11월 15일 《신청년》 5권 5호 '통신通信'란에 실린 제목이 있는 편지 〈도하와 인로渡河與引路〉에 루쉰의 니체가 다시 등장했다. "차가 뒤집힐 것 같다"는 표현을 통해 루쉰은 예수와 니체의 서로 다른 주장을 비교시켜 단호하게 자신이 니체에 더 공감하는 경향이 있다고 말했다.[50] 1920년 루쉰은 《차라투스트라》의 〈머리말〉을 모두 번역했는데, 이번에는 백화문으로 번역하여 《신조新潮》 제2권 제5기(1920. 9. 1.)에 발표되었다. 번역문 뒤에 루쉰은 또 한편의 〈부기附記〉를 첨부했다. 이 〈부기〉는 루쉰의 일생에서 그가 니체의 학설을 가장 집중적으로 논한 편폭이 긴 글이다. 〈부기〉에서 루쉰은 먼저 《차라투스트라》의 특징을 간략하게 소개한 후, 전체 단락을 해석하여 이 〈머리말〉의 사상적 내용을 하나하나 귀납하고, 그중 일부 "뜻이 담긴 명사와 뜻이 명확하지 않은 문장"에 대해 간명하게 해석하고 변별했다. 이렇게 보면 루쉰은 중국 최초의 번역서인 《차라투스트라》를 낸 사람이라고 할 수 있다.

루쉰은 이 기간에도 《신청년》에 사회 사변이나 동향을 직접적이고 신속하게 반영할 수 있는 단편적인 소논문인 〈잡문雜文〉을 창작해 총 41편을 모아 《열풍熱風》을 북경북신서국北京北新書局에서 1925년 11월에 출판하였다. 당시 학계에서는 그의 《열풍》을 가장 '니체풍尼采風'의 잡감집雜感集으로 추천했고, 쉬즈모徐志摩는 공개적으로 루쉰을 '중국의 니체'라고 불렀다.[51] 1930년경 루쉰은 《어사語絲》에 글을 싣던 1925년경 자신의 사상과 집필 활동을 회상하며 "나의 '방황彷徨'은 그리 많은 시간이 필요하지 않았고, 그때 니체의 《차라투스트라》를 읽은 여파가 조금 더 있었기 때문에 나에게서 밀어낼 수 있었다. (글을 밀어냈을 뿐이지만) 글을 밀어내고, 나에게서 '다이너마이트'를 만들 수 있다면 만들어내고, 그래서 계속 투고하기로 했는데…"[52]라고 밝힌다. 《방황彷徨》은 루쉰의 《외침吶喊》에 이은 두 번째 소설집으로, 1924~1925년에 쓴 소설 열한 편이 실렸다. '여파'란 《차라투스트라》의 〈머리말〉을 번역해서 받은 사상적 영향으로 글쓰기를 '다이너마이트'에 비유한 것으로 그는 '다이너마이트'라는 니체의 표현을 차용한 것이다. 루쉰은 자신의 사상 속 니체 요소와 '중국 니체'로서의 이미지 인식에 공감하고 있었음을 알 수 있다.

'중국 니체'로서의 루쉰의 이미지를 보여주는 일화도 있다. 1926년, 루쉰은 린위탕林語堂의 초청으로 샤먼대학廈門大學의 교수로 부임했는데, 사회 및 학교의 부패가 루쉰으로 하여금 분연히 떠나게 했다. 루쉰의 결연한 태도에 대한 칭찬을 표시하기 위해서, 1927년 1월 1일 린위탕은 〈루쉰이 샤먼대학에서 떠나는 것을 배웅하기 위해 니체 '그냥 지나쳐 가기에 대하여'를 번역함〉을 통해 루쉰의 장도를 격려했다. 이 일은 루쉰이 '앞'으로 나아가는 도중에 그 소인배들을 대하는 시큰둥한 표정과 그림자를 남겼을 뿐만 아니라, 그의 벗들이 이러한 거절 태도와 '니체 정신'에 대해 표한 존경심을 반영한다.[53]

3) 루쉰의 '니체' 영향 확산

루쉰이 개척한 '니체' 문학의 표현 양식은 루쉰의 현대 신문학 분야에서의 지위가 계속 상승함에 따라 현대 중국 문학에서 어느 정도 귀감이 되고 모방의 대상이 되었다. 현대문학에서 '니체의 표현'이 확산되면서 니체의 중국화 이해도 깊어지고 있다. 루쉰 주변 작가들을 보면, 샹페이량向培良과 린위탕 등 모두 '모든 가치의 재평가', 봉건도덕 예교 반대, '말인'과 '대다수(대중)'의 비판 등을 제시했다. 루쉰의 강력한 신조의 영향을 받은 청년 샹페이량의 장편소설《나는 네거리를 떠난 다我離開十字街頭》에서는 '니체미'가 물씬 풍긴다. 소설 속 주인공의 베 이징성에 대한 비판은 니체의《차라투스트라》의〈그냥 지나쳐 가기에 대하여〉에서 차라투스트라가 '큰 도시'를 비난한 대목을 떠올리게 한 다. 그래서 루쉰도 "여기서 니체 소리를 들었다"고 했다.[54] 루쉰이 샤먼 을 떠났기 때문에 니체의《차라투스트라》중〈그냥 지나쳐 가기에 대 하여〉를 번역한 린위탕林語堂은 1925년에 니체의 '건전한 작전作战(투 쟁) 정신'을 고취하기 위해 연작 산문《살천사 어록薩天師語錄》을 창작 했다. 작품에서 차라투스트라는 베이징에 와서 그의 견문을 통해 베이 징성에 대한 비판과 중국 전통 문명의 경직성, 병적 천박함을 고발한 다. 린위탕林語堂의 중국 '문명'에 대한 시각은 니체의 '문명'관, 그리고 니체의 오래된 유럽 문명의 본질에 대한 평가와 맞아 떨어진다.

　이외에도 바이차이白采, 가오창홍高長虹, 위다푸郁達夫의 초인 캐 릭터도 있다. 바이차이의 시《나약자의 사랑羸疾者的愛》과 가오창홍 高長虹의《출판계로 가다走到出版界》의〈시간 속의 과객時间裏的過客〉 은 루쉰의〈길손〉과 마찬가지로《차라투스트라》의〈머리말〉2절을 재 구성한 것이며, 주인공들은 모두 '외톨이'와 '떠돌이'와 '반역자'를 아 우르는 캐릭터들이다. 바이차이의 시에서 화자는 "나는 광인 철학자 의 제자일 뿐이라고" 자평했다.[55] 여기서 '광인 철학자'는 바로 니체다. 가오창홍高長虹 역시 루쉰의 대대적인 신조를 계승한 젊은이로, 루쉰 은 "그(가오창홍)는 문장을 잘 다루며 …니체의 작품의 영향을 받았다" 라고 말했다.[56] 문장은 대부분 간단명료하고 깨끗하고 깔끔한 단구로, 이러한 구식句式은 루쉰에 의해 '니체식 단문'이라고 불렸다.[57] 가오창 홍高長虹의《폭풍의 노래狂飚之歌》도 루쉰에 이은 중국의《차라투스트

라》라고 할 수 있다. 니체의 영향은 그가 구상한 스토리와 캐릭터에서
도 볼 수 있다.

위다푸郁達夫는 루쉰보다 15세 연하의 단짝 친구로 〈정의 문예작
品靜的文藝作品〉에서 니체는 유럽의 물질을 중시하는 문화적 편폐 현
상에 대한 반역자라고 루쉰과 비슷하게 평가했다.[58] 위다푸郁達夫는
1921년 소설 《침륜沉淪》의 주인공의 외로움에서 가장 큰 위로는 '니
체'라고 말했다.[59] 소설 속 봉건예교에 대한 비판, 초인적인 지식인들의
정신적 곤경, 고독, 고민 등이 루쉰과 닮았다. 산속에서 한 농부를 만난
이야기도 니체의 《차라투스트라》를 재탕한 것이다.

이외에도 1920년대 루쉰이 지지한 문학단체인 문학연구회의 회
원들은 루쉰과 몇 차례 만남을 가졌다. 문학연구회 회원들은 문학 창작
에서 니체의 표현이 많지는 않았지만 니체 학설에 대한 연구는 상당히
깊이가 있었다. 마오둔茅盾, 정전둬鄭振鐸, 리스천李石岑, 왕퉁자오王統
照 등은 모두 루쉰과 같이 니체를 문학가로 취급했다. 이를 통해 니체에
대한 루쉰의 해석과 루쉰이 개척한 니체의 문학 패턴은 당시 중국 현대
문학가들의 시대적 공감대가 되었음을 알 수 있다.

4. 루쉰에서 선총원까지: 니체의 중국화의 확장

1920년대 후반 중국의 또 다른 현대문학 대가 선총원沈從文이 등
단하면서 루쉰에 이어 또 하나의 현대문학의 고전이 되었다. 선총원은
루쉰과 직접적인 연관은 없지만, 중국의 제1차 니체 붐이 퇴조하던 시
기에 변방의 인물로 새로운 시각에서 니체에 진입하여 현대문학에서
루쉰 '니체'의 표현 영역을 넓히면서 중국문학에 대한 니체의 영향을

심화시켰다.

1) 선총원, '니체'의 시대 '컨센서스'

첫째, 문학가 니체, 선총원과 니체의 관계에 대한 학계 연구가 비교적 적어 연구가 시급한 분야다. 선총원은 니체의 중국화에 대한 연구에서 매우 중요한 존재다. 루쉰의 직접적인 영향하에 국한되었던 다른 작가들에 비해 선총원은 니체의 중국화 과정에서 획기적인 역할을 했다. 루쉰보다 15세 어린 선총원은 루쉰이 문학계의 핫이슈로 떠올랐을 때만 해도 무명이었다. 그는 루쉰과 직접 접촉하지 않았고, 두 사람의 문학적 스타일도 판이했는데, 루쉰은 날카롭고 냉엄했으며, 선총원은 시적이었다. 1951년 〈나의 공부我的學習〉에서 선총원은 "나는 스무 살 이전에 … 다양하고 개인적인 감정과 결합하기 쉬웠다. 나의 사상은 조리가 치밀했으며 인류 사회를 위한 새로운 설계인 마르크스주의가 아니고, 개인 중심의 어떠한 단편적 인상과 소감인 니체 사상과 가깝다"고 했다.[60] 1923년 베이징대학에 방청하러 간 선총원은 "문학을 하는 친구들이 많다" 그리고 "이들 청년 학생들은 니체, 바이런, 괴테, 루소, 고골에 관심이 집중되고 있다"며 "자신이 니체이거나 다른 어떤 대시인 대문학가 본인인가?"라고 말했다.[61] 여기서 선총원은 니체를 바이런, 괴테, 루소, 고골 등의 시인, 소설가들과 함께 언급하며 대시인 대문학가라고 명시해 니체에 대한 선총원의 최초 인식을 문학가 니체라는 개념으로 밝혔다. 이는 니체를 문학가로 간주한 1920년대 중국 문학인들의 시대 '컨센서스'에 부합한다.

둘째, '말인'과 개인의 주체정신이다. 당시 선총원은 니체의 컨센서스, 예를 들면 니체의 초인설, 모든 가치를 재평가해야 한다는 주장과 루쉰의 국민성을 변화시켜야 한다는 주장을 모두 인정했고 스스로 그의 문학에서 실천했다. 1951년 11월 14일자 상하이《대공보大公報》에서 선총원은 자신의 초기 창작에 대해 "유약한 글은 완고하지만 견고하지 않은 구세계를 뒤흔들고, 젊은 세대에게 원만하고 합리적인 새로운 세계를 만들도록 장려한다'는 니체식 과대 고립의 원칙을 지켜왔다"고 언급했다.[62] 루쉰은 사람을 죽이는 환등기를 보고 의학을 버리고 문학을 하기로 결심했는데, 소설에서 말인末人들의 정신세계를 '구경꾼'의 시각으로 풀어냈다. 선총원 역시 여러 편의 소설에서 사람을 죽이는 장면을 보여주며 말인末人들의 우매함, 봉건예교인 사람을 먹는 본질을 보는 이의 시각으로 고발했다.《신여구新與舊》에서 하수인 양진피아오楊金標는 하수인이라는 직업을 잃고 삶의 목표를 잃었다가 다시 구업에 종사하게 돼 거들먹거리기 시작하여 그 노예적인 병색이 극심하게 투영되었다. 반면 '현성·군민 각계'의 구경꾼들은 혁명가 부부들의 목이 잘리는 것에 대한 동정보다는 오히려 하수인들의 칼질이 멋지고 장래가 유망하다고 여겼다. 〈치아우슈와 동생巧秀和冬生〉에서 족장이 간통한 치아우슈를 익사 처리하자고 제안하자 족속 사람들은 고민 없이 그 제안을 통과시켰다. 그들은 그녀의 옷을 모두 벗기고 "그 싱싱한 젊은 육체를 파렴치하게 감상하면서 여자에게 파렴치한 욕을 해댔다." 그리고 깊은 못에 빠져 익사하는 모습을 지켜봤다. 피해자는 이런 잔혹한 처벌을 아무런 저항 없이 감내했다. 선총원은《중국인의 병中國人的病》에서 "중국인의 병은 봉건적 전제와 봉건문화의 통치하에서 자유로운 사색, 자유로운 연구, 자유로운 창조의 주체정신이 결여된 것"이라며 "중국인은 미신만 있고 지식은 없으며 임금님이 신불에게 상을 베풀어 생활하고 있다"고 말했다.[63] 중국인의 주체정신 부족에 대한 평가는 니체의 중국화에 대한 루쉰의 설명과 부합하는 것으로 당시 니체의 인식의 컨센서스였다.

셋째, 고독주의와 '영원한 순환'이다. 선총원의 니체 인식은 니체의 초인설이 고립주의나 개인 중심 같은 속뜻을 담고 있다고 보는 시대적 공감대를 보여준다. 1950년 〈나의 분석 겸 검토我的分析兼檢討〉라는 글에서 그는 이런 고립주의 철학과 결합하면 니체 철학이 될 것이라고 말했다.[64] 다시 말해 선총원이 보기에 니체의 철학은 고립주의를 내세웠다는 것이다. 샹시湘西에서 오래 살다 1922년 베이징北京에 홀로 온 뒤 도시 생활에 적응하지 못한 선총원은 스스로를 '타향 사람外鄕人'이라고 불렀다. 《보쯔柏子》 속 외로운 뱃사공인 보쯔, 《샤오샤오蕭蕭》에서 열두 살에 젖을 떼는 어린 '남편'에게 시집을 간 샤오샤오, 《변성》에서 차굴 밖으로 격리된 '추이추이'와 할아버지, '타향 사람'이 결국 음독해 목숨을 끊은 추이추이 아빠, 추이추이를 낳고 스스로 목숨을 끊은 추이추이 엄마 등 '외로운' 분위기도 물씬 풍긴다. 선총원의 작품에는 작가부터 소설 속 인물까지 거의 고독한 사람들이다.

선총원은 정신적 독립의 시각에서 고독주의에 대해 긍정적인 관점을 가지고 있었다. "나만의 삶과 생각이 있으니 외로움에서 온다고 할 수 있다. 제 교육도 외로움에서 나온 겁니다."[65] 지식인은 적당한 외로움을 유지해야만 독립적인 사고와 깊은 인식을 얻을 수 있다고 본 것이다. 이는 니체와 비슷하다. 대학에서 10년간 교수로 일한 것을 빼면 니체는 평생을 인간사회의 체제 밖에서 살아왔다. 그는 《아침놀》에서 "사람들이 먹는 물탱크에서 물을 마시지 않기 위해 외로움 속으로 은퇴했다. 내가 사람들 속에서 살아갈 때, 나는 그들의 삶과 같고, 내 생각은 내 생각 같지 않은데…"라고 밝히기도 했다.[66]

이런 고독한 캐릭터들은 끊임없이 순환하는 특징도 가지고 있는데,《변성》에서는 이뿐만 아니라 인물의 순환, 인물의 운명, 표현법까지 끊임없이 반복한다. 추이추이는 외모부터 성격까지 엄마를 닮았고, 늙은 뱃사공은 추이추이가 엄마를 닮아가는 운명이라고 느꼈다. 엄마와 경험도 비슷하고, 사랑도 똑같이 비극적이다. 늙은 뱃사공, 양마병楊馬兵, 추이추이翠翠 아빠, 순순順順은 모두 군인 출신이며 경험이나 운명도 비슷하다. 순순의 두 아들, 형 천보와 동생 나송의 운명은 추이추이 엄마를 향한 두 남자의 운명의 반복이자 순환이 된다.[67]

2) 선총원의 중국 니체 해석에 대한 새로운 개척과 추진

한편, 선총원의 '니체'는 중국 문학계의 '니체 컨센서스'를 가지고 있으며, 다른 한편으로는 중국의 '니체 컨센서스'를 넘어 도시적 '말인 末人', 생명력 있는 초인超人, 예술과 심미審美의 여러 분야에서 중국 니체의 해석을 한 걸음 더 개척하고 추진했다.

첫째, 도시 '말인'과 현대 문명에 대한 비판적 추진이다. 선총원의 소설 속 배경은 도시에서 멀어진 전통 향토·자연생활과 현대 문명 아래의 도시 생활 두 가지로 나눌 수 있다. 중국 현대 향토소설은 루쉰의 개척과 선도 하에 형성된 하나의 문학 양식이며, 루쉰 문학의 전형적인 계몽주의의 특질을 가지고 있어, 작품 속에 농업 사회의 국민 열근성을 개조한다는 사명감이 강하게 드러나 하나의 유파를 형성했다. 선총원의 향토소설은 국민의 열근성에 대한 비판과 함께 현대 문명에 덜 물든 자연미와 인간미를 표현함으로써 전통 향토소설을 넘어서 새로운 개척이라고 할 수 있는데, 이점은 후술하도록 하겠다.

도시 생활 작품은 현대문학의 새로운 지평을 열고 현대문학 표현의 새로운 영역을 넓혔다. 선총원은 현대 물욕의 급류 속에 도시 정신의 황폐함, 도덕적 타락, 인간성 상실을 도시 생활의 어두운 단면으로 고발했다. 삶의 의미를 상실한 도시인들은 우매하고 무감각하며 낙후된 시골 사람들과 마찬가지로 중국 말인末人의 특징을 보여준다.《모부부某夫婦》(1928)는 젠틀맨이라고 자부하는 남자가 자신의 아내를 협박해 성을 팔아 돈을 뜯어낸다.《학식 있는 사람有學問的人》(1929)에서 물리학을 가르치는 신사는 학식이 있는 사람이지만 개인의 도덕성은 지극히 낮다. 그는 부인이 외출하는 틈을 타서 방문한 부인의 동창을 유인한다.《신사의 마님紳士的太太》(1929)에서의 신사들이 속한 이른바 상류층은 겉으로는 평화롭고 질서 있는 가족 관계를 유지하면서 속으로는 부부 간 각자의 남도여창男盜女娼의 욕망을 추구한다. 니체는 역시 현대인들이 동물적 삶에 만족해 자신의 삶의 의미를 깨닫지 못하는 것에 반감을 갖고 있다며 "무작정 광적으로 생명을 붙잡고 있지만 다른 더 높은 목적은 없고, 그래서 그것이 동물적 삶인지도 모른다"고 말했다.[68] 물욕이 넘쳐나는 사회 현실하에서 소위 상류층들은 정신적 공허함과 도덕적 타락, 생명 대신 살아 있는 동물과 다를 바 없다.

선총원은 도시 '말인'의 동물적 삶에 대한 비판에서 한발 더 나아가 현대 문명의 대표인 도시적 병폐도 제시했다. 그는 "도시에서 살아남은 내 생명은 껍데기만 남은 것처럼 보였다"며 "생명은 '시간', '인사人事'에 의해 거의 다 침식됐다"고 서글프게 한탄했다.[69] 루쉰의 향토소설에서 사람을 잡아먹는 것과 생명을 낭비하는 것은 봉건예교와 도덕이며, 선총원의 도시에서 사람을 죽이는 것은 '인사人事'다. 전통적인 도덕과 예교, 제도 외에 도시인들은 돈, 권력, 명분의 노예로 변해 인간성은 곧 순진함을 상실한다. 이는 현대문명의 병폐를 생명 본능의 위축으로 보는 니체의 비판과 일치한다. 니체는《우상의 황혼》에서 "퇴폐를 차근차근 묻는다. 이것이 근대 '진보'에 대한 나의 정의"라고 했다.[70] 그 결과는 문명이 발달할수록 인류는 더욱 쇠약해지고, 자아를 상실하게 되며, 인간의 내면생활은 더욱 빈곤해진다는 것이다.

둘째, 원초적 생명력인 초인의 추진이다. 도시 문명사회의 병을 치유하려면 원시 자연으로 돌아가 원시 자연 속의 생명력을 발굴하는 길밖에 없다는 것은 선총원의 생명관이다. 자연 생명력에 대한 예찬 속에 선총원에게 니체의 '초인' 인식은 루쉰의 정신과 봉건전통의 반역자 등보다 한 층 더 발전됐다. 선총원은 도시로부터 멀리 떨어진 자연소설을 통해 원초적 생명력을 지닌 인간성을 대거 그려냈다.《일곱 명의 야인과 마지막 설맞이七個野人和最後一個迎春節》중의 일곱 명의 '야인野人'은 용감하여 맨손으로 멧돼지를 잡을 수 있다. 묘족苗族 사람들은 자유를 수호하기 위해서 그들은 끝까지 관청에 반항할 것을 맹세했다. 이는 '샹시湘西' 지역의 강력하고 혈기 등등하며 용감무쌍한 남성의 기품을 보여준다.《비온 뒤雨後》의 쓰거우四狗와 아제阿姐는 산에서 나물을 채취하던 중에 비 온 뒤 막 맑아지는 좋은 날씨 속에서 남녀의 정이 절로 생겨, 자연 성욕의 자유로움으로 가식 없이 원초적 생명의 활력이 강하게 나타난다.《변성》의 추이추이는 "바람과 자연 속에서 잘 자라서 … 천진하고 발랄한 사람이라 마치 작은 짐승 같다." 자연의 딸인 추이추이에게는 순수하고 속세를 초월한 그녀의 생명력이 자연 속에서 자유자재로 흐르고 있다. 도시에서 멀리 떨어져 아직 유교儒敎에 얽매이지 않고 현대 문명의 오물에 오염되지 않은 샹시湘西 땅에 사는 사람들은 현대 문명에 짓눌려 생명력을 상실한 병든 말인末人들과 대조적으로 자연의 생명력을 지닌 선총원의 '초인'들이다.

선총원의 이런 자연력은 루쉰의 작품 속 '광인'보다 니체가 추앙하는 강력한 의지와 주신酒神(디오니소스) 정신을 지녔다. 니체는《비극의 탄생》에서 현대의 부진한 문화의 막막함이 주신의 마력에 닿으면 갑자기 어떻게 변할 것인가라고 지적한 바 있다.[71] 생명력을 고취시키기 위한 니체의 주신정신은 현대문명의 타락을 구하는 길이라는 점에서 선총원과 일치한다. 주신정신의 본질은 생명을 긍정하는 데 있고, 생명의 본질은 강력한 의지이며, 강력한 의지는 사실 주신정신이 개조된 생명 의지이다. 자연에서 생명의 풍요를 강조하는 것은 세상은 만물이 삶을 구하는 부정적인 과정이 아니라 생명력을 확장하는 긍정적인 과정이다. 선총원의 '초인'들도 무한히 확장되는 긍정적인 생명력을 지녀 그들의 야성적인 생명의 강력함과 현대 사회의 질서와 관념에 얽매이지 않는 인간적 자연과 생명의 자유를 한껏 과시하며 현대 사회는 인간성을 소멸시키는 것에 대한 비판을 전한다.

셋째, 심미審美와 예술의 추진이다. 루쉰의 '광인', '미치광이'는 구도덕에 반항하는 강력한 의지를, 선총원의 '초인'은 원시 생명력을 고양하는 데 강력한 의지를 나타낸다. 이런 원시적인 생명력을 지닌 인물들은 모두 인간미의 이상과 기준 위에 있다. 선총원이 "나는 시골 사람이라 어디를 가나 자 하나, 저울 하나 달면 보통 사회와 맞지 않는다. 내 운명에 모든 사물들은 나만의 사이즈와 무게가 있어 생명의 가치와 의의를 증명한다. 나는 너희들 이름이 '사회'라고 제정한 그 물건을 쓸 필요가 없다. 나는 일반 표준을 싫어하는데 특히 어떤 사상가가 인간성을 좀먹기 위해 정했던 어리석은 짓이 그렇다."[72] 선총원은 인성에 대한 나름의 평가 기준과 잣대가 있고, 독자적인 판단이 있다. 니체는 세속의 도덕과 인간성에 대해서도 "내가 도덕을 부인하는 것은 대전제를 인정하지 않는 것"이라고 나름의 판단을 했다.[73] 선총원의 《무당의 사랑神巫之愛》에서 사회 도덕적으로 사랑을 할 수 없는 무당에게 남녀의 사랑을 금기 없이 만끽하게 한다. 《세 남자와 한 여자三個男人和一個女人》에서 여자가 죽자 남자는 여자의 시신을 무덤에서 파내 동굴 속에 넣어 '맨몸으로 동굴 속 돌침대에서 자고, 몸의 곳곳에 푸른 들국화가 피었다'고 한다. 선총원의 문필 아래 드러나는 이야기와 정경을 유가사상의 예교와 질서, 윤리로 본다면 상상도 할 수 없는 일이다. 그러나 생명력이 강한 인간적 기준으로 바라보면 로맨틱한 전설이 감돈다.

선총원은 생명력 있는 인간성을 표현하는 것 외에도 다양하고 순진하며 지극히 선한 인간성을 만들었다. 《변성》에서는 '악인惡人'을 찾아볼 수 없다. 그들은 서로 존중하고 서로 돕고, 술집 도축업자, 승객을 실어나르며 선행을 베풀고, 곳곳에서 독특한 인간미를 느끼게 한다.[74] 이상적인 인간성을 지닌 '에덴동산'으로, 모든 인물이 신과 같은 인간미를 지닌 지선지미至善至美는 예술 속에서만 존재한다. 이는 예술과 미를 생명의 형식으로 보고 문학, 회화, 음악 등 다양한 예술로 생명의 아름다움을 기록하자는 선총원의 예술관 및 생명관과 관련이 있다. 〈추상적인 서정抽象的抒情〉에서 말하기를 "생명은 발전 중에 변화하는 것이 일상이고, 모순은 일상이고, 파멸은 일상이다. 단지 문자로 전환하고, 형상으로, 음표로, 리듬으로 변화한다. 생명을 어떤 형식, 어떤 상태, 어떤 상태로 굳어져서 생명의 또 다른 존재와 연장을 이룰 수 있기를 바란다. 긴 시간을 통해, 아득한 공간을 통해, 또 한때 다른 곳에서 살아남은 사람들, 서로가 서로에게 목숨을 걸며, 차단 없이 살아갈 수 있도록 했다"고 말했다.[75] 니체도 심미와 예술은 세계의 존재 방식이자 생명의 연장선상에 있는 방식으로 여겼다. 또한 "단지 심미현상으로서만 생존과 세계는 영원히 충분한 이유가 있다."[76] "예술은 구원의 선녀로서 세상에 내려온다. 그녀만이 생존이 터무니없고 무서운 염세사상을 인간을 살아가게 하는 표상으로 바꿀 수 있다"고 말했다.[77]

선충원은 심지어 예술적 표현을 추구하다 미쳐 날뛰기도 했다. "나는 미쳤다. 추상에 미쳤다. 나는 몇몇 기호, 한 조각, 한 가닥의 실, 한 가닥의 소리 없는 음악, 문자가 없는 시를 보았다. 생명의 가장 완전한 형태를 본다"고 말했다.[78] 그의 소설은 음악도 있고 그림도 있는 종합적인 예술체이다. 미술의 시각에서 보면,《텃밭菜園》속 아름다운 텃밭은 착한 주인과 우아하고 청정한 한 폭의 그림을 이룬다.《보쯔》에서는 가까운 어둠부터 저 멀리 붉은 불빛, 그리고 전경까지 점점이 선원의 마음을 비춘다. 이는 다시 붉은 빛으로 빛의 변화를 통해 하나의 빛의 흐름이 그려지는 컬러풀한 이미지의 그림이다.[79] 샤즈칭夏志清은 중국 현대소설사에서 선충원을 중국 현대문학의 가장 위대한 인상주의자라고 칭했다. 선충원 본인이 바로 예술가이며 의상과 미술에 모두 조예가 높다. 음악의 시각에서 보면 선충원은 음악 자체만으로도 삶의 순수함을 표현할 수 있다고 생각했다. 니체도 "음악 자체는 완전한 주권이 있기 때문에 이미지와 개념이 필요 없다"[80]고 말했다.《변성》의 장·단문구, 중첩사, 평측 대칭사와 의성어의 사용은 소설로 하여금 시적인 정취와 리듬감을 발산하게 할 뿐만 아니라 바람소리, 물소리까지 들리게 하는 대자연의 교향악이기도 하다. 중국 구소설과 당시 루쉰 등은 서구화된 신소설의 서사적 고유 장법을 깨고 소설에 예술적 원소와 표현 기능을 더 많이 부여했다. 이렇게 보면 선충원과 니체는 생명관과 심미, 예술 인식에서 모두 높은 수준의 일치를 보여준다.

5. 결론

지금까지 서술한 바와 같이 1920년대에 루쉰에서 선총원, 중심에서 변방까지 니체의 사상이 중국 현대문학에 도입되고, 해석되고, 현지화되고, 전파되고, 끊임없이 깊어지는 하나의 역동적 과정을 살펴보았다. 여기서 우리는 다음과 같이 결론을 내릴 수 있다.

첫째, 니체의 중국화는 문학의 영역에서 이루어졌으며, 그 과정은 중국 문학의 현대화, 즉 현대문학의 발생, 그리고 루쉰 등 현대문학 작가들의 고전화 과정과 상호작용을 했다.

둘째, 루쉰은 초기 니체 소개자 중 한 명이자 1920년대 현대 신문학의 중심인물이다. 루쉰은 1920년대 전반 현대문학계의 고전화, '중국 니체' 이미지의 폭넓은 인식과 함께 '중국 니체' 문학의 표현 패턴을 개척해 중국 니체 문학의 중요한 기초를 다졌고, 제1차 니체 붐의 니체에 대한 이해도 심화시켰다.

셋째, 선총원은 1920년대 후반 루쉰이 세운 중국 니체의 패턴을 이어받아 시대적 컨센서스인 구망救亡과 계몽의 공리적 인식에서 니체를 받아들이고, 나아가 예술적 심미와 생명관에서 니체를 발전시켜 니체의 중국화를 추진시켰다. 또한 중국 니체의 새로운 문학 패턴을 확립했다.

넷째, 니체 붐은 1925년 이후 중국에서 퇴조했다는 게 학계의 중론이다. 그러나 선총원이 니체의 예술과 심미적인 사상을 받아들인 것을 보면, 퇴조라는 것은 사실 공리적으로 받아들여진 니체의 문화 아이콘이 예술과 심미의 '니체'를 향한 일종의 방향 전환이라고 해야 한다. 니체 영향의 '공리성'이 약화되고 예술과 심미의 '니체'를 중국에서 받아들이기 시작한 것으로 보인다. 즉, 이 시기에 니체의 중국에 대한 영향은 선총원 같은 현대문학 작가의 작품으로 이어졌기 때문에 중국에서 니체가 퇴조하기는커녕 생명 의식, 문학예술적 심미 사상에서 중국화의 정도가 더 커지고 깊어졌다.

물론 니체와 중국 문학의 관계는 커다란 과제이고, 아직 연구할 여지가 많다. 이 과제는 수많은 작가 작품과 관련되어 있어 다루기 복잡하고 쉽지 않다. 예를 들어 루쉰 창작 후기와 전기 니체 사상의 차이와 변화문제, 또는 선총원과 동 시기의 전국책戰國策파 문인들이 있는데 니체의 사상을 적극적으로 내세웠지만 선총원과는 달랐다. 1920년대 변방에 있던 선총원은 1930년대에 새로운 문학적 고전으로 떠오르면서[81] 그를 둘러싼 젊은 층이 늘기 시작했는데 니체는 이들에게 어떤 영향을 미쳤을까? 그리고 고전적인 현대문학 작가들로서 그들의 사상은 다중적이고 복잡하며, 니체의 중국화 과정의 니체 사상과 다른 현대사상의 관계와 역할은 어떠한가? 등등 문제는 후속 과제로 남겨두고 연구하도록 하겠다.

7장

1910년대 식민지 조선에서 니체 사상의 수용

-《학지광》을 중심으로

1. 식민지 조선의 문제의식과 니체

19세기 후반과 20세기 초 동북아시아는 문명의 대격변 속에 놓이게 되었다. 서구 근대화의 물결과 더불어 서양 열강들은 산업화와 자본주의화된 근대 물질문명의 외투를 입고 동아시아를 침탈하며 문호 개방을 요구했고, 이에 대응하는 과정에서 동아시아에서는 근대화, 물질문명의 숭상, 전통의 해체, 새로운 인간관계의 질서와 사회 규범의 정립, 민족국가의 형성, 민권과 개인의 자유 등 많은 시대적 변화와 요구가 생기게 되었다. 19세기 이후 20세기 초반까지 동·서 문명의 갈등과 충돌이 생기며 아편전쟁, 갑신정변, 동학농민혁명, 청일전쟁, 러일전쟁, 조선의 식민지화, 제1차 세계대전 등 사회적 격변이 일어났고, 동북아시아에서는 '사회진화론', '미적 생활론', '강력주의', 다이쇼大正 시기(1912. 7.~1926. 12.)의 '생명주의'나 '문화주의', '실력양성론', 민족주의 이론, '신민설', '신청년', '생활론' 등 다양한 학적 담론이 생겨났다. 이러한 논의들은 서양 근대성의 모델에 따른 사회 발전과 진보의 추구,

국가의 정체성 확립 및 국가주의적 사유의 전개, 민권에 대한 관심과 사회 혹은 공동체 안에서 개인의 자유, 자아의 표현 및 실현 가능성, 물질문명과 정신문명의 갈등과 해결 등 다양한 사회적 이슈를 담는 것이었다.

19세기 서양에서는 자본주의가 발전하면서 사회 발전 및 시민계급과 노동자 계층 사이의 정치·경제적 갈등 문제가 부각되었고, 국가와 개인 가운데 사회적 복지 문제를 담당하거나 해결해야 하는 문제가 동시에 생겨났다. 생물학적 진화론을 자유방임적 경제 시스템과 연결시키며 사회문제에 국가의 관여를 최소화하고 사회복지 문제는 개인의 도덕적 감정과 능력(연민)에 의해 해결되어야 한다고 보는 스펜서Herbert Spencer의 입장이나 사회적 진보에는 윤리적 요소가 포함되어 있어야 한다고 보는 헉슬리Thomas Henry Huxley의 사회진화론적 입장, 인간 진보의 과정에 종교적 신념이 큰 역할을 한다고 보는 키드Benjamin Kidd의 입장, 헉슬리가 아니라 스펜서의 입장에서 생존경쟁, 적자생존에서 강자가 되는 방법을 모색한 옌푸嚴復, 이기심과 이타심의 도덕문제에서 출발해 도덕과 법률이 진보하고 발달하는 이유를 찾으며 도덕 법률이 국가 사회의 안녕과 행복과 갖는 관계를 검토하면서 천황제 중심의 제국주의를 옹호한 가토 히로유키加藤弘之의 견해는 동북아시아에게 전통과 현재, 개인과 사회 혹은 국가의 관계, 국가주의적 사고와 개인의 자유사상, 물질적 진보와 정신문명의 가치 등을 새롭게 검토하도록 했고 이는 시대의 격변을 추동한 사상적 동력으로 작용하게 되었다.[1] 스펜서나 헉슬리 등이 사회 발전의 과정을 진화론과 연관해 설명하면서 당시 새롭게 부각된 산업자본주의의 모순과 경제적 빈부격차의 문제 앞에서 사회적 복지 문제를 해결하기 위해 제기한 도

덕 감정이나 이기주의와 이타주의라는 윤리학적 논쟁은 서구적 근대
화를 추구했던 일본, 서양 열국과 일본의 침략을 당했던 중국, 대한제
국과 식민지 조선 등 동북아시아에서는 적자생존, 우승열패의 사회진
화론의 논리로 변용되어 국가와 사회문제를 해결하는 이념적 도구로
활용되었다.

특히 메이지 유신 이후 서구적 모델에 따라 자본주의적 근대화를
추진하고 대외팽창을 하며 청일전쟁과 러일전쟁을 치른 일본에서는
전쟁에서 승리하며 자신감을 갖지만, 다른 한편으로 군인들의 희생, 중
화학공업의 발달과 피해 급증, 육체노동자의 피폐해진 경제적 삶과 계
급문제의 대두 등 새로운 사회적 문제가 부각되면서 데카당스적 삶에
대한 근본적인 물음이 제기되었다.[2] 이는 동북아에서 가장 먼저 근대
화를 추진하고 동북아의 전쟁에서 승리한 1910년대의 일본이 봉착한
새로운 시대적 사회적 물음이었고, 이에 대해 일본에서는 세계와 우주
의 원리로서 '생명'('우주대생명' 혹은 '근원적 생명')을 상정하며 이 문제를
풀어내고자 하는 시대적 담론이 형성되는데, 이를 '다이쇼 생명주의'라
부른다.[3] 여기에는 니체, 에머슨, 베르그송, 제임스, 오이켄 등 낭만주의
나 생철학, 신칸트학파의 이상주의나 문화철학들이 논의의 기반을 이
루게 된다. 우주의 생명 에너지 혹은 인간의 활동으로서의 삶, 창조의
근원으로서의 생명 등을 강조하는 생철학적 시각이나 인간의 예술적
창조성과 연관된 문화적 가치의 실현 등이 주된 관심사로 떠오르게 된
것이다. 이 시기에 대두된 생명주의는 생명의 창조적 활동을 긍정하는
문화주의와 같은 사상적 궤도 위에서 움직였다.

이러한 시대적 분위기는 일본에서뿐만 아니라 일본에서 공부한
수많은 식민지 시기의 젊은 조선유학생에게도 많은 영향을 미쳤다. 이

글은 식민지 시기 니체를 처음 언급한 한국 청년 지식인들의 니체 논의의 의미와 그들의 시대적 문제의식을 함께 분석하고자 한다. 1909년 《서북학회월보西北學會月報》를 통해 필자 불명의 두 개의 글 〈윤리총화倫理叢話〉·〈윤리총화 (속續)〉이 대한제국에 처음 소개되었지만,[4] 이것은 우키타 가즈타미浮田和民(1859~1946)의 저서 《윤리총화》(1909)의 전체 16개 장 가운데 앞의 4개의 장을 번역한 것이었다. 한국의 지성인들 가운데 니체를 언급하며 논의하기 시작한 것은 재일본동경조선유학생학우회에서 발간한 잡지 《학지광學之光》을 통한 1914년 최승구崔承九의 시도가 처음이었으며, 주종건朱鍾建, 현상윤玄相允, 이광수李光洙, 전영택田榮澤 등이 그 뒤를 이었다. 이 글은 한국에서 처음 니체를 논의한 이들 다섯 명의 니체 논의를 소개하며, 1910년대 일본 정신사의 흐름 속에 있었던 이들 논의의 내용과 그 지성사적 의미를 추적할 것이다. 2절에서는 식민지 시대 일본에서 활동한 조선유학생들의 지성소라 할 수 있는 《학지광》의 활동을 살펴보고, 3절에서는 1910년대 일본지성사의 지평 속에서 식민지 조선의 젊은 지식인들이 식민지 문제를 바라보는 시각과 니체 수용의 태도를 함께 논의할 것이다. 이는 사회진화론의 맥락과 생명주의와 문화주의의 영향이 중층적으로 얽힌 식민지 지식인의 문제의식을 드러내는 계기가 될 것이다. 여기에서 다루는 것은 《학지광》을 통해 1914년에서 1917년까지 니체에 관해 언급하고 있는 최승구, 주종건, 현상윤, 이광수, 전영택 등 다섯 명의 젊은 지식인에 대한 논의이다. 4절에서는 한국에서의 니체 수용사의 첫 지점을 점하고 있는 이들의 문제의식의 의미와 한계를 논의할 것이다.

2. 《학지광》과 니체

한국인이 니체를 처음 언급하고 논의하기 시작한 것은 재일본 동경조선유학생학우회의 잡지인《학지광》을 통해서였다. 이 잡지는 1914년 4월 2일 일본 도쿄東京에서 창간되어 1930년 4월까지 유지되다 통권 29호로 종간되었는데, 시, 소설, 번역 문학을 비롯해 학술, 교육, 사회, 경제, 문화 등 다양한 분야의 글을 게재하며 학술계나 사상계에 크게 기여했다. 특히 학문의 빛lux scientiae을 통해 전통과 현대, 동양과 서양, 물질문명과 정신문명 등 시대의 이슈나 문제의식에 빛을 비추며 그 시대적 문제들을 분석하고 해결하는 역할을 하고자 했던《학지광》은 1910년대에는 주로 서구문명을 소개했고, 1920년대 이후에는 서양의 민족주의 이론을 비롯해 마르크스주의 등을 다루며 점차 시대적 질병에 공적으로 대응하는 지식공동체communitas의 학술적 역할을 했다.《학지광》에는 조선 식민지라는 상황에서 시대적 공역을 다루는 문제의식으로서 사회진화론과 다이쇼 생명주의·문화주의가 공존하며 영향을 미쳤다.[5]

《학지광》에는 여전히 사회진화론을 지지하는 입장도 있었고, 이를 비판하고 약육강식과 생존경쟁을 넘어 우주적 보편성과 생명을 추구하는 생명주의적 입장도 있어, 다양한 입장이 혼재되거나 중첩되거나 공존하고 있었다. 서양에서 사회진화론이 근대 산업자본주의를 합리화하고 우생학적 인종주의 및 제국주의를 합리화하는 입장을 견지하며 영향을 미쳤다면, 동북아시아에서는 침략적 서양에 저항하며 강자가 되기 위한 실력 양성과 근대 국가사상의 보급 문제에 영향을 미쳤다. 그러나 메이지 유신을 추진하며 청일전쟁과 러일전쟁을 통한 우승열패에서 이미 강자의 입장을 확인한 일본에서는 많은 사회적 문제에 직면해 이를 해결하며 사회진화론적 논의를 넘어서고자 했다면, 중국이나 한국에서 사회진화론은 서양 제국주의 및 일본의 아시아 침탈의 현실에 직면해 국제사회의 힘의 정치를 확인하고 고루한 전통을 넘어 새로운 사회 질서를 구축하면서 새로운 근대 국가를 만드는 데 필요한 강력주의의 이론적 도구가 되었다.[6]

《학지광》에 참여한 재일본조선유학생들은 사회진화론의 입장뿐만 아니라 1910년대 일본에서 등장하고 있던 생명주의와 문화주의 담론에도 많은 영향을 받았다. 1910년대 후반 《학지광》 세대의 문화담론은 니시다 기타로西田幾多郎(1870~1945)의 생명주의와도 긴밀하게 맞닿아 있었다.[7] 특히 제임스나 베르그송의 영향을 받은 니시다 기타로의 《선의 연구善の研究》(1911)는 도덕, 예술, 종교와 연관해 생명사상을 주창하며 다이쇼 생명주의를 여는 데 중요한 역할을 했다.[8] 그는 인간의 삶과 행위에서 주객이 통일되고 일치 혹은 합일이 일어나는 순간의 절정 경험이 예술가의 창조행위가 가능한 생명력 회복의 순간이자 우주의 대정신과 하나가 되는 종교적 무한체험의 순간이기에, 이러한 생명의 근원에서 인간의 '참 자기'를 발견할 수 있다고 보았다. 다이쇼기에 회자된 '생명'이라는 말은 영혼과 육체, 정신과 물질의 이분법적 구분을 넘어서 그 대립항의 조화로운 통일을 상정하는 담론으로 새로운 문화 창조의 원리로 작동할 수 있었다.[9] 니시다 철학의 유행은 앞선 시기의 물질주의적 사고, 자연 지배, 사회진화론에 근거한 적자생존과 우승열패의 사고 등이 밀려나고 자연의 '생명성'과 인간의 '영성'을 옹호하는 정신적 분위기를 형성하는 문화적 변동을 대변하는 것이었다. 이는 국가주의적 사유에서 벗어나 '자아', '개성', '영', '생명', '문화'라는 문제를 탐구하는 문화적 지층의 변화를 담는 것이었다.[10] 이는 '물질문

명의 진보'에 한정하는 것이 아니라 "정신물질 양면에서의 생명의 창조적 활동"을 '문화'로 이해하는 시대적 분위기를 반영하고 있다.[11]

이 시기 일본의 생명주의나 문화주의에 중요하게 영향을 미친 철학은 인간의 정신적 인격적 가치나 문화적 존재성을 인정하는 신칸트학파의 철학이었고, 특히 윤리적 정신생활과 인간 내면의 창조적 활동을 강조하는 루돌프 오이켄Rudolf Eucken(1846~1926)의 신이상주의는 일본 사상계에서 문화주의가 태동하는 사상적 기반을 제공했다.[12] 1910년대 이후 일본의 생명주의와 문화주의가 태동하는 또 하나의 사상적 동력 역할을 한 것은 니체철학이었다. 니체를 통해 국가주의적 사고를 넘어 개인의 본능이나 행복, 미적 생활, 내면적 자아의 확립 등의 문제를 제기한 다카야마 조규高山樗牛(1871~1902)의 '미적 생활론'이 뜨거운 학술적 이슈가 된 이후, 러일전쟁을 겪으며 일본에서는 개인의 자아의식의 확립과 내적 생명을 강조하는 시대적 분위기를 담으며 나쓰메 소세키夏目漱石와 이쿠다 조코生田長江, 와쓰지 데쓰로和辻哲郎, 아베 지로阿部次郎 등이 니체를 통해 다이쇼 교양파의 이상주의적 니체, 즉 생명과 문화를 강조하는 시대적 문제를 다루었다.[13] 독일 유학을 한 이후 니체를 체계적으로 소개하고 신칸트학파의 이론을 연구했던 구와키 겐요쿠桑木嚴翼 역시 다이쇼 문화주의가 확립되는 데 일정 부분 기여했고,[14] 와쓰지 데쓰로도 니체의 권력의지(힘에의 의지, Der Wille zur Macht) 철학과 생명주의의 입장에서 가치의 파괴와 건설을 주창하며 다이쇼 생명주의를 여는 데 중요한 역할을 했다.[15] 다카야마 조규, 나쓰메 소세키, 구와키 겐요쿠, 와쓰지 데쓰로 뿐만 아니라 그들이 논의하고 그들의 사상에 영향을 미친 니체, 베르그송, 오이켄을 비롯한 다양한 서양사상가들도 당시 많은 지성인의 주목을 받았다. 레오나르도 다

빈치, 루소, 니체, 막스 슈티르너, 톨스토이, 도스토옙스키, 입센, 다윈, 졸라, 플로베르, 제임스, 오이켄, 베르그송, 타고르, 로망 롤랑 등 15명의 사상을 소개하고 있는 나카자와 린센中澤臨川·이쿠다 조코生田長江의 공저《근대사상 16강近代思想十六講》도 당시 일본과 한국의 지성인들에게 유행하며 시대에 영향을 미친 중요한 저서였다.[16]

일본 도쿄에서 유학을 했던 식민지 조선의 젊은 지식인들은 이러한 일본 지성계에 크게 영향을 받고 있었다. 그러나 그들이 식민지 상황에서 직면한 문제는 일본과는 근본적으로 달랐기에, 사회진화론을 받아들이고 해석하는 방식도 달랐고, 생명주의나 문화주의를 수용하는 방식도 차이를 드러내고 있었다. 일본에서의 생명, 자아, 영靈 등의 개념어는 사회진화론적 사유나 국가주의적 사유에 대한 비판을 위해 활용되었다면, 조선 지식인의 경우에는 이 개념들을 진화론적 윤리관과 접속시켜 정신문명의 구축을 위한 강자의 도약(강력주의)을 꿈꾸고자 했다.[17] 1910년대《학지광》을 통해 활동했던 최승구, 주종건, 현상윤, 이광수, 전영택 등은 니체를 언급하며 사회진화론적 입장과 생명주의와 문화주의에 경도된 주장을 하는데, 이는 시대적 질병에 대한 해결 방안을 모색하는 성격을 지닌 것이었다. 우리는 이 글에서《학지광》을 통해 니체에 접근하며 소개했던 1910년대 조선 식민지 시기 지식인들의 니체 해석에 주목해 그들의 논의를 분석할 것이다.

3. 1910년대 니체 해석: 사회진화론과 생명주의,
신청년의 자각

식민지 조선에서 최초로 니체를 언급한 것은 나혜석의 첫 연인으로 알려져 있던 최승구였다. 한국에서 니체의 이름이 처음 등장하며 소개된 것은 1909년 대한제국 시기에 《서북학회월보》에 두 차례 게재된 글 〈윤리총화〉와 〈윤리총화(속)〉을 통해 이루어졌지만, 이는 일본 와세다대학에서 활동하던 우키타 가즈타미의 저서 《윤리총화》 가운데 일부를 번역한 것이었고, 한국인으로 니체를 처음 언급한 것은 지금까지 확인한 바로는 《학지광》에 게재된 최승구의 글 〈불만不滿과 요구要求〉로 추정된다. 《학지광》에는 비슷한 시기에 주종건, 현상윤, 이광수, 전영택 등의 니체에 대한 글이 실렸다. 일본 동경에서 유학하던 젊은 지식인이었던 이들의 글은 자연스럽게 당시 일본 지성계에 영향을 받았고, 이곳을 통해 서양의 학문적 정신세계를 간접적으로 받아들였던 것으로 보인다. 여기에는 일본적 문제의식과 이슈가 담겨 있고, 일본적으로 수용되고 변용된 서양사상에 대한 이해가 있으며, 동시에 국권 회복이나 근대적 국가 형성, 세계문명이나 힘의 국제정치적 현실에 대한 인식, 개인의 자유와 자아실현의 공간 확보 등 식민지 조선이 직면한 시대의식을 해결해야 하는 문제 등이 혼재해 있었다. 사회진화론과 강력주의, 생명주의, 영적 원기의 회복, 인간의 자아실현, 신청년의 자각 등 다양한 시의적 문제들이 그들에게 침윤되어 이들의 정신세계를 지배했던 것으로 보인다.

이 글에서는 먼저 이들 다섯 명이 니체를 언급하고 논의하는 문제의식을 사회진화론적 강력주의의 세계인식과 개인의 자아실현, 신청년의 자각이라는 주제로 논의할 것이다. 이들의 니체에 대한 논의는 당시 다이쇼 생명주의와 문화주의에 영향을 받은 것이지만, 사회진화론적 강력주의라는 식민지 지식인들의 문제의식도 함께 담고 있었다. 일본 지성계에 영향을 받으면서도 그것과는 달랐던 식민지 지식인들의 독자적인 문제의식을 논의를 통해 밝힐 것이다.

1) 최승구의 자아실현과 공공성 회복

최승구(1892~1917, 호는 소월素月)는 한국에서 니체를 처음 언급한 사람으로 추정된다.[18] 그는 보성전문학교를 거쳐 1910년경 일본에 건너가 게이오대학慶應大學 예과과정을 수료했지만, 학비난學費難과 폐결핵으로 귀국해 26세의 나이로 요절한 것으로 알려졌다. 그는 화가 나혜석의 첫 연인으로 나혜석의 삶과 사상, 문필에 많은 영향을 끼쳤을 뿐만 아니라 최남선에 의해 앞으로 기대되는 뛰어난 시인이라는 평가를 받았으며, 비록 짧은 인생을 살았지만 그의 시 세계는 한국 근대시사의 한가운데 들어와 있었다.

최승구가 유학하던 1910년대 일본이라는 공간은 '다이쇼 생명주의'가 시대적 키워드로 회자되던 시기였다.[19] 민본주의 사상이 터져 나왔던 다이쇼 시기에는 서양사상의 영향을 받으며 생명이라는 어휘가 시대의 화두로 유행하게 되었는데, 이 시기의 생명주의는 기계문명에 대한 반발과 원시적 생명력을 추구하는 경향 속에서 개체의 생존경쟁을 넘어 자아를 인류나 우주 등 보편주의로 발전시키고자 했고, 이를 통해 문화를 창조하며 사회를 개조하고자 했다.[20] 다이쇼 생명주의는 메이지 유신 이후 점차 국가주의로 경도되는 일본의 경향에 반발해 개인의 본능과 성욕, 행복과 미적 생활을 강조하며 니체로부터 개인주의적 자아실현의 가능성을 찾아낸 다카야마 조규의 '미적 생활론'의 자장 속에 있는 것으로, 연장적 확장의 성격을 지니고 있었다.

최승구 또한 니체의 사상을 수용하여 원시적 생명력으로서의 인간의 본능을 찾으며 자아실현의 가능성으로서 강력주의를 주창했다.

니체를 처음 언급한 〈불만과 요구〉라는 글에서 그는 '자아의 실현'과 '공공公共의 도리'라는 두 가지 큰 철학적 물음을 제기한다. 그는 유가적 전통 세계관에서 벗어나 그동안 억압된 인간 본능을 어떻게 발견할 수 있으며, 자아실현을 하는 개체가 공적 공간으로서의 사회 공동체에 어떻게 연관될 수 있는가를 찾아 '새로운' 도덕의 가능성에 대해 묻는다. 최승구가 니체를 언급하는 것은 개성의 실현과 공공의 문제, 새로운 도덕 형성의 가능성이라는 맥락이다.

> 근대近代에 굴기崛起한 닛-제Nietzsche의 사상思想이, 비록 개성個性의 수습收拾에는 적절適切하다 할지나, 당사자當事者로서 박두迫頭한 공공公共의 문제問題를 포기抛棄하고, 절대적 개인주의絶對的 個人主義만 주장主張할 수는 업다하오.[21]

그는 뒤이어 니체를 개인주의자라 부르는 것보다 '행위의 선전자'라 부를 수 있다고 말하며, 니체의 개인주의적 입장이 사회에 대한 관련도 적지 않다고 본다. 그의 입장은 니체를 '극단적 개인주의', '절대적 개인주의'로 보았던 쾨버Raphael von Koeber적 시각을 문제시하며 니체의 사상에는 개인이 사회와 연관되어 있는 내용이 있다는 것이었다. 그는 니체의 '권력의지'를 게르만 민족의 표징으로 묘사하며, 이를 자아의 적에게만 향하는 것이 아니라 자아의 친류親類의 적에게도 향하는 것으로 해석한다. 그는 인간으로서의 개인에게는 이성보다 강한 본능적 힘이 있는데, 이것이 공공과 관련되게 하고 공공에 참여하도록 도움을 준다(幇助)고 말한다. 그는 여기에서 까치집을 습격해 어린 까치를 잡아먹으려는 큰 이무기(大蟒)에 대해 어미 까치가 덤벼들어 새끼

까치를 보호하는 것은 자기 능력이나 자기 생명을 생각하는 이성이 아니라 덤벼드는 힘이자 생명력으로서의 본능이라고 말하며, 이는 사회생활의 가치나 공공의 문제와 연관되어 있다고 보았다. 이는 이성보다 큰 범주로 설정된 니체의 '몸' 개념이나 '몸적 자아'가 개체적 차원을 넘어 인간과 인간의 관계 및 사회적 관계로 확장되어 나가는 것을 염두에 둔 것으로 보인다.[22] 이러한 비유는 식민지 조선의 현실에서 큰 이무기처럼 침탈하는 일본에게 덤벼들고 자기 방어하는 것이 자연의 생명력 같은 것이며, 그러한 생명력은 개인을 바탕으로 사회로 확장되어 나가야 한다는 강한 저항의식을 암시한다.

　　이기주의와 이타주의, 자아와 공공, 개인과 사회, 개체와 국가의 관계 문제는 19세기 후반 이후 일본, 중국, 대한제국과 식민지 조선 등 동북아의 공동의 화두였다. 대한제국이 위기에 처해 국가유기체의 입장이 강했던 상황에서 개인주의적 가치가 발전할 수 있는 공간은 협소했다면,[23] 1910년대 이후 개인의 문제는 의무책임이 수반되며 인류, 국가, 사회, 민족에 헌신하는 불가분의 관계로 설정되었는데, 최승구는 니체를 매개로 이러한 시대적 물음을 물은 것이다. 이와 비슷한 시기에 장덕수 역시 개인지상주의와 사회지상주의 양자를 비판하며 개인과 사회의 관계를 문제시했다. 그는《학지광》에서 "사회와 개인은 본말전후를 구별할 수 업는 단체들인 동시에 호상관계에 즉하야 서로 의뢰하며 조화협력한다 즉 환언하면 사회 내에 개인을 보며 개인 내에 사회를 보는 것이라고 이상에 논하얏지요"[24]라고 밝힌 바 있다. 즉 개인은 사회에, 사회는 개인과 상호관계에서 서로 의뢰하고 조화·협력한다고 보며, 사회 안에서 개인의 공간을 찾기 시작한 것이다. 장덕수의 입장이 개인과 사회의 상호관계 속에서 개인의 공간을 찾는 것이었다면, 최승구의 입장은 개인의 자아실현의 공간이 사회로 확장되어야 한다는 것이었다.

최승구의 논의는 사회나 자기를 위하여 선한 일을 하여 한층 고상하고 풍부하며 선량한 생활을 해야 하며, 인생의 가치는 곧 '생활 개량'에 있고 이는 더 확장되어 사회를 개량하는 데까지 나아가야 한다는 것이었다. 사회를 개량하기 위해 그는 외부에 있는 것을 받아들여 자신의 것과 비교할 때 자신의 강약장단을 알 수 있고, 새로운 것을 알아야 무엇이 낡게 되었는지도 알면서 사회를 개량할 수 있다고 보았다.[25] 사회가 개량되고 진보하는 문제는 그에게는 사회적 생명의 문제로서 사회적 생명과 활력을 찾는 문제와 직접 연결되어 있다. 이전에 동양철학이 과도하게 우리의 일상적 생활을 멸시하고 유가적 이념(유심주의)에 빠져 있었다고 비판하며 그는 니체와 같은 서양사상에서 사회발전을 모색할 수 있는 중요한 좌표를 찾았다.

그가 니체를 참조하며 자아의 혁명 가능성을 모색했던 또 하나의 글은《학지광》제5호(1915. 5.)에 실린〈너를 혁명하라〉라는 글이다.

> 우리는 여하如何한 혁명革命을 요구要求하느냐. ―나의 혁명革命을 요구要求하는 바오, 너의 혁명革命을 요구要求하는 바이나, 이것이 즉 개인적個人的 혁명革命―Revolution of Individuality를 요구要求하는 것이다.[26]

최승구는 식민지 상황 속에 놓여 있는 지금 우리가 잠을 잘 때가 아니기에, "깨어 (있어)라", 생명이 드러나는 "광선光線을 밧어라", 세계 사상의 조류를 담고 있는 새로운 "풍향을 마저라", "자기自己를 차저라", "열 배(十倍)의 속도(速)를 더 하여라"고 절규하듯 외치고 있다. 그가 인식하고 있는 것은 분명 식민지 조선의 어두운 현실이었으며, 국가가 없어지고 민족이 노예처럼 된 식민지의 극복이었다. 그는 우리가 '피정복자'가 되었고, '노예역奴隷役'이 되었기에 고통을 당하며 자유를 느끼지 못하고 치욕을 당하고 있다고 보았다.[27] 여기에서 최승구는 니체의 차라투스트라에 나오는 '자기' 개념에 주목한다.

> 니-지에가 말하기를 "나의 벗이여, 너의 감정感情과 너의 사상思想의 배후背後에는, 엇더한 힘세인 주인主人-보지 못한는 철인哲人-이 잇다. 저這의 일흠은 자아라고 한다. 저這는 너의 신체身體에서 살고, 너의 신체身體에 잇다" 하얏다. 저這의 이른바 자아自我-fulbft-self는, 감정感情이나 사상思想을 배배配하는 권력의지權力意志를 의미意味함이엿섯다. 우리는 명명各各 우리 자아自我-ownself-yourself-의 힘(力)을 빌지 안이하면 안 될 것이다. 직접直接으로 전투선戰鬪線에 내여노치 안이하면 안 될 것이다.[28]

최승구는 니체의 중요한 철학 개념인 '자아Ich'와 '자기Selbst'의 개념적 차이를 섬세하게 구분하지 못하고 있지만, 니체의 권력의지(힘에의 의지)를 개인의 삶이 실현될 수 있는 강한 힘인 생명주의와 연결시킨다. 그는 빈껍데기空殼의 우리가 아니라 내용이 충실한 우리, 부분의 우리가 아니라 전체의 우리가 되어야 하며, "육肉과, 감정感情과, 양심良心과, 본능本能을 통일統一하야"[29] 강한 생활의 길로 가야한다고 말한다. 그가 식민지 현실의 문제를 해결하기 위해 추구했던 것은 우선 일상적 생활을 극히 존중하는 자세이며, 이상보다 행위를 존중하는 태도였고, 일생을 구차히 보내려 하거나 생명의 유지에만 만족할 것이 아니라 삶으로부터 죽음에까지 풍요한 생활에 힘쓰는 실행력이었다.[30] 그가 니체를 매개로 찾았던 것은 바로 생명력 있게 움직이는 사회적 개인이었으며, 인격이 없는 노예 상태에 빠진 식민지 현실에서 일상의 생활력이나 실천력에 기초한 개인의 자아혁명을 이루는 것이었다. 우리가 삶의 최전선에서 권력의지라는 삶에의 의지나 생명력에 충일해 살아 움직일 때, 즉 우리가 깨어있는 자아혁명을 이루며 강해질 때 스스로 삶의 주인이 되고 공공적 영역의 사회적 생명력을 찾을 수 있다고 본 것이다.

2) 주종건의 조선의 멸망과 세계문명의 인식

니체에 대한 언급이 처음 출간된 형태로 보인 것은 《학지광》 제4호(1915. 2.)에 게재된 주종건(1895~?)의 〈신년新年을 당當하야 유학생留學生 제군 諸君에게 정呈홈〉이라는 글로 이는 그의 나이 20세에 쓴 것이다. 최승구의 글 〈너를 혁명하라〉가 1915년 5월 《학지광》 제5호에 게재되었으니, 이 글은 최승구의 글보다 3개월 일찍 세상에 나온 셈이다. 주종건은 1917년 일본 동경제국농과대학을 졸업하고, 1921년에는 조선청년총동맹 중앙건사위원으로, 1925년에는 조선공산당 중앙집행위원 등을 역임한 사회주의 운동가로 알려져 있으나, 이후 러시아에서 그의 활동이나 행적에 대해서는 자세하게 알려져 있지 않다. 그가 니체를 언급하고 있는 것은 세계문명의 인식과 연관해서였다. 그는 세계문명이 일진월보日進月步하는 가운데 반도의 상황이 생존경쟁하는 세계에서 손색이 없다고 말할 수 있는지를 물으며, 세계문명과 반도의 문명적 상황을 비교한다. 그가 묻고 있는 것은 바로 그 당시 1914년

제1차 세계대전이 일어나고 있는 세계사적 사건과 생존경쟁하고 있는 현대 세계문명의 흐름이다.

그는 반도에 청신한 사조가 있는지, 생명 있는 예술이 있는지, 산업이 흥기하며 학문이 진보하고 있는지를 물으며 반도에는 그러한 것이 없다고 대답한다. 그는 1914년에 유럽 대륙에서 세계대전이 일어났는데, 반도의 동포 가운데 그 원인이 무엇인지 그 유래를 고구考究할 수 있는 사람이 있는지, 그것이 어떤 영향을 미칠 것인지를 아는 사람이 과연 있는지를 물으며, 현재 반도에 가득 찬 것이 죽음뿐이라고 진단한다. 즉 산업이 죽어 있고, 생활이 죽었으며, 정신이 죽었고, 반도 자신이 죽어 있다는 것이다. 그가 문제시한 것은 "사死의 반도를 생生의 반도로 (변)화함"이며, "산업의 발전과 교육의 보급을 기도"함으로써 가장 급한 구제의 방책을 마련하는 일에 매진하고 분발하는 일이었다.[31]

그가 당시 유학생들에게 신년의 글로 전달하고자 한 것은 세계문명의 흐름을 제대로 알아야 한다는 것이었고, 또 동시에 우리가 살아있는 국가를 만들기 위해서는 구습에 매이지 말고 불량한 습관을 타파하며 건설의 노력과 파괴의 용기를 가져야 한다는 것이었다. 식민지 조선의 망국의 역사와 세계문명의 흐름을 연관시키면서 그는 다음과 같이 니체를 처음 언급한다.

> 조선민족朝鮮民族이 세계世界에 공헌貢獻하난 바난다만 퇴보退步의 기록記錄과 멸망滅亡의 역사歷史이고 무위無爲한 이천만 민족二千萬民族이 광활廣闊한 삼천리강산三千里江山을 점유기거占有起居하야 천연天然의 부원富源으로 이용利用치 아니하고 타인활동他人活動의 장애물障碍物이 될쑨 이어날 니이체로 하여곰 평評하라

할진데 차此와 여如한 민족民族은 전전멸망全全滅亡함이 초인출현超人出現에 필요必要하다 단언斷言할지로다-. 그러나 자아 발현상自我 發現上 개체 본위個體 本位로서 우주宇宙를 관측觀測코져 하난 오인吾人은 오인吾人의 종족種族이 멸망滅亡함을 방관傍觀할 수난 무無하다 하노니 차此난 즉卽 개체個體 생존 生存의 안위安危가 종족種族 세력勢力의 성쇠盛衰에 지대至大한 관계關係가 유有함으로써 함이로다.[32]

그는 삼천리강산에 주어진 천연자원도 제대로 이용치 못하고 조선 민족이 퇴보와 멸망의 역사 속에 있는 상황을 지적하며, 이렇게 멸망하는 식민지 상황에서 니체적 초인 출현이 필요하다고 보았다. 내 종족이 멸망하는 것을 방관할 수 없는 상황에서 그는 개체의 자아 발현이 곧 종족의 성쇠盛衰와 관계가 있다고 보았다. 이 글에서 주종건의 문제의식은 여전히 조선의 망국적 역사가 세계문명의 흐름을 읽지 못하는 무지와 무능에 있다는 것이었으며, 그는 그것을 극복하는 방법의 하나로 니체적 의미의 개체의 자아실현을 찾고 있다. 망국의 역사에 니체적 의미의 초인이 등장하기를 바라는 그의 소망은 곧 당시 일본에 새롭게 등장하고 있었던 개체중심적 자아실현의 생명주의와 같은 궤도에서 움직이는 것이었다. 이는 개체가 보편적 전체에, 개인의 자아실현이 곧 우주대생명의 발현에 연결된다는 일본의 다이쇼 생명주의의 입장을 반영한 것으로 보인다. 그러나 망국의 식민지 조선에서 시대의 문제를 해결하기 위해 세계문명의 흐름을 읽어야만 하며, 종족의 성쇠와도 밀접하게 연관되어 있는 개체의 자아실현을 모색해야 한다는 것은 분명 주종건의 문제의식이었다. 니체를 언급하는 주종건의 글에는 역사의 진보를 모색하는 사회진화론의 입장과 다이쇼 생명주의 담론, 그리고 그의 문제의식이 중층화되어 있다.

3) 현상윤의 강력주의의 요청

기당幾堂 현상윤(1893~?)[33]의 니체에 대한 언급은 《학지광》 제 6호(1915. 7. 23.)에 실린 〈강력주의强力主義와 조선청년朝鮮青年〉이라는 글에서 다루고 있다.[34] 이 글은 세계문명에 대한 인식의 필요성을 강조하고, 조선의 혁신을 위해 강력주의를 요청하는 내용을 담고 있는데, 니체는 이러한 시대 인식과 연관해 조선의 문제를 극복하는 강력한 힘을 제공하는 철학의 제공자로 언급된다. 현상윤의 강력주의의 주창은 조선이 새로 태어나는 문제와 밀접하게 연관되어 있었다. 그는 "여하히 하면 우리가 다시 살고 여하히 하면 조선이 다시 새로워질까?"라고 물으며, 조선의 혁신은 세계문명의 이해에서 시작될 수 있으며, 서구 문명의 열강과 어깨를 나란히 할 수 있기 위해서는 "오직 강력주의가 유有할뿐"이라고 대답한다.[35] 그는 세상에 약자처럼 서러운 것은 없다고 말하며, 강한 힘이야말로 팽창이나 저항뿐만 아니라 중심을 잡는 힘이 되고 외부로부터 오는 적을 방어할 수 있는 힘이 될 수 있다고 말한다. 그에게 "세계문명의 공통된 절규는 [⋯] '약한 놈이 되지 말라'"[36]는 것이었으며, 생존경쟁과 약육강식이 난무하는 세계에서 암울한 상황에 놓인 식민지 조선이 살아남는 길은 오직 강자가 되는 것이었다. 암흑이나 고통이 약한 것에서 생겨나듯, 반도의 현실도 우리가 약하고 굳세지 못한 것에서 생겨나는 것이라는 그의 인식은 식민지 조선의 상황을 국제적 힘의 관계에서 본 것이었다. 그가 니체와 몽테스키외를 존봉尊奉한 것은 그들이 일상적 현실에서 힘(권력)의 철학과 정치적 영역에서 권력

분립을 정리했기 때문이었다.

숨으다 우리의게는 오직 强강한 힘이 이슬쑨이오 오직 대大한 motive power(원동력原動力)가 이슬쑨이니, 전前하야 우리가 생활권生活權을 세계世界에 구求하고 후後하야 우리가 빗잇는 역사歷史를 영구永久에 보전保傳하는 것도 모도다 강强한 힘 대大한 원동력原動力에 재在치 안이한가. 눈물과 한恨숨이라도 강强한 힘이라야 구제驅除하겟고, 우숨과 춤이라도 강强한 힘이라야 오게 하겟도다. 그런 고故로 니이체에는 이 점點에서 권력만능權力萬能을 주장主張하얏고, 몬데스큐는 이 점點에서 강권强權의 절대가치絶對價值를 창도唱道하였나니, 세계世界의 논란論難이 아모리 분운紛紜하드래도 나는 이 두 사람의 말을 어듸가지든기 준봉遵奉하고 확신確信코져 하노라.[37]

그러나 그는 강력을 식민지 조선이 그 시대적 비극을 극복하고 세계문명에 제대로 서기 위해 얻어야 하는 현실적, 정치적 권력의 맥락 속에서만 이해하는 것이 아니라, 인간이 자신의 천부적 능력을 발휘할 수 있는 인간적 능력으로 해석한다. 그에게 "강력이란 것은 인간 천부의 생활을 가장 독립적으로 가장 행복적으로 십분 완전하게 향유하는 권능의 총량"[38]으로, 이것을 요구하거나 유지하기 위해서는 물질문명과 정신문명에서 최선의 노력과 분투가 있어야 한다고 말한다. 구하고자 하는 의지와 분투의 노력이 없는 곳에서는 강한 힘强力이 생기지 않으며, 이 강력이 없는 곳에서는 완전한 생활이란 오지 않는다는 것이다.

강력의 삶을 위해 그가 요청하는 것은 일차적으로는 서구적 근대

문명의 수용이었다. 그는 서구문명의 핵심으로 '자본주의', '과학지식', '산업혁명'에 주목하며, 조선 반도가 이를 주목할 필요가 있다고 역설한다. 그는 인쇄술의 개량이나 신대륙의 발견, 수증기와 전기의 발명, 대포 군함의 발달과 비행기 잠수정의 제작 등이 서양문명을 강력한 과학기술 문명으로 만들었고, 그 결과 생활이 풍요해지고 풍부한 물질적 자본이 축적되는 물질문명이 형성되었다고 보며, 조선 반도에도 이와 같은 강력이 필요하다고 주장한다. 조선반도에 필요한 강한 힘으로 그는 '무용武勇적 정신', '(자연)과학 보급과 교육', '산업혁명'을 들며, 이것이 실현될 때 조선 반도는 생활의 빈곤에서 벗어날 수 있고, 강한 힘으로 우리가 '어떻게 할 것인가'의 문제를 해결할 수 있다는 것이다. 그에게 강력주의란 조선이 가난과 고통에서 벗어나고 식민지에서 벗어날 수 있는 길이며, 강한 힘의 획득으로 삶의 방향을 정하며 추진할 수 있는 능력이었다. 특히 조선 청년에게 강력의 필요를 말하며 강력주의의 선언을 선포하는 그의 입장은 이전에 있었던 자강주의의 제창提唱을 넘어서 보다 철저히 삶의 능력을 획득하며 우리 자신이 자기 자신의 삶을 이끌어갈 수 있는 실천적 능력의 회복이었다.

메이지 시기 다카야마 조규의 본능 만족으로서의 인간의 행복이나 도바리 치쿠후登張竹風의 "위력의 의지의 만족"은 개인주의를 전제로 성립하는 것이었으며, 다이쇼기 일본에서 최첨단 유행어가 된 '강력' 역시 철저히 개인주의적인 것이었다.[39] 현상윤이 조선의 문제를 해결하기 위해 필요하다고 본 강력은 이러한 일본 지성계의 분위기를 수용하고 반영하는 것이었지만, 이는 단순히 개인의 생의 강력만이 아니라 문명의 강력이자 민족의 강력으로 변용되고 확장된 것이었다.

그가 니체의 언어를 빌어 강력주의를 요청하는 것은 물질문명과 정신문명의 통합적 발전에 최선을 다할 때 얻어지는 인간 삶의 능력이자 자아실현이었다. 1910년대의 강력주의에는 "힘을 요청하고 민족의 실력 양성을 목표로 하되 그 출발점에 '개인'의 '자아실현'이라는 가치"[40]을 강조하고 있었는데, 현상윤의 강력주의는 이러한 시대에 약한 자는 자아를 실현할 수 없다는 것을 뜻하는 것이었다. 이러한 그의 견해에는 사회진화론과 강력주의가 혼재된 채 식민지 조선의 문제를 해결하고자 하는 문제의식이 담겨있다. 현상윤의 니체에 대한 언급은 힘(권력)의 관계에서 이루어지는 것이었지만, 그의 강한 힘의 필요성에 대한 강조(강력주의)는 세계문명 속에서 식민지 조선의 현실을 진단하며 그것을 극복할 수 있는 하나의 현실적 대안의 모색이었다. 그는 조선이 식민지 상황에서 벗어나기 위해서는 서구적 근대화가 이루어지고 강한 힘을 갖추어야 한다고 생각했고, 개인의 자신의 삶을 이끌어나가는 강한 힘을 갖추게 될 때 민족의 강력을 찾을 수 있다고 본 것이다. 현상윤은 삼일운동 이후에도 서양사상을 배우며 자아의 발견, 즉 개인주의가 정착되고 자본주의가 실현될 수 있는 근대적 개인관의 확립을 지속적으로 모색했다.[41]

4) 이광수의 사회진화론과 청년의 영적 원기의 회복

춘원春園 이광수(1892~1950)가 니체를 언급하는 것은《학지광》제11호(1917. 1. 1.)에 실린 〈위선爲先 수수獸가 되고 연후然後에 인人이 되라〉는 글이었다. 이는 생물학적 진화론과 사회진화론, 청년의 영적 원기의 회복을 강조하는 것이었다. 그러나 이 글과 같은 문제의식의 궤도에서 움직이고 있는 〈살아라〉(《학지광》 제8호, 1916. 3.)라는 그의 글이 있는데, 그것은 '살음'의 생명주의와 사회진화론적 관점에서 청년의 새로운 정신 혁신을 강조하는 것이었다. 이 두 개의 글이 쓰였던 1916년에 그는 일본 와세다대학 철학과에 입학했고, 1917년에는 한국 최초의 근대소설이자 연애소설로 낭만적 사랑과 자유연애 옹호한 장편소설 〈무정〉을 《매일신보》에 연재했다. 이 시기 그는 기존의 윤리 도덕, 즉 유교의 허례허식과 권위주의적 문화를 비판하며 인간 평등, 남녀평등, 인간 존엄을 강조하는 서양의 근대 가치관과 세계관을 배워야한다고 생각했고, 진화론에도 관심을 가지고 있었다. 그는 와세다대학에 유학하기 이전부터 사회진화론적 사유를 견지하고 있었던 것으로 보인다. 그의 자서전적 고백에 따르면 그는 1905년경 손병희의 《삼전론三戰論》을 통해 세계가 우승열패와 약육강식의 원칙에 의해 운영되고 있음을 알았고, 유근, 장지연, 박은식 등의 논설을 성경 현전과 같이 애독했다.[42] 그러나 사회진화론과 더불어 당시 그가 관심을 가졌던 것은 톨스토이의 무저항주의였다. 그는 1차 일본 유학 때(1905. 8.~1910. 3.) 기독교와 톨스토이를 수용했는데, 이는 겸손과 친절, 평등정신, 민족주의 등 동학정신에 기반한 것이었다.[43] 그러나 2차 일본 유학 때(1915. 9.~1918. 9.)는 강한 문명을 동경하면서 약육강식의 사회진화론을 수용했는데, 이때 그가 관심을 가졌던 것은 주로 에른스트 헤켈Ernst Haeckel이 주장한 강력한 국가주의적 사회진화론이었다.[44]

1936년 12월 12일부터 1937년 5월 1일까지 그는 《조선일보》에 자서전 형식의 소설 《그의 자서전》을 연재했는데, 여기에서 그는 일본 도쿄에서 자신의 대학 생활을 그리고 있다. 그는 철학과를 선택해 칸트, 스피노자, 빈델반트, 파울젠, 로체 등을 읽었으나 만족하지 못한 듯하다. 그는 다윈의 진화론이 성경을 대신할 것으로 생각했고, 헤켈의 《알 수 없는 우주Die Welträthsel》(1895~1899)를 읽었을 때 진리를 접한 것처럼 기뻐했다고 고백한다. 그는 당시 일본학계를 풍미한 독일 사상의 영향을 받으며, '살려는 싸움Struggle for life', '잘난 자는 산다Survival of the best', '힘이 옳음이다Might is Right' 등 진화론의 문구와 힘의 도덕에 빠져들어 갔고, 이러한 맥락에서 니체의 생각이 좋다고 보았으며, 학교에서 니체를 강의하지 않는 것에 불평불만을 가지고 있었다고 한다.[45] 니체는《비극의 탄생Die Geburt der Tragödie》이나《인간적인 너무나 인간적인 I Menschliches Allzumenschliches I》,《즐거운 학문Die fröhliche Wissenschaft》을 비롯해 유고 등에서 우주의 본성과 인간 삶의 의미에 관련해 여러 차례 '세계의 비밀Welträthsel'이라는 어휘를 사용했는데, 후일 헤켈이 이를 우주의 본성과 인간 사유의 본성을 묻는 이중물음의 형태로 가져왔고, 물질과 에너지는 연결될 수 있으며 물리적 우주의 법칙 안에서 인간의 행동이나 감정도 설명될 수 있다는 신경생리학적 설명을 하게 된다. 여기에서 이광수가 본 것은 삶의 강자(주인)가 되어야 한다는 니체의 언명이 아니라, 생존경쟁이나 적자생존이 자연법칙이라고 보는 헤켈의 견해이자 인간 사회도 이러한 법칙에 의해 지배된다는 일본의 소위 속류 사회진화론적 입장이었다.

　이 당시 그는 약자가 강자의 지배를 받는 것은 당연하다고 여기며, 불경과 성경은 약한 자의 더러운 책으로 쇠사슬로 묶어다가 무저항에 집어넣을 때 톨스토이, 타고르의 것도 함께 해야 한다고 생각했다. 그가 이때 생각한 것은 톨스토이식의 무저항주의가 아니라 진화론적 입장에서 본 강자의 논리였다. "자유, 그것은 오직 강자만이 가지는 것이다. 자유는 강자의 특권이다."[46] 이러한 진화론적 강자의 논리는 이광수뿐만 아니라 학지광의 젊은 지식인이 수용했던 일본 지성계의 영향을 반영하고 있다. 학지광의 필진들은 당시 일본 지성계를 지배하고 있던 우키타 가즈타미과 오야마 이쿠오大山郁夫의 영향 아래 있었다. 오야마 이쿠오는 독일 문화 개념을 확산시키는데 기여하며 다이쇼 데 모크라시 운동을 주도했고, 1920년대 잡지《개벽》의 문화운동에 문 화이론으로 영향을 주었다. 우키타 가즈타미는《학지광》의 필진 가운 데 특히 이인직, 이광수, 현상윤 등에 직·간접적인 영향력을 행사한 것 으로 보인다.[47] 이광수는 헤켈에게서 더 나아가 자연적 진화와 교육, 혁 명을 언급하면서 인간 사회의 진화 혹은 발전에 종교나 도덕 같은 윤리 적 요소가 중요한 역할을 한다고 보았던 우키타 가즈타미의 영향력 아 래 '인위적 진화'의 입장을 계승, 발전시켰다.[48] 이광수는 "자신의 노력 으로 자기를 의식해 가면서 진화"하는 것을 '인위적 진화'라고 말하면 서,[49] 교육을 통해 자강의 방법을 찾으며 사회 개량을 찾고자 했다.

이광수가 니체를 언급하는 것은 〈위선爲先 수獸가 되고 연후然後 에 인人이되라〉는 글에서인데, 여기서 그는 청년의 정신이 자각되고 깨 어나야 한다는 것을 사회진화론과 '살음의 철학' 즉 생명주의의 입장에 서 주장한다. 그는 생물학적 진화에서 우자優者, 즉 '힘 많은 자', '자기 의 제 기능을 유감없이 발휘하는 자'가 진화했음을 밝히며,[50] 사회진화 론적 관점에서 힘의 문제를 제기하면서 개인과 민족의 힘 및 생장의 문 제를 제기한다. 그에게 문제가 되었던 것은 바로 청년의 문제였다. 청 년의 '영적 원기靈的 元氣'가 살아 움직이는 것은 개인과 민족, 역사의 운명과 연결되는 문제였다. 민족과 역사의 운명이 고통과 비극 속에 빠 진 것은 개인과 민족이 도덕예의만 숭상해왔던 전통 유가사상에서 비 롯되었다고 보며 그는 이를 혹독하게 비판한다.[51] 청년이 깨어나야 하 고 원기가 회복되어야 한다는 그의 신청년 논의는 니체와 톨스토이 논 의로 이어진다. 이는 러시아의 그룻에 의해 처음 제기된 니체-톨스토이 논쟁, 이 양자를 조합하고자 했던 일본 고니시 마스타로의 입장, 이후 우키타 가즈타미에 의해 전개된 이기주의-이타주의 논쟁, 그리고 《서북학회월보》에 소개된 애기-애타 논의 등이 반주되면서 또 동시에 자신의 입장에서 이를 변주하고 있다. 이광수가 주목한 것은 톨스토이를 휴머니즘의 사상가로 보고, 니체를 극단적 이기주의의 대변자로 보는 기존의 논의를 전복시키는 것이었다. 이광수의 글에는 동북아시아의 톨스토이-니체 논쟁이 반영되어 있으나 그 내용은 전복적인 것으로, 그는 니체에게서 하나의 가능성을 타진하고 있다.

> **톨스토이**는 노쇠老衰의 사상가思想家요 열패劣敗의 사상가思想家라. 톨스토이의 교훈教訓을 종從하는 민족民族도 무無하거니와 유有하다 하면 차등此等은 이믜 경쟁장리競爭場裡에 출出하야 활극活劇을 연연할 자격을 일코 산간임중山間林中에 엄엄晻晻한 탄식歎息이나 보존保存하야 승리자勝利者의 조소嘲笑거리나 되리로다. 여히에 **닛체**는 소장少壯의 사상가思想家요 승리勝利의 사상가思想家니 여차如此한 사상思想을 신조信條로 삼는 사람들이라야 비로소 승리자勝利者, 강자强者의 영광榮光을 득得할지니라.[52]

그에게 톨스토이는 노쇠의 사상가이자 열패의 사상가라 한다면, 니체는 소장의 사상가이자 승리의 사상가로 보였다. 그는 니체에게서 승리자, 강자의 영예를 얻을 수 있는 가능성을 발견한다. 그는 식민지 조선이 다시 살아날 수 있는 가능성을 청년의 영적 원기 회복에서 찾는다. 청년이 스스로 비하하게 되면 권력도, 재산도, 명예도, 사업도 없는 데카당스 상태에 빠지게 되어 죽은 청년死青年이 되며, 진공進攻적 · 적극적·전제적·권력적·정력적이 되면 살아있는 청년活青年이 된다고 말하며,[53] 그는 살아있는 청년의 영적 원기를 회복해야 한다고 주창한다. 왜냐하면 그에게 "살기 위한 분투奮鬪는 인류人類의 최最히 신성神聖한 직무職務"[54]이기 때문이다.

이러한 "살아라"는 절규, 강열한 의지와 욕망의 움직임을 낳는 생명의 의지에 대한 요청은 1년 전의《학지광》에 게재된 그의 또 다른 글〈살아라〉에서도 그대로 나타난다. 그는 지난 구도덕이 공막空漠한 인도적 천리天理 속에서 움직이고 있었다고 비판하며, 현대 문명인의 도덕은 현세를 긍정하고 살음을 찬미하는 정신에 바탕하고 있다고 보았다. 그에게 선악의 표준은 '살아라 퍼져라'는 명제로 표현될 수 있으며, 이는 곧 새로운 정신, '살음'의 정신이었다. 그가 말하는 살음은 죽지 않고 단순히 육체만 살아있는 생존의 연장이 아니라 욕망과 의지와 활동이 있도록 만드는 강렬한 생명력이었다. 그에게는 "살음의 내용內容의 복잡複雜과 요구要求의 강렬强烈이 만선萬善의 본본本"[55]이었다. 그에게 가장 시급한 일은 청년을 살음의 정신으로 움직이게 만드는 일이었다. "우리 청년青年에게 가장 결핍缺乏한 것이 강렬强烈한 살음의 욕망慾望이오 가장 긴급緊急한 것이 또한 강렬强烈한 살음의 욕망慾望이라 합니다."[56] 그에게 니체는 청년의 살음, 새롭게 태어나고자 하는 청년의 의지를 추동하는 생명주의 제공자이자, 청년의 깨어있는 정신을 통해 식민지 조선을 혁신할 수 있는 강력주의의 사상적 제공자였다. 제국주의의 침략에서 벗어나기 위해서 무엇보다 청년의 영적 원기회복이 필요하다는 이광수의 주장은 니체의 영향을 받으며 중국의 미래가 청년 정신을 회복하는 데 있다고 본 루쉰魯迅의 '입인立人사상'이나 천두슈陳獨秀의 '신청년운동'과 같은 궤도를 움직이는 것이었다.

5) 전영택의 신도덕 건설과 전적 생활론

늘봄 전영택(1894~1968)은 일본 아오야마학원靑山學院 문학부와 신학부를 거쳐 미국 캘리포니아주 퍼시픽신학교에서 공부했던 소설가이자 목회자로, 1917년 이광수와 더불어《학지광》의 편집인으로 참여했고, 1918년 김동인, 주요한 등과 함께 한국 최초의 문예동인잡지《창조創造》를 창간했다. 전영택이 니체를 언급한 것은《학지광》제 12호(1917. 4. 19.)에 게재된〈전적 생활론全的生活論〉이라는 글이었는데, 이 시기에 그의 문제의식은 유가적 전통 구습의 파괴와 새로운 도덕의 건설과 더불어 생명의 가치를 실현하는 생활의 실천에 있었다.

1917년 7월에 전영택은〈구습舊習의 파괴破壞와 신도덕新道德의 건설建設〉이라는 글을 발표하는데, 이는 전통 유가사상을 파괴하고 새로운 도덕과 질서를 창립하는 내용을 담고 있다. 그는 "건설과 파괴는 자연계의 대법칙인 동시에 또한 사람의 천성", "건설과 파괴는 우리 세계의 생명"[57]라고 말하면서, "위대한 원동력을 가진 파괴", "근거 있는 이상이 있는 파괴"[58]와 같이 우리에게는 전무후무한 파괴가 필요하다고 보았다. '대철퇴'로 누누이 쌓여 있는 묵은 것을 파괴하고자 하는 그의 작업[59]은 니체가 해머로 기존의 모든 도덕 질서를 파괴하고 새로운 가치를 전환시키는 작업과 닮아 있다. 그가 파괴의 대상으로 삼으며 사례로 제시한 것은 '양육하고 나서 보수를 받고 갚는 것을 요구하는 효도'나 '남존여비사상', '노인의 압제', '계급제도' 등으로 그는 식민지 조선의 여러 사회 영역에서 이러한 것들을 파괴하는 시인이나 문사, 사상가, 교육가, 부인이 많아야 한다고 보았다. 그러나 그는 파괴의 작업에는 위대한 원동력과 이상理想과 동시에 자신감과 동철 같은 의지가 있어야 한다고 강조한다.

그는 당시 서양문명을 조성하고 건설하는 데 오이켄과 베르그송의 인격주의 이상주의의 철학이 중요하게 역할을 했다고 보며,[60] 이러한 철학을 참조하면서 굳세고 풍부한 개성個性을 건설하고자 했다. '철저한' '나'를 '건설'하고 "완전한 인격을 건설"하는 일, 즉 "'나'의 건설은 백행만사百行萬事의 본원本源"[61]이며, "다음에는 이상적이요 신성한 가정을 건설"하고, 그 다음에는 실업가와 경제가는 국민의 혈맥이 되는 "은행을 세우며 공장과 농장을 건립"하고, "교육가와 학자는 세계적 대학을 세우며 만권서적이 가득한 도서관을 세워 세계학계에 공헌하며 인류의 행복을 증진할만한 학술을 건설"[62]해야 한다고 말한다. 그의 파괴 작업은 시대에 맞지 않는 효를 요구하거나 남존여비 같이 여성을 억압하는 구태의연한 관습, 양반과 머슴을 구분하며 신분적 위계질서를 내세우던 유가적 구습을 향해 있었고, 그의 건설작업은 인격을 갖춘 나를 건립하는 것이자 이를 토대로 가정과 사회, 경제와 정치를 새롭게 형성하는 것이었다.

이보다 7개월 정도 앞서《학지광》제12호(1917. 4. 19.)에 발표한 또 하나의 글〈전적 생활론〉에서 전영택은 니체를 언급한다. 그는 프랑스 화가 밀레Jean-François Millet의 〈만종L'Angelus〉(1857~1859에 창작)을 소개하며, 경건한 태도로 묵도하는 장면을 담고 있는 이 한 폭의 그림에 바로 인생이 담겨 있다고 말한다. 여기에 삶의 전적인 생활의 세 가지 요소인 '노동', '사랑愛', '종교'가 드러난다는 것이다. 밭이나 넓은 땅, 손수레는 노동을, 부부 남녀의 사이의 공간은 사랑을, 머리 숙이고 합장한 것은 종교를 표징하는 것으로, 그는 노동과 사랑과 종교, 이 삼각형의 가치가 갖추어진 삶이 완전한 인생이라고 말한다. 그는 식민지 조선 사람이 노동의 신성함을 배워야 하며, 형제애를 실천해야 하고,

유교와 불교가 그 역할을 제대로 하지 못했지만 종교가 있어야 사회적 생명이 있게 된다고 강조한다. 물론 그가 여기에서 염두에 두고 있던 종교는 종교 개혁을 통해 생명의 가치를 보여주었던 기독교였다. 그가 완전한 생활의 전형으로 삼은 생명의 실현은 영성적 삶을 의미하는 것이었다. 그에게 생명이란 영성을 뜻하는 것이었다.

그가 니체를 언급하는 것은 인간의 완전한 생활을 운영하는 삶의 가치 문제이자 현대인의 생활 문제이며, 청년의 앞길에 관한 것이었다. 니체가 신의 죽음을 선언하고 기독교 비판을 통해 근대 서양문명을 문제시했음에도 불구하고 그에게는 이러한 니체 철학에 대한 분석이나 철학적 내용에 대한 구체적인 언급은 없다.

> 현대現代 사람은 엇더케 생활生活할가가 큰 문제로다. 엇더케 살아야 잘 살가 엇든 생활生活이 가쟝 바른 생활生活이냐 이것이 현대인現代人의 머리를 압흐게 하는 문제問題로다. 왈曰 톨스토이의 인도주의人道主義, 왈曰 니이체의 초인주의超人主義, 왈曰 스틸나의 개인주의個人主義, 왈曰 조라의 자연주의自然主義, 왈曰 오이켄의 신이상주의新理想主義 하야 사상思想이 제각금 달으고 주의主義도 허다히 만아 현대現代의 청년靑年은 엇지할 바를 모르며 몹시 번민煩悶을 당當한다.[63]

전영택이 여기에서 언급하고 있는 사상가들은 나카자와 린센中澤臨川 · 이쿠다 조코生田長江가 《근대사상 16강》에서 소개하고 있는 15명의 사상가들 가운데 5명이다. 이 책은 1910년대 당시 일본과 조선의 지식인들에게 널리 회자되던 책으로, 이후 《개벽》에서 세계 사상

의 흐름을 소개하기 위해 활용했던 자료였다.[64] 이 책의 내용은 그에게
현대인이 어떻게 살아야 하는지 그 삶의 방향과 가치 설정을 정해주는
중요한 참조의 길잡이가 되었던 듯하다. 현대에 다뤄지고 있는 수많은
사상가와 사조, 사상 앞에서 전영택 같은 《학지광》의 젊은 지식인들과
미래와 삶의 방향을 설정해야 하는 청년들은 시대적 혼란과 고뇌를 느
낀 듯하다. 전영택의 니체 소개는 이 책에서 다뤄진 니체의 '초인주의'
에 대한 간단한 언급으로 끝나고 있지만, 그는 생명, 영(성), 내면의 가
치, 자아실현을 강조하는 다이쇼 시기의 지적 분위기를 내면화했으며,
귀국 후에도 개성, 생명, 인도주의를 창작의 주요 이념으로 삼으며 지
속적으로 다이쇼 문화주의를 추종한 것으로 보인다.[65]

4. 식민지 조선에서 니체 수용의 의미

한국에서 최초의 니체에 대한 언급은 1914년 4월 최승구가 쓴
글 〈불만不滿과 요구要求〉(1915. 7. 23. 출간)에 보이는데, 그는 여기에
서 자아혁명과 개인주의를 강조하며 생활 개량과 사회 개량의 문제 다
루고 있다. 주종건은 조선의 멸망의 원인을 다루면서 우리가 세계문명
을 인식할 수 있는 힘이 있어야 한다고 강조하며, 멸망된 조선에 니체
의 초인이 있었으면 하는 소망을 피력한다. 그가 니체에게서 본 것은
우주 생명을 담고 있는 개체가 종족의 생존으로 연결되는 보편적 자아
실현의 가능성이었다. 현상윤 역시 조선이 혁신되어야 하며 세계문명
의 흐름을 인식해야 한다고 보았고, 니체를 통해 개인이 자신의 능력을
발휘할 수 있는 (자아실현의) 강한 힘(강력주의)을 찾았다. 이광수는 사
회 진화론을 수용하며, 식민지 조선의 문제를 해결하기 위해서는 청년

이 새롭게 태어나야 하며 청년의 영적 원기의 회복이 필요하다고 강조했다. 전영택은 전통과 구습을 파괴하고 새로운 도덕을 건설해야 하며, 노동과 사랑과 종교가 일체가 되는 전적 생활론을 주장했다. 1910년대에 재일본조선유학생학우회지인 《학지광》에 소개된 한국의 니체에 대한 논의는 앞에서 살펴보았듯이 최승구, 주종건, 현상윤, 이광수, 전영택 등 다섯 명의 글에서 나타난다. 한국에서의 니체는 1914년에서 1917년의 비슷한 시기에 일본 도쿄에서 유학했던 유학생 그룹에 의해 다루어졌는데, 이는 일종의 집단적 학적 담론의 성격을 지닌 것으로 보인다.

이들의 니체 논의의 성격은 다음의 몇 가지 사항으로 정리될 수 있을 것이다.

첫째, 1910년대 식민지 조선의 젊은 지식인의 집단적 니체 언급은 일본 도쿄 유학생 그룹에 의해서 이루어졌으며, 《학지광》이라는 그들의 학우회 성격의 잡지에 게재되며 소개되었다. 아직 이들의 논의가 체계적이지 않다는 것은 이들이 사용한 니체라는 이름의 표기가 '닛-제', '니-지에'(최승구), '니이체'(주종건), '니이체'(현상윤, 전영택), '닛체'(이광수) 등 여러 가지로 통일성을 보이지 않다는 사실에서도 잘 드러난다. 그러나 이들의 작업은 각기 서술방식이나 문제의식은 다르지만 크게 보면 당시 식민지 조선의 문제를 해결하고자 하는 집단적 성격을 보이고 있다.

둘째, 《학지광》의 조선 지식인 청년들의 니체에 대한 언급이나 논의는 1910년대 다이쇼 시기 생명주의와 문화주의의 영향을 받고 있었다. '생명', '영', '자아' 등의 어휘를 통해 식민지 조선의 문제를 해결하고자 한 이들의 시도는 당시 일본 지성계의 영향 아래서 이루어졌다.

셋째, 《학지광》에 참여하고 있던 조선 지식인 청년들이 당시 일본 지성계의 영향을 받고 있었지만, 세계문명의 인식, 조선 멸망의 원인, 조선 혁신, 자아혁명이나 자아실현, 생활 개량과 사회 개량, 청년의 자각 등과 같은 그들의 문제의식은 분명 식민지 조선의 문제와 맞닿아 있었다. 그들이 당시 동북아시아에 영향을 미친 서양사상을 수용하면서, 특히 니체를 언급한 것은 단순한 지적 호기심 이상의 의미를 갖는 것이었다. 이는 나라를 잃어버리고 암담한 현실에 직면해 개인과 사회, 일상적 생활을 혁신할 수 있는 방법에 대한 고뇌가 담긴 것이었다.

넷째, 최승구, 이광수, 전영택 등에서 볼 수 있듯이 그들은 전통 유가적 사유의 한계를 비판하며 새로운 도덕을 모색하려는 시도를 했다. 이들은 유가의 허례허식, 권위주의 문화 등 구습을 비판하며, 인간 평등, 남녀평등, 인간 존중의 사상을 서양사상에서 가져오고자 했다. 그들에게 니체의 개인주의나 강력주의는 개인의 능력과 자아실현의 길을 모색하는 데 사상적 마중물로 작용했던 것이다.

다섯째, 그들은 당시 지배적이었던 다이쇼 생명주의라는 일본 지성계의 영향을 받긴 했지만, 그들의 해결책은 이들과 다른 독자적 길을 모색했다. 현상윤이 니체를 통해 찾은 강력주의는 개인주의를 단순히 개체적 차원의 자아실현으로 이해한 것이 아니라 민족과 국가로 연결하는 것이었고, 이광수의 살음(생명)과 영적 원기 회복은 식민지 조선의 청년이 깨어있어야 한다는 정신적 자각의 메시지를 담은 것이었다. 최승구와 전영택은 니체의 초인을 통해 자아혁명의 가능성을 모색하며 구습에 젖고 활기를 상실한 생활(삶)과 사회를 혁신할 수 있는 가능성을 찾았던 것이다.

여섯째, 《학지광》에 참여한 청년 지식인들의 현실 인식은 참담한 식민지 조선의 민중의 현실을 철저히 반영하지 못한 것으로 보인다. 1910년대 식민지 조선의 현실은 매우 척박했다. 이때는 일제가 동화주의 정책을 펴면서 조선의 토지조사사업을 하고 식민지 착취를 시작했고, 황폐된 삶의 조건이나 물질적 결핍으로 사람들은 만주로 이주하는 상황이었다. 이들 청년 지식인들의 문제의식은 러일전쟁에서 승리하고 조선을 식민지화하며 제국주의로 성장하는 일본 지성계의 영향을 받으며 나온 것이었으며, 그들이 식민지 조선에 대해 다양한 문제의식을 지니며 자신의 시대 문제들을 풀어내고자 하는 시도를 하기는 했어도 직접 독립을 위한 다양한 투쟁 노선과 같은 현실적 방안을 모색하거나 고민한 흔적을 직접 드러내기는 어려웠을 것이다. 생활론이나 자아혁명, 자아실현 등의 문제는 우리에게 필요한, 우리가 해결해야 하는 시의적인 문제이기는 했어도 다소 낭만적이고 지적으로 접근할 수 있는 학적 담론의 형태를 띠고 있다고 볼 수 있다.

　한국에서의 초기 니체 수용은 주로 일본을 통해 이루어졌다. 니체사상이 일본에서 식민지 조선으로 전이되는 첫 발자취에는 일본 지성사의 다양한 논의가 각인되어 있지만 동시에 식민지 조선의 문제를 해결하고자 하는 조선 청년들의 고뇌와 문제의식이 함께 담겨 있었다. 1910년대 식민지 조선에서의 니체 수용에는 전이, 수용, 변용, 재형성, 사회와 문화에 대한 영향 등 여러 발자국이 동시에 나 있다. 여기에는 유럽에서 러시아로, 그리고 또 러시아에서 일본으로 전이되면서 형성된 다양한 학적 담론의 궤적이나 사회문제를 풀어내는 이슈들이 함께 지성사적 지문처럼 묻어 있다. 식민지 조선에서 니체 수용은 동북아시아의 정치사회적 동력이 반영된 문제의식을 담고 있으며, 비록 일본 도쿄에 유학한 청년 지식인들에 의해 이루어지긴 했지만 식민지 조선이 처한 현실 문제를 해결하고자 하는 문제의식과 해결책에 대한 젊은 지식인들의 고뇌를 담은 것이었다.

니체가 '세계의 비밀Welträtsel'이라고 표현한 바 있듯이 이중 혹은 다중으로 중첩되고 접합되고 중층화되어 다양한 시대적 지문이 묻어 있는 동북아시아 지성사에는 아직 밝혀지지 않은 영향사Wirkungsgeschichte적 과제가 많이 있으며 그 가운데 중요한 논의가 니체 사상과 연관되어 있다. 니체에 관한 논의는 거대하게 동북아시아의 지성사적 지평Dimension 위에 펼쳐져 있으며, 이제 한국에서의 니체연구는 그 지평을 넘나드는 트랜스네이션의 횡단적·해석학적 시각을 가질 필요가 있다. 이렇게 할 때 한국에서 니체를 연구하는 이유와 그 정신사적 뿌리를 확인할 수 있으며, 1910년대 조선 식민지 청년들이 시대의 문제의식을 담아 니체를 읽어냈듯이 오늘날 한국에서의 니체연구가 동북아를 넘어 인류의 문제를 담아 세계로 발신할 수 있는 의미 있는 메시지를 담아낼 수 있을 것이다.

주
참고문헌

책을 펴내며

주

1. 러시아의 수용사에 대한 논의는 다음을 참조할 것. Bernice Glatzer Rosenthal(ed.), *Nietzsche in Russia*, Princeton University Press, 1986; Bernice G. Rosenthal(ed.), *Nietzsche and Sowiet Culture*, Cambridge University Press, 1994; Bernice G. Rosenthal, *New Myth, New World: from Nietzsche to Stalinism*, Pennsylvania State University, 2002.; Edith W. Clowes, *The Revolution of Moral Consciousness: Nietzsche in Russian Literature 1890-1914*, Northern Illinois University Press, 1988; Nel Grillaert, What God-seekers found in Nietzsche, Rodopi, 2008; Ю.В. Синеокая, Е.А. Полякова (сост.), *Фридрих Ницше: наследие и проект*, Издательский Дом ЯСК: Языки славянской культуры, 2017.일본의 니체 수용사로, Hans-Joachim Becker, *Die Fruhe Nietzsche-Rezeption in Japan (1893-1903): Ein Beitrag zur Individualismusproblematik im Modernisierungsprozeß.*, Otto Harrassowiz, 1983가 있다. 러시아에서 일본으로 니체가 수용된 과정을 추적한 저서로는, Konishi Sho, *Anarchist Modernity: Cooperation and Japanese-Russian Intellectual Relations in Modern Japan*, Harvard University Asia Center, 2013가 있다.중국의 수용사는 미국 버팔로 소재의 뉴욕주립대학의 샤오 리신 Shao Lixin의 박사학위 논문(1995)을 다시 책으로 출간하는 형태로 소개되었다(Shao Lixin, *Nietzsche in China*, Peter Lang, 1999; 黃懷軍,《中國現代作家與尼采》, 四川大學博士論文, 2007).

2. 한국의 니체 수용사에 관해서는 다음의 논문이 있다. Dong-Ho Choung, 'Nietzsche in Korea', *Nietzsche-Studien* 25, 1996, 380~391쪽; 김미기, 〈한국 니체 철학 연구의 발전과 수용: 니체 연구의 성과와 세계 표준판 니체 전집의 완역〉, 정동호 외 지음,《오늘 우리는 왜 니체를 읽는가》, 책세상, 2003, 513~537쪽; Kim, Jyung-Hyun, "Die Nietzsche-Rezeption in Korea. Ihre Bedeutung in der Geistesgeschichte Koreas", *Nietzsche-Studien* 43, 2014, 217~228쪽.

3. 서북학회에 게재된 글에 대한 분석으로는, Jyung-Hyun Kim, "Nietzsche und die koreanische Geistesgeschichte am Anfang des 20. Jahrhunderts", *Nietzsche-forschung* 23, 2016, 225~244쪽을 참조할 것.

1장. 19세기 말 러시아의 사상지형과 니콜라이 그롯의 니체와 톨스토이 해석

주

1. Юлия В. Синеокая, "Восприятие идей Ницше в России: основные этапы, тенденции, значение", *Ф. Ницше и философия в России* СПб, Русский Христианский гуманитарный институт, 1999, 7쪽.

2. 이명현, 〈벨르이와 블록의 니체 수용〉, 《Acta Russiana》 제1호, 고려대학교 러시아CIS연구소, 2009, 107쪽.

3. 김정현, 〈니체, 톨스토이, 그리고 20세기 초 동북아시아의 정신사〉, 《니체연구》 제37집, 한국니체학회, 2020, 164~165쪽.

4. 소영현, 〈知의 근대적 전환: 톨스토이 수용을 통해 본 '근대지'의 편성과 유통〉, 《동방학지》 제154호, 연세대학교 국학연구원, 2011, 184~186쪽.

5. 김정현, 앞의 글, 150쪽.

6. Юлия В. Синеокая, 앞의 글, 11쪽.

7. 포베도노스체프는 알렉산드르 3세 재위 기간 신성종무원Holy Synod 원장이었으며, 철저한 보수주의자이다. 당시 국가정책에 결정적 영향력을 행사했다. 러시아를 혁명적 동요와 혼란에서 구할 수 있는 것은 전제정치, 러시아 정교, 민족성이라는 원칙을 천명했다.

8. Nel Grillaert, *What the God-seekers found in Nietzsche: The Reception of Nietzsche's Übermensch by the Philosophers of the Russian Religious Renaissance*, Rodopi B.V., 2008, 20쪽.

9. Юлия В. Синеокая, 앞의 글, 11쪽.

10. Nel Grillaert, 앞의 글, 21쪽.

11. Bernice Rosenthal, *New Myth, New World: from Nietzsche to Stalinism*, Pennsylvania State University, 2002, 27쪽.

12. Юлия В. Синеокая, 앞의 글, 11쪽.

13. 위의 글, 15쪽.

14. 위의 글, 10쪽.

15. 앞의 글, 17쪽.

16. George L. Kline, "Foreword", Bernice Rosenthal (ed.), *Nietzsche in Russia*, Princeton University Press, 1986, 11쪽.

17. А.В. Цветков, "Рецепция ницшеанских идей в России на рубеже XIX- XX вв.", *Ярославский педагогический вестник* No. 4 ТомI, Ярославский государственный педагогический университет им. К. Д. Ушинского, 2012, 289쪽.

18. Юлия В. Синеокая, 앞의 글, 17~18쪽.

19. 위의 글, 23~24쪽.

20. 위의 글, 26~28쪽.

21. 위의 글, 28쪽.

22. 위의 글, 29쪽.

23. 위의 글, 30~31쪽.

24. Nel Grillaert, 앞의 글, 19~20쪽.

25. Юлия В. Синеокая, 앞의 글, 12쪽.

26. 위의 글, 13쪽.

27. 이현숙, 〈러시아 상징주의와 니체: 가치의 재평가와 미래의 문화 창조〉, 《노어노 문학》 제22권 4호, 한국노어노문학회, 2010, 340쪽.

28. Bernice Rosenthal, "Introduction", Bernice Rosenthal (ed.), *Nietzsche in Russia*, (Princeton University Press, 1986), 8쪽.

29. Лапшин И.Е., "Этическое восприятие идей Ницше в русской философии рубежа XIX-XX вв.", *История, политика и философия в эпоху глобализации*, Российский ун-т дружбы народов, 2016, 52~53쪽.

30. Юлия В. Синеокая, 앞의 글, 32쪽.

31. Edith W. Clowes, *The Revolution of Moral Consciousness: Nietzsche in Russian Literature, 1890-1914*, Northern Illinois University Press, 1988, 15쪽.

32. 데카브리스트의 난은 1825년 12월 상트페테르부르크에서 농노제 폐지와 입헌군주제를 요구하며 러시아 청년 장교들이 일으킨 반란이다. 그들 대부분은 1812년 나폴레옹 전쟁 시기에 서유럽의 자유사상을 접한 귀족 출신의 청년 장교들이었다. 12월의 러시아어인 '데카브리декабрь'에서 유래하여 12월에 봉기를 일으킨 그들을 '데카브리스트декабрист', 즉 '12월 당원'이라고 명칭한다. 그들의 반란은 조직력과 준비 부족으로 실패했다. 이는 러시아 최초의 혁명 운동이다.

33. '잉여인간'은 19세기 러시아 문학에 등장하는 인물 유형이다. 대부분 귀족 출신으로 교양과 능력을 갖추었으나 사회적 영역에서 자신의 재능을 실현하지 못한

다. 주위 환경에 대해 냉소적이며 방관적 태도를 취한다. 이 용어는 투르게네프의 《잉여인간의 일기Дневник лишнего человека》라는 작품에서 비롯되었다.

34. Edith W. Clowes, 앞의 글, 29~31쪽.

35. Юлия В. Синеокая, 앞의 글 8쪽.

36. 위의 글, 19쪽.

37. Nel Grillaert, 앞의 글, p. 24. 모스크바심리학회는 트로이츠키M. M. Troitsky 의 발의로 1885년 1월 24일 창립되었고 트로이츠키를 회장으로 선출했다. 3년 후인 1888년 니콜라이 그롯이 회장이 되었으며, 1899년 그의 사망까지 회장직 을 역임한다. 1889년 그롯의 주도로《철학과 심리학의 문제들》을 발간했으며, 이 저널은 당시 러시아에서 가장 많은 부수를 발간하는 가장 영향력 있는 철학 출판 물이 되었다.

38. Ann M. Lane, "Nietzsche Come to Russia: Popularization and Protest in the 1890s", Bernice Rosenthal (ed.), *Nietzsche in Russia*, Princeton University Press, 1986, 52쪽.

39. Юлия В. Синеокая, 앞의 글, 15쪽.

40. Юлия В. Синеокая кроме, *Ницше: pro et contra: Антология*, СПб, Издательство Русского Христианского Гуманитарного Института, 2001, 1029쪽.

41. Nel Grillaert, 앞의 글, 25쪽.

42. Ann M. Lane, 앞의 글, 51~52쪽.

43. Nel Grillaert, 앞의 글, 25쪽.

44. В.П. Преображенский, "Фридрих Ницше, Критика морали альтруизма", *Ницше: pro et contra: Антология* СПб, Издательство Русского Христианского Гуманитарного Института, 2001, 31쪽.

45. Nel Grillaert, 앞의 글, 25쪽.

46. Ann M. Lane, 앞의 글, 53쪽.

47. Nel Grillaert, 앞의 글, 26쪽.

48. 위의 책, 27~28쪽.

49. L. 로파틴, 〈아픈 진실: 프레오브라젠스키의 논문 "프리드리히 니체. 이타주의 도 덕 비판"에 관한 단평Bol'naia iskrennost': Zametka po povody stat'i V.Preo-brazhenskogo "Fridrikh Nitsshe. Kritika morali al'truizma"〉,《철학과 심리 학의 문제들Вопросы философии и психологии》No. 16, 1893, 109~114쪽; N. 그롯, 〈우리 시대의 도덕적 이상들: 프리드리히 니체와 레프 톨스토이Nrav-stvennye idealy nashego vremeni: Fridrikh Nitsshe i Lev Tolstoi, 같은 책,

129~154쪽; P. 아스타피예프, 〈퇴폐주의의 도덕적 이상의 기원Genezis nravst-vennogo ideala dekadenta〉, 같은 책, 56~75쪽.

50. 톨스토이와 그롯은 1885년에 서로를 알게 된다. 그롯은 톨스토이를 모스크바 심리학회에 가입시켰고, 톨스토이는 학회 기관지인 《철학과 심리학의 문제들》에 자신의 논문 두 편을 발표하기도 했다. 〈의지의 자유에 관한 문제에 대하여 K voprosy o svobode voli〉(21호, 1894), 〈예술이란 무엇인가?Chto takoe iskusstvo〉(40·41호, 1898). 그들의 교류는 그롯이 1899년에 사망할 때까지 지속된다. 톨스토이는 1910년 그롯에 대한 회상기를 쓰기도 한다. 톨스토이는 그의 비서인 체르트코프에게 보내는 편지에 이렇게 쓰기도 했다. "나는 이곳에서 철학자인 그롯을 알게 되었네. 그가 무척 마음에 드는데, 그것이 그가 단지 나와 견해를 같이 한다는 이유만이 아니길 기대하네."

51. Ю.В. Синеокая, Е.А. Полякова (сост.), *Фридрих Ницше: наследие и проект*, Издательский Дом ЯСК: Языки славянской культуры, 2017, 19쪽.

52. Н.Я. Грот, "Нравственные идеалы нашего времени. Фридрих Ницше и Лев Толстой", *Ницше: pro et contra: Антология* СПб, 2001, 74쪽.

53. 위의 글, 75쪽.

54. 위의 글, 75~78쪽.

55. 위의 글, 79쪽.

56. 위의 글, 81쪽.

57. 위의 글, 81~83쪽.

58. 위의 글, 83쪽.

59. 위의 글, 85~86쪽.

60. 위의 글, 89쪽.

61. 오이시 기이치로 외 엮음, 이신철 옮김, 《니체사전》, 도서출판b, 2016, 149쪽.

62. 김정현, 앞의 글, 159쪽. 고니시 마스타로는 그롯과 교류하고, 또한 톨스토이와도 교분을 쌓은 첫 일본인이었다. 키예프신학교를 졸업한 고니시 마스타로는 이후 모스크바로 와서 모스크바국립대에서 청강생으로 심리학을 공부한다. 그때 모스크바대학교 교수였던 그롯을 만나고, 모스크바 심리학회 회원으로 활동하며, 《철학과 심리학의 문제들》에 동양사상에 관한 글들을 기고한다. 그롯의 소개로 1892년 톨스토이를 만나게 되었고, 함께 도덕경을 러시아어로 번역했다. 고니시 마스타로가 일본에 니체 사상을 소개하는 과정은 김정현의 논문에 자세히 밝혀져 있다.

참고문헌

김정현, 〈니체, 톨스토이, 그리고 20세기 초 동북아시아의 정신사〉, 《니체연구》 제 37집, 2020, 137~170쪽.

소영현, 〈知의 근대적 전환: 톨스토이 수용을 통해 본 '근대지'의 편성과 유통〉, 《동방 학지》 제154호, 연세대학교 국학연구원, 2011, 173~218쪽.

오이시 기이치로 외 엮음, 이신철 옮김, 《니체사전》, 도서출판b, 2016.

이명현, 〈벨르이와 블록의 니체 수용〉, 《Acta Russiana》 제1호, 고려대학교 러시아 CIS연구소, 2009, 107~125쪽.

이현숙, 〈러시아 상징주의와 니체: 가치의 재평가와 미래의 문화 창조〉, 《노어노문학》 제22권 4호, 한국노어노문학회, 2010, 339~356쪽.

Clowes, Edith W., *The Revolution of Moral Consciousness: Nietzsche in Russian Literature, 1890-1914*, Northern Illinois University Press, 1988.

Grillaert, Nel, *What the God-seekers found in Nietzsche. The Reception of Nietzsche's Übermensch by the Philosophers of the Russian Religious Renaissance*, Rodopi B.V., 2008.

George L. Kline, "Foreword", Bernice Rosenthal (ed.), *Nietzsche in Russia*, Princeton University Press, 1986, pp. 11~16쪽.

Lane, Ann M., "Nietzsche Come to Russia: Popularization and Protest in the 1890s", Rosenthal, Bernice (ed.), *Nietzsche in Russia*, New Jersey: Princeton University Press, 1986, 51~68쪽.

Rosenthal, Bernice, "Introduction", Bernice Rosenthal (ed.), *Nietzsche in Russia*, Princeton University Press, 1986, 3~48쪽.

Rosenthal, Bernice, *New Myth, New World: from Nietzsche to Stalinism*, Pennsylvania State University, 2002.

Грот, Н.Я., "Нравственные идеалы нашего времени. Фридрих Ницше и Лев Толстой", *Ницше: pro et contra: Антология* СПб, 2001, 70~90쪽.

И.Е., Лапшин, "Этическое восприятие идей Ницше в русской философии рубежа XIX-XX вв.", *История, политика и философия в эпоху глобализации*, Российский ун-т дружбы народов, 2016, 52~61쪽.

Синеокая, Юлия В. кроме, *Ницше: pro et contra: Антология* СПб, Издательство

Русского Христианского Гуманитарного Института, 2001.

В.П., Преображенский, "Фридрих Ницше, Критика морали альтруизма", *Ницше: pro et contra: Антология* СПб, Издательство Русского Христианского Гуманитарного Института, 2001, 30~64쪽.

Синеокая, Ю.В., Полякова Е.А., (сост.), *Фридрих Ницше: наследие и проект*, Издательский Дом ЯСК: Языки славянской культуры, 2017.

Синеокая, Юлия В., "Восприятие идей Ницше в России: основные этапы, тенденции, значение", Ф. *Ницше и философия в России* СПб, Русский Христианский гуманитарный институт, 1999, 7~37쪽.

Цветков, А.В., "Рецепция ницшеанских идей в России на рубеже XIX-XX вв.", *Ярославский педагогический вестник* No. 4, 2012, 288~290쪽.

2장. 고니시 마스타로의 니체와 톨스토이 수용과 일본 정신사적 의미

주

1. 《중국현대문학》23호, 한국중국현대문학학회, 2002, 15~38쪽.

2. 이상옥, 〈니체와 근대 중국의 사상: 왕국유(王國維)와 노신(魯迅)에 미친 영향을 중심으로〉, 《니체연구》제15집, 2009, 249~282쪽. 이 외에도 다음의 연구를 참고하라. 〈니체철학과 문화, 신화: 니체 중국 수용의 이중성: 현대 중국 사상의 표상을 중심으로〉, 《니체연구》제18집, 2010, 153~184쪽; 〈중국 현대 이데올로기와 니체: 제3차 니체열(熱)의 내용과 함의〉, 《니체연구》제21집, 2012, 135~160쪽; 〈현대성, 그리고 허무: 현대 중국의 니체에 관한 두 가지 주제〉, 《동양문화연구》14호, 2013, 119~141쪽; 〈현대성의 이중성: 량치차오(梁啓超)와 왕국유(王國維)의 니체 수용(受容)을 중심으로〉, 《니체연구》제26집, 2014, 339~366쪽; 〈현대 중국의 니체 이해의 세 가지 방법〉, 《니체연구》제28집, 2015, 253~275쪽; 〈왕국유(王國維)와 니체: 현대 중국 미학 체계의 형성〉, 《니체연구》제30집, 2016, 119~142쪽; 〈노신(魯迅)과 니체: 노신 전기(前期) 사상에 끼친 니체 영향을 중심으로〉, 《니체연구》제32집, 2017, 317~347쪽; 〈니체와 현대 중국 문학: 노신(魯迅) 후기(後期) 문학에 끼친 니체의 영향〉, 《니체연구》제33집, 2018, 293~320쪽; 〈의지(意志) 문학과 니체: 1940년대 중국 전국책파(戰國策派)의 니체 영향〉, 《니체연구》제34집, 2018, 245~269쪽; 〈중국 사상과 니체: 1980년대 니체의 중국 사상에의 영향〉, 《니체연구》제36집, 2019, 105~136쪽.

3. 《인문과학연구》제22집, 2009, 357~382쪽.

4. 《비교문화연구》제33집, 2013, 241~262쪽.

5. 《이화어문논집》제31집, 2013, 47~62쪽.

6. 《니체연구》제37집, 2020, 171~212쪽. 부제에 있는 '발생에'는 '발생을'의 오타인 것 같다.

7. 《니체연구》제3집, 1997, 156~176쪽.

8. 김정현의 〈니체, 톨스토이, 그리고 20세기 초 동북아시아의 정신사〉, 《니체연구》제37집, 2020에 의하면 《남북학회월보》가 아니라 《서북학회월보》가 맞다.

9. 소춘과 묘향산인은 1920년대의 천도교 사상가 '김기전'의 필명이다.

10. 《개신어문연구》제31집, 2010, 207~230쪽.

11. 《개신어문연구》제36집, 2012, 133~152쪽.

12. 《니체연구》제12집, 2007, 33~69쪽.

13. 《니체연구》제14집, 2008, 245~280쪽.

14. 《니체연구》제26집, 2014, 305~337쪽.

15. 《니체연구》제39집, 2021, 245~276쪽.

16. 《니체연구》제37집, 2020, 137~170쪽.

17. 《니체연구》제161집, 2022, 129~153쪽.

18. 《니체연구》제20집, 2011, 39~62쪽.

19. 《니체연구》제20집, 2011, 63~95쪽.

20. 《중국현대문학》제95집, 2020, 175~210쪽.

21. 《한국문예비평연구》제65집, 2020, 67~88쪽.

22. 《니체연구》제34집, 2018, 215~244쪽. 이하 '정낙림(2018)'로 인용.

23. 《니체연구》제37집, 2020, 137~170쪽. 이하 '김정현(2020)'으로 인용.

24. 정낙림(2018), 217쪽.

25. 정낙림(2018), 237쪽.

26. 《신카이心海》는 당시 일본의 니콜라이 남자신학교의 기관지였다(柳富子, 〈明治期のトルストイ受容(中)〉, 《文学》제47집 4호, 1979, 103쪽). 니콜라이 신학교는 러시아 정교회에 속하는 신학교로, 고니시 마스타로가 러시아에 유학 가기 전에 다녔던 학교이다. 참고로 야나기 도미코柳富子는 이 논문 외에도 상上편과 하下편을 썼는데, 같은 해에 나온 《文学》제47집 3호와 제47집 10호에 각각 실려 있다. 이하에서는 이 세 편의 논문을 인용할 경우에 '柳富子(1979上)', '柳富子(1979中)', '柳富子(1979下)'로 표기하기로 한다. 이 세 편의 논문은 이후에 나온 저자의 단행본 《トルストイと日本》, 早稲田大学出版部, 1998, 3~67쪽에 수록되었다.

27. 정낙림(2018), 216쪽. 정식 제목은 "유럽의 대표적인 두 명의 도덕사상가 프리드리히 니체 씨와 레오 톨스토이 백작의 견해 비교(歐洲に於ける德義思想の二代表者フリデリヒ, ニツシュ氏とレオ, トルストイ伯との意見比較)"이다.

28. 《니체연구》제12집, 2007, 39쪽.

29. 이에 대해서는 김정현(2020), 138쪽을 참조하라.

30. 고니시와 톨스토이의 《도덕경》번역에 대해서는 니콜라예비치 톨스토이, 최재목 역, 《톨스토이가 번역한 노자 도덕경》, 21세기문화원, 2021의 〈옮긴이 해설〉을 참고하라.

31. '협력과 교류'는 고니시 쇼Konishi Sho의 책 *Anarchist Modernity: Cooperation and Japanese-Russian Intellectual Relations in Modern Japan*, Cambridge and London: Harvard University Asia Center, 2013에서 빌려왔다. 이하 'Konishi Sho(2013)'로 약칭.

32. 茅野良男,〈明治時代のニーチェ解釈: 登張・高山・桑木を中心に 三十年代前半まで〉,《実存主義》63호 6월, 1973〔이하 '茅野良男(1973)'으로 약칭〕, 3쪽.

33.〈歐洲に於ける德義思想の二代表者フリデリヒ,ニツシュ氏とレオ,トルストイ佰との意見比較〉,《心海》4호, 1893과〈ニツシュ氏と トルストイ佰德義思想を評す〉,《心海》5호, 1894. 이상, 김정현(2020), 158~159쪽 참조.

34. "Finally, in contrasting Nietzsche negatively with Tolstoy, the nature of the article appears quite consistent with Konishi's attempt to introduce Tolstoy as an important ethical thinker"(Konishi Sho(2013), 127쪽). 김정현(2020), 151쪽, 160쪽 참조.

35. 柳富子(1979上), 82쪽.

36. 柳富子(1979上), 78~79쪽.

37. 柳富子(1979上), 81쪽.

38. 柳富子(1979上), 82쪽.

39. 小西増太郎,〈露国思想会の近況(上・中・下)〉,《六合雑誌》1월・3월・4월, 1894, 柳富子(1979上), 85쪽 참조.

40. 柳富子(1979上), 85쪽.

41. 柳富子(1979上), 86쪽.

42. Susanna Fessler, "Anesaki Masaharu's Reception of Leo Tolstoy and His Failed Attempt at Finding the Faith", *The Journal of Transcultural Studies*, Issue 1-2, 2018, 72쪽.

43. 幸徳秋水・堺枯川,〈トルストイの日露戦争論〉,《平民新聞》39, 1904.

44. 柳富子(1979中), 96쪽.

45. 柳富子(1979中), 102쪽.

46. 柳富子(1979中), 102~103쪽.

47. 柳富子(1979中), 103~104쪽.

48. 茅野良男(1973), 6쪽.

49. 柳富子(1979中), 105~106쪽.

50. 柳富子(1979中), 106~107쪽.

51. 柳富子(1979下), 39쪽.

52. 김정현(2020), 152~153쪽.

53. 여기에서 '1-56'은 '1893년 12월에 나온《심해》4호에 실린 고니시의 글 56쪽'을 의미한다. 마찬가지로 '2-56'은 '1894년 1월에 나온《심해》5호에 실린 고니시의 글 56쪽'을 나타낸다.

54. "니체는 자연적 욕망을 발달시켜 인간 이상의 인간을 만들고자 한다."(1-60)

55. "(톨스토이는) 사리사욕을 제멋대로 놔두는 것이 아니라 그것을 완전히 억압하고, 헌신·박애·동정을 성대하게 하여 스스로 겸손·인내를 가지고 악에 대적하는 데 있다고 본다."(1-59)

56. "그(=니체)는 말한다: 종교는 덕의를 파괴시키기 때문에 마땅히 그 패덕敗德의 원인인 종교를 박멸시켜야 한다."(1-59)

57. "어떤 사람은 인류를 종교 덕의의 속박에서 벗어나서 자연에 방임하게 함으로써 인물을 양성해야 한다고 주장하는 반면에, 다른 사람은 종교의 힘을 빌려서 자연의 정욕을 절제함으로써 덕의를 혁신해야 한다고 주장한다. 전자의 학설을 주창하는 자는 오늘날 유럽에서 저명한 윤리학자 프리드리히 니체씨이고, 후자의 학설을 대표하는 자는 러시아의 저명한 작가 레오 톨스토이 백작이다."(1-56)

58. 근대 일본의 '개조론'에 대해서는 백지운, 〈문명의 전환과 세계의 개조: 1차대전 직후《카이조오改造》의 문명론〉,《동방학지》제173호, 2016, 135~159쪽을 참고했다.

59. 生田長江·本間久雄,《社会改造の八大思想家》, 東京堂書店, 1920.

60. 이에 대해서는 山中芳和, 〈土田杏村の教育観と修身教科書批判(2):《道徳改造論》を中心に〉,《岡山大学大学院教育学研究科紀要集録》158, 2015, 11~22쪽을 참고했다.

61. 동학에서 원불교로 이어지는 '개벽' 개념의 대강에 대해서는 조성환, 〈혁명革命에서 개벽開闢으로: 동학에서의 도덕의 전환을 중심으로〉(강원돈 외,《근대사상의 수용과 변용Ⅱ》, 보고사, 2021 수록)를 참고하기 바란다.

62. "니체와 같이 동물적 인간을 개량하여 동물 이상의 인간이 되게 하는 것"(1-59), "니체는 인간은 악한 동물이고, 동물 중에서 가장 악하다고 본다."(1-61)

63. "니체는 우승열패는 천리天理라고 믿는데"(2-30), "약자가 강자의 먹이가 되는 것은 자연의 이치라고 생각한다."(1-61)

64. 김정현(2020), 155쪽.

65. 《国民之友》은 1887년에 창간되어 1898년에 폐간되었다.

66. 2007년에 나온 오타 겐이치太田健一의 고니시 연구서에 부록으로 실려 있는 연

표에 의하면, 고니시는 1887년 5월 1일에 요코하마 항구를 출발하여 6월 30일에 러시아의 상트페테르부르크에 도착한다. 그리고 1893년 9월 24일에 러시아 오데사를 출발하여 10월 29일에 일본에 귀국한다(太田健一,《小西增太郎·トルストイ·野崎武吉郎: 交情の軌跡》, 吉備人出判, 2007, 263~264쪽).

67. 松本三之介,《'利己'と他者のはざまで: 近代日本における社会進化思想》, 以文社, 2017〔이하 '松本三之介(2017)'로 약칭〕, 159쪽.

68. 松本三之介(2017), 174쪽.

69. 松本三之介(2017), 176쪽.

70. 이에 대해서는 마쓰모토 산노스케松本三之介의 다음과 같은 말을 참고했다. "일본에 진화론이 소개된 것은 1877년(메이지明治 10년)의 일인데, 일본에서도 진화론이 사회사상에 끼친 영향은 지극히 광범위했다."(松本三之介(2017), 3쪽) 1877년은 고니시 마스타로(1862~1940)가 16세 때로, 러시아에 유학 가기 10년 전에 해당한다(1887년에 러시아 유학).

71. 정낙림(2018), 223쪽; 김정현(2020), 160~161쪽.

72. 桑木嚴翼,《ニーチェ氏倫理說一斑》, 弘文堂, 1902〔이하 '桑木嚴翼(1902)'로 약칭〕, 1쪽.

73. 桑木嚴翼(1902), 10쪽.

74. 茅野良男(1973), 7쪽.

75. 林正子,〈明治中後期から大正期にかけての評論におけるドイツ思想·文化受容の系譜(概論)〉,《岐阜大学国語国文学》32, 2005, 25쪽.

76. 和辻哲郎,《ニイチェ研究》, 筑摩書房, 1942(개정 3판), 4쪽.

77. 박규태,〈일본인의 생명관: 계보적 일고찰〉,《원불교신문》, 2010. 4. 23.,〔http://www.wonnews.co.kr/news/articleView.html?idxno=97531〕.

78. 아네자키 마사하루는 1910년에서 1911년에 걸쳐 쇼펜하우어의《의지와 표상으로서의 세계》를 세 권으로 번역했다.

79. 茅野良男(1973), 4쪽.

참고문헌

1. 단행본

桑木嚴翼,《ニーチェ氏倫理說一斑》, 弘文堂, 1902.

生田長江・本間久雄,《社会改造の八大思想家》, 東京堂書店, 1920.

和辻哲郎,《ニイチェ研究(改訂 3版)》, 筑摩書房, 1942.

柳富子,《トルストイと日本》, 早稲田大学出版部, 1998.

太田健一,《小西増太郎・トルストイ・野崎武吉郎: 交情の軌跡》, 吉備人出判, 2007.

松本三之介,《'利己'と他者のはざまで: 近代日本における社会進化思想》, 以文社, 2017.

Konishi Sho, *Anarchist Modernity : Cooperation and Japanese-Russian Intellectual Relations in Modern Japan*, Cambridge and London: Harvard University Asia Center, 2013.

니콜라예비치 톨스토이, 최재목 역,《톨스토이가 번역한 노자 도덕경》, 21세기문화원, 2021.

2. 논문

박노균,〈니이체와 한국문학〉,《니체연구》제3집, 1997, 156~176쪽.

정낙림,〈일본의 초기 니체 수용사: 1890~1910년까지〉,《니체연구》제34집, 2018, 215~244쪽.

김정현,〈니체, 톨스토이, 그리고 20세기 초 동북아시아의 정신사〉,《니체연구》제37집, 2020, 137~170쪽.

조성환,〈혁명에서 개벽으로: 동학에서의 도덕의 전환을 중심으로〉, 강원돈 외,《근대사상의 수용과 변용II》, 보고사, 2021, 91~114쪽.

小西増太郎,〈歐洲に於ける德義思想の二代表者: フリデリヒ,ニツシュ氏とレオ,トウストイ佰との意見比較〉,《心海》4, 1893. 12., 56~61쪽.

小西増太郎,〈ニツシュ氏とトルストイ佰德義思想を評す〉,《心海》5, 1894. 1, 30~33쪽.

茅野良男,〈明治時代のニーチェ解釈: 登張・高山・桑木を中心に三十年代前半まで〉,《実存主義》63, 1973. 6., 2~16쪽.

柳富子,〈明治期のトルストイ受容(上)〉,《文学》47-3, 1979, 78~88쪽.

柳富子,〈明治期のトルストイ受容(中)〉,《文学》47-4, 1979, 96~108쪽.

柳富子,〈明治期のトルストイ受容(下)〉,《文学》47-10, 1979, 38~52쪽.

林正子,〈明治中後期から大正期にかけての評論におけるドイツ思想・文化受容の系譜(概論)〉,《岐阜大学国語国文学》32, 2005. 12., 13~47쪽.

山中芳和,〈土田杏村の教育観と修身教科書批判(2):《道徳改造論》を中心に〉,《岡山大学大学院教育学研究科紀要集録》158, 2015, 11~22쪽.

Susanna Fessler, "Anesaki Masaharu's Reception of Leo Tolstoy and His Failed Attempt at Finding the Faith", *The Journal of Transcultural Studies*, Issue 1~2, 2018, 72~94쪽.

3. 기타

박규태,〈일본인의 생명관: 계보적 일고찰〉,《원불교신문》, 2010. 4. 23., 〔http://www.wonnews.co.kr/news/articleView.html?idxno=97531〕.

조성환,〈아시아로 들어온 톨스토이:《도덕경》에서 발견한 생명 평화의 길〉, 원광대학교 동북아시아인문사회연구소 발행,《동북아로》5권, 2021. 8., 26~29쪽.

3장. 다카야마 조규의 <미적 생활을 논하다>와 니체 사상

주

1. 高山樗牛, 〈美的生活を論ず〉, 《現代日本文学全集 59 高山樗牛 · 島村抱月 · 片上伸 · 生田長江》, 1958, 87~91쪽.

2. 高山樗牛, 〈姉崎嘲風に与ふる書(六)〉, 《現代日本文学全集 59 高山樗牛 · 島村抱月 · 片上伸 · 生田長江》, 1958, 76쪽.

3. 高山林次郎 著, 斎藤信策 · 姉崎正治 共編, 《樗牛全集(全5巻)》, 博文堂, 1906; 高山林次郎 著, 姉崎正治 · 笹川種郎 共編, 《樗牛全集 註釈 改訂(全7巻)》, 博文館, 1925~1933.

4. Hans-Joachim Becker, *Die Frühe Nietzsche-Rezeption in Japan (1893-1903)*, 97쪽 이하 및 杉田弘子, 《漱石の"猫"とニーチェ: 稀代の哲学者に震撼した近代日本の知性たち》, 白水社, 2010, 57쪽 참조.

5. "高山君の〈美的生活論〉は明かにニーチェの説にその根拠を有す。さればニーチェが学説の一斑に通ずるものに非ずんば'到底その本意を解し難し'況んやその妙味をや。"(登張竹風, 〈美的生活論とニイチエ〉, 《近代浪漫派文庫 14 登張竹風 · 生田長江》, 新学社, 2006)

6. 高山樗牛, 〈姉崎嘲風に与ふる書〉, 《現代日本文学全集 59 高山樗牛 · 島村抱月 · 片上伸 · 生田長江》, 1958, 78~79쪽.

7. 高山樗牛, 〈文明批評家としての文学者〉, 《現代日本文学全集 59 高山樗牛 · 島村抱月 · 片上伸 · 生田長江》, 1958, 62쪽.

8. 高山樗牛, 앞의 글, 62쪽; Theobald Ziegler, *Die geistigen und sozialen Strömungen des neunzehnten Jahrhunderts*, Georg Bondi, 1911(*1899), 588쪽 이하.

9. Friedrich Nietzsche, David Strauss der Bekenner und der Schriftsteller §2, KSA 1, 165쪽 이하; 'Nutzen und Nachteil der Historie für das Leben', *Unzeitgemäße Betrachtungen* II §10, KSA 1, 326쪽.

10. 高山樗牛, 앞의 글, 62쪽; Theobald Ziegler, *Die geistigen und sozialen Strömungen des neunzehnten Jahrhunderts*, Georg Bondi, 1911(*1899), 588쪽 이하.

11. Theobald Ziegler, 앞의 글, 605쪽.

12. 高山樗牛, 앞의 글, 63쪽.

13. 高山樗牛, 앞의 글, 67쪽.

14. 高山樗牛, 〈美的生活を論ず〉, 《現代日本文学全集 59 高山樗牛·島村抱月·片上伸·生田長江》, 1958, 87쪽.

15. 谷沢永一, 《文豪たちの大喧嘩: 鴎外·逍遥·樗牛》, 新潮社, 2003, 220~224쪽.

16. 杉田弘子, 《漱石の'猫'とニーチェ》, 白水社, 2010, 37쪽.

17. 岡崎義恵, 〈高山樗牛論〉, 《現代日本文学全集 59 高山樗牛·島村抱月·片上伸·生田長江》, 1958, 366쪽.

18. Theobald Ziegler, 앞의 글, 589쪽.

19. Friedrich Nietzsche, "Von den Verächtern des Leibes", *Also sprach Zarathustra* 1, KSA 4, 38쪽 이하.

20. Friedrich Nietzsche, *Jenseits von Gut und Böse* §260, KSA 5, 208쪽 이하.

21. Theobald Ziegler, 앞의 글, 595쪽.

22. Theobald Ziegler, 앞의 글, 596쪽.

23. 登張竹風, 〈美的生活論とニイチエ〉, 《近代浪漫派文庫 14 登張竹風·生田長江》, 新学社, 2006.

24. Friedrich Nietzsche, *Die fröhliche Wissenschaft* §341, KSA 3, 570쪽.

25. Theobald Ziegler, 앞의 글, 595쪽 이하.

26. 高山樗牛, 〈日蓮上人とは如何なる人ぞ〉, 《現代日本文学全集 59 高山樗牛·島村抱月·片上伸·生田長江》, 1958, 98쪽.

참고문헌

高山樗牛·島村抱月·片上伸·生田長江, 《現代日本文学全集 59 高山樗牛·島村抱月·片上伸·生田長江》, 筑摩書房, 1958.

登張竹風·生田長江, 《近代浪漫派文庫 14 登張竹風·生田長江》, 新学社, 2006.

高山林次郎, 斎藤信策·姉崎正治 共編, 《樗牛全集(全5巻)》, 博文堂, 1906.

高山林次郎, 姉崎正治·笹川種郎 共編, 《樗牛全集 註釈 改訂(全7巻)》, 博文館, 1925~1933.

杉田弘子,《漱石の'猫'とニーチェ》, 白水社, 2010.

杉田弘子,〈ニーチェ移入をめぐる資料的研究: 日本文献と外国文献の関係〉, 東京大学国語国文学会 編,《国語と国文学》, 1966. 5.

谷沢永一,《文豪たちの大喧嘩: 鴎外・逍遥・樗牛》, 新潮社, 2003.

岡崎義恵,〈高山樗牛論〉,《現代日本文学全集 59 高山樗牛・島村抱月・片上伸・生田長江》, 筑摩書房, 1958.

Friedrich Nietzsche, 'David Strauss der Bekenner und der Schriftsteller', *Unzeitgemäße Betrachtungen I*, KSA 1 In: Giorgio Colli und Mazzino Montinari (Hrsg.): *Friedrich Nietzsche, Sämtliche Werke: Kritische Studienausgabe*, Walter de Gruyter, 1967~1977 und 1988.

_____, 'Nutzen und Nachteil der Historie für das Leben', *Unzeitgemäße Betrachtungen II*, KSA 1.

_____, *Die fröhliche Wissenschaft*, KSA 3.

_____, *Also sprach Zarathustra*, KSA 4.

_____, *Jenseits von Gut und Böse*, KSA 5.

Theobald Ziegler, *Die geistigen und sozialen Strömungen des neunzehnten Jahrhunderts*, Georg Bondi, 1911 (*1899).

Hans-Joachim Becker, *Die Frühe Nietzsche-Rezeption in Japan (1893-1903): Ein Beitrag zur Individualismusproblematik im Modernisierungsprozeß*, Otto Harrassowiz, 1983.

4장. 우키타 가즈타미의 애기 / 애타 해석과
윤리적 제국주의론

주

1. 日露戦争特別展, 〈第1回帝国議会·衆議院議事録: 1890(明治23). 11. 29.~ 1891(明治24). 3. 7.〉, Ref.A07050000300, 2022. 1. 4., (https://www.jacar. go.jp/nichiro2/sensoushi/seiji03_outline.html).
아시아역사자료센터의 러일전쟁특별전 중의원 제1회 통상회의사 속기록 1890년 12월 7일자 기록을 보면, 야마가타 아리토모山県有朋 총리대신이 수상시정방침 연설에서 일본의 주권선과 이익선을 지킨다는 취지의 '외교정략론'을 설명하면서 사용하여 '주권선主権線'과 '이익선利益線'이라는 용어가 정착했다.

2. 가토 요코 저, 윤현명·이승혁 역, 《그럼에도 일본은 전쟁을 선택했다: 청일전쟁부터 태평양전쟁까지》, 서해문집, 2018, 6쪽.

3. 林正子, 〈日清·日露戦役間の日本におけるドイツ思想·文化受容の一面-総合雑誌《太陽》掲載の樗牛·嘲風·鴎外の言説を中心に〉, 《日本研究》第15集, 1996; 林正子, 〈明治中後期から大正期にかけての評論におけるドイツ思想·文化受容の系譜 '概論'〉, 《岐阜大学国語国文学》32, 2005.

4. 石神豊, 〈歴史の中の個人主義: 日本におけるニーチェ受容にみる(その1)〉, 《創価大学人文論集》22, 2010; 石神豊, 〈歴史の中の個人主義: 日本におけるニーチェ受容にみる(その2)〉, 《創価大学人文論集》23, 2011.

5. 정낙림, 〈일본의 초기 니체 수용사: 1890~1910까지〉, 《니체연구》제34집, 2018, 215~244쪽. 이 논문에서 일본이 어떻게 자신의 문화와 역사, 사회적 조건에 맞게 니체를 해석하고 있는지 분석하고 있다.

6. 본명은 린지로林次郎(1871~1902)이며, 메이지 시기의 문예평론가, 사상가로 메이지 30년대 언론을 선도한 인물이다.

7. 〈미적 생활을 논하다美的生活を論ず〉(《태양太陽》1901. 8.)에 니체에 대한 언급은 전혀 없지만, 니체의 미의 개념을 비교·검토하여 미학적 영향에 대해 분석한 내용이라고 알려져 니체철학 논쟁의 발단이 되었다.

8. 일본 지식인의 도덕에 대한 관심을 다룬 대표적 논문은 권석영의 〈일본의 초기 제국주의론과 도덕 담론: 국가적 도덕과 세계적 도덕, 또는 국민적 입장과 인류적 입장〉(《사림》제45호, 2013)이 있다.

9. 대표적인 논문은 박양신, 〈19·20세기 전환기 일본에서의 '제국주의'론의 諸相: 서양사상과의 관련에서〉,《일본역사연구》제9집, 1999, 131~157쪽; 石井知章, 〈浮田和民と'倫理的帝国主義'論〉,《アジア太平洋討究》19, 2013 등이 있다.

10. 齋藤毅,《明治のことば》,講談社, 2005, 235쪽.

11. 石神豊, 〈歴史の中の個人主義: 日本におけるニーチェ受容にみる(その1)〉,《創価大学人文論集》22, 2010, 74쪽.

12. 정낙림, 앞의 글, 223~224쪽.

13. 정낙림, 앞의 글, 225쪽.

14. 公文書にみる 日本のあゆみ, 〈五箇条の誓文〉, 〔http://www.archives.go.jp/ayumi/kobetsu/m01_1868_02.html〕.

15. 高松敏男·西尾幹二 編,《ニーチェ全集別巻日本人のニーチェ研究譜》, 白水社, 1982, 200~202쪽 문헌표 참조. 1900년에는 니체에 대해 조규가 논한 2개의 기사가 전부였지만, 1901년에는 신문·잡지·기요 등을 포함하여 니체에 관한 기사가 40개도 넘었다.

16. ヨミダス歴史館, 〔https://database.yomiuri.co.jp/about/rekishikan/〕.

17. 高松敏男·西尾幹二 編, 앞의 책, 326쪽.

18. 谷沢永一, 〈近代文学論争譜 (続): 坪内逍蓬の発想の再検討〉 연구 노트, 〔https://www.kansai-u.ac.jp/Tozaiken/publication/asset/bulletin/22/83gaiyou.pdf〕.

19. 정낙림, 앞의 글, 230쪽.

20. 19세기에 메사추세츠주 북서부에 있는 윌리엄대학 학생이 뇌우를 피해 들어간 창고에서 해외 전도에 종사할 것을 결심하고, 훈련을 계속하다가 1810년에 메사추세츠 회중파 교회 목사회에서 인도 전도를 결의하였다. 이 결의에 동조한 목사들이 같은 해 6월에 아메리칸 보드American Board of Commissioners for Foreign Missions를 설립했다. 이는 북미 최초 해외 전도 조직으로 회중파, 장로파, 네덜란드 개혁파 등이 가담한 무교파적인 조직이었으나 후에는 회중파 단체로 정리되었다.

21. 沖田行司,《新編同志社の思想家たち》上, 晃洋書房, 2018, 96쪽.

22. 심상중학교尋常中学校는 1886년에 고등중학교와 함께 실업에 취직하거나 고등학교에 들어가고자 하는 학생들에게 필수과목을 가르치는 곳으로 설치되었다. 수업연한은 5년이며, 1899년에 중학교령이 개정되어 '중학교'로 개칭되었다.

23. 일본 최초의 윤리학연구회로 1897년에 아네자키 마사하루姉崎正治·오니시 하지메大西祝·요코이 쇼난橫井時雄·우키타 가즈타미浮田和民·기시모토 노부

타岸本能武太 등이 설립한 정유간화회丁酉懇話会를 모체로 하여, 1900년에 발족했다. 주로 보수적 국가주의에 대해 인격주의를 주장하였으며, 전부 535집集에 이르는 강연집을 발행했다. 1947년에 해산했으나, 많은 회원이 1950년에 설립한 일본윤리학회로 들어가 활동했다(石毛忠 編,《日本思想史辞典》, 山川出版社, 2009, 674쪽).

24. 가토 히로유키加藤弘之(1836~1916)는 막부의 신하였다가, 메이지 유신 이후에는 신정부에 종사했다. 원로원의관, 칙선귀족원 의원 등을 거쳐 도쿄제국대학 제2대 총장을 역임했으며, 1874년에《국체신론国体新論》(谷山楼 版)을 발표하여 천부인권론을 주장하였으나, 후에 진화론적 입장에서 천부인권론을 부정하는 쪽으로 전향했다.

25. 加藤弘之,《強者の権利の競争》, 哲学書院, 1893, 171~183쪽.

26. 加藤弘之,《道徳法律之進歩》, 敬業社, 1894, 5~7쪽.

27. 浮田和民,《倫理叢話》, 早稲田大学出版部, 1909, 1쪽. (원문에 출판연도가 표기되어 있지 않아 일자가 명확하지 않으며, 일본국회도서관 자료센터에서도 1909년으로 추정하고 있다.)

28. 浮田和民, 앞의 책, 2쪽.

29. 浮田和民, 앞의 책, 3쪽.

30. 浮田和民, 앞의 책, 9~13쪽.

31. 浮田和民, 앞의 책, 11쪽.

32. 浮田和民, 앞의 책, 13쪽.

33. 유지아,〈1910-1920년대 일본의 다이쇼 데모크라시와 제국주의의 변용〉,《한일관계사연구》57, 2017, 436~438쪽.

34. 유지아, 앞의 글, 438쪽.

35. 姜克実,《浮田和民の思想史的研究: 倫理的帝国主義の形成》, 不二出版, 2003, 394쪽.

36. 加藤弘之,〈吾人が人類たる資格と国民たる資格とにおける矛盾〉,《丁酉倫理会倫理講演集》13, 1903, 2~7쪽.

37. 加藤弘之, 앞의 글, 17~20쪽.

38. 장쿠시姜克実(《浮田和民の思想史的研究: 倫理的帝国主義の形成》, 2003)는 우키타의 사상적 배경을 다루고 있기 때문에 제국주의론자로서의 평가를 하지는 않는다. 박양신(〈19·20세기 전환기 일본에서의 '제국주의'론의 諸相: 서양사상과의 관련에서〉)은 우키타뿐만 아니라 일본의 제국주의론을 분석하고 있기 때문에 제국주의론자의 입장에서 다루고 있다. 그리고 이시이 토모아키石井知章(〈浮

田和民と'倫理的帝国主義'論》)가 만주사변 이후 우키타의 사상적 전환을 다루고 있는데 이 글에서는 이시이와 같은 입장에서 보고자 한다.

39. 浮田和民,〈日本の帝国主義〉上,《国民新聞》3394号, 国民新聞社(合併後: 東京新聞), 1901. 4. 7.

40. 姜克実,《浮田和民の思想史的研究: 倫理的帝国主義の形成》,不二出版, 2003. 434쪽.

41. 浮田和民,《帝国主義と教育》,民友社, 1901, 36쪽.

42. 浮田和民,《倫理的帝国主義》,隆文館, 1909, 12~20쪽.

43. 浮田和民, 앞의 책, 885쪽.

44. 浮田和民, 앞의 책, 55쪽.

45. 이 부분에 대해서 박양신은 우키타가《사회의 진화Social Evolution》로 유명한 벤저민 키드Benjamin Kidd의 영향을 받았다고 주장한다. 그 이유는 1890년대에 영국을 비롯하여 비스펜서주의적 사회진화론이 제국주의를 정당화하는 이론으로서 인기를 끄는데, 대표적인 사상가 벤저민 키드라는 것이다(박양신, 앞의 글, 146~147쪽).

46. 浮田和民,《帝国主義と教育》,民友社, 1901, 52~53쪽.

47. 浮田和民,《倫理的帝国主義》,隆文館, 1909, 498~499쪽.

48. 유지아, 앞의 글, 445~451쪽.

49. "そのころ早稲田大学の浮田和民先生は毎号の《太陽》の巻頭に'自由主義に立脚する長文の政論を寄せて'天下の読書生の渇仰の中心となっていた。私もこれにはずいぶんとひきつけられた"(吉野作造,〈民本主義鼓吹時代の回顧〉,《社会科学》, 1928, (http://binder.gozaru.jp/yoshino/kaiko.htm)).

50. 吉野作造,〈蘇峰先生著時務: 家言を讀む〉,《選集》3, 72~109쪽. 1914년 6 · 7 · 8, 10월에《新人》에도 연재되었다.

51. 浮田和民,《満洲国独立と国際聯盟》,早稲田大学出版部, 1932, 12쪽.

52. 가토 요코, 앞의 책, 286~287쪽.

53. 文部省,《国体の本義》,文部省, 1937. 51쪽.

참고문헌

가토 요코 저, 윤현명·이승혁 역, 《그럼에도 일본은 전쟁을 선택했다: 청일전쟁부터 태평양전쟁까지》, 서해문집, 2018.

권석영, 〈일본의 초기 제국주의론과 도덕 담론: 국가적 도덕과 세계적 도덕, 또는 국민적 입장과 인류적 입장〉, 《사림》 제45호, 2013, 1~29쪽.

박양신, 〈19·20세기 전환기 일본에서의 '제국주의'론의 諸相: 서양사상과의 관련에서〉, 《일본역사연구》 제9집, 1999, 131~157쪽.

유지아, 〈1910-1920년대 일본의 다이쇼 데모크라시와 제국주의의 변용〉, 《한일관계사연구》 57, 2017, 431~468쪽.

정낙림, 〈일본의 초기 니체 수용사: 1890~1910까지〉, 《니체연구》 제34집, 2018, 215~244쪽.

加藤弘之, 《強者の権利の競争》, 哲学書院, 1893.

_____, 《道徳法律之進歩》, 敬業社, 1894.

_____, 〈吾人が人類たる資格と国民たる資格とにおける矛盾〉, 《丁酉倫理会倫理講演集》 13, 1903.

浮田和民, 《帝国主義と教育》, 民友社, 1901.

_____, 《倫理叢話》, 早稲田大学出版部, 1909.

_____, 《倫理的帝国主義》, 隆文館, 1909.

_____, 《満洲国独立と国際聯盟》, 早稲田大学出版部, 1932.

文部省, 《国体の本義》, 文部省, 1937.

高松敏男·西尾幹二 編, 《ニーチェ全集別巻日本人のニーチェ研究譜》, 白水社, 1982.

姜克実, 《浮田和民の思想史的研究: 倫理的帝国主義の形成》, 不二出版, 2003.

石毛忠 編, 《日本思想史辞典》, 山川出版社, 2009.

沖田行司, 《新編同志社の思想家たち》 上, 晃洋書房, 2018.

吉野作造, 〈蘇峰先生著時務: 家言を讀む〉, 《選集》 3, 〔《新人》에 1914년 6~8, 10월 연재〕.

_____, 〈民本主義鼓吹時代の回顧〉, 《社会科学》, 1928.

林正子, 〈日清·日露戦役間の日本におけるドイツ思想·文化受容の一面: 総合雑誌 《太陽》掲載の樗牛·嘲風·鴎外の言説を中心に〉, 《日本研究》 第15集, 1996.

　　　　　, 〈明治中後期から大正期にかけての評論におけるドイツ思想・文化受容の系譜 '概論'〉,《岐阜大学国語国文学》32, 2005.

齋藤毅,《明治のことば》, 講談社, 2005.

石神豊, 〈歴史の中の個人主義: 日本におけるニーチェ受容にみる(その1)〉,《創価大学人文論集》22, 2010.

　　　　　, 〈歴史の中の個人主義: 日本におけるニーチェ受容にみる(その2)〉,《創価大学人文論集》23, 2011.

石井知章, 〈浮田和民と'倫理的帝国主義'論〉,《アジア太平洋討究》19, 2013.

第 1 回帝国議会・衆議院議事録, 〈衆議院第一回通常会議事速記録〉1890(明治23). 11. 29.～1891(明治24). 3. 7.

浮田和民, 〈日本の帝国主義〉上,《国民新聞》3394号, 国民新聞社(合併後: 東京新聞), 1901. 4. 7.

5장. 량치차오 사회진화론과 니체 사상

주

1. 량치차오는 자신의 이름으로 발표한 〈진화론혁명자 키드의 학설〉(1902. 10.)이란 글에서 니체를 언급하여 그것이 니체를 처음으로 중국에 소개한 글로 알려져 있지만, 사실 량치차오가 일본에서 창간한 《신민총보新民叢報》에서 위천쯔雨塵子라는 필명으로 쓴 〈세계경제경쟁의 대세를 논함論世界經濟競爭之大勢〉(1902. 7.)란 글에서 니체가 처음으로 언급되었다. 량치차오는 니체를 "극단적 강권론자", "천재우선론자", "개인주의자" 등으로 보고 비판적 태도를 보였는데, 그것은 오히려 니체에 대한 근대 중국 지식인들의 관심을 이끌었다.

2. 梁啓超, 《梁啓超全集》 4, 北京出版社, 1999, 1038쪽.

3. 니체는 다윈과 다윈주의를 구별할 정도로 다윈을 잘 이해하고 있었으며, 초기에는 다윈이나 다윈주의에 대해 비교적 우호적이었다고 한다(정낙림, 〈니체는 다윈주의자인가?: 진화인가, 극복인가?〉, 《니체연구》 제24집, 2013, 57~86쪽).

4. Nietzsche, F., *Beyond Good and Evil*, Walter Kaufmann (trans.), Vintage Books, 1966, 144쪽.

5. 니체는 또한 반다윈주의라는 제목으로 글을 쓰기도 했으며(KSA 13 303, 315쪽.) 〈우상의 황혼〉에서는 스스로를 반다윈주의자라고 주장하기도 했다(KSA 6 120~121쪽).

6. Nietzsche F., *The Gay Science*, Walter Kaufmann (trans.), Vintage Books, 1974, 292쪽.

7. Johnson, D., 'Nietzsche's Early Darwinism: The "David Strauss" Essay of 1873', *Nietzsche-Studien* 30-1, 2001, 62~79쪽.

8. Tille, A., *Von Darwin bis Nietzsche: Ein Buch Entwicklungsethik*, Naumann, 1895.

9. Durant, W., *The Story of Philosophy: The Lives and Opinions of the Greater Philosophers*, Garden City publishing Co., 1926.

10. Richardson, J., *Nietzsche's New Darwinism*, Oxford University Press, 2004, 12쪽.

11. Johnson, D., *Nietzsche's Anti-Darwinism*, Cambridge University Press, 2010.

12. Small, R., What Nietzsche Did During the Science Wars, Gregory Moore and Thomas H. Brobjer (eds.), *Nietzsche and Science*, Ashgate Publishing, 2004.

13. Wilson, C., 'Darwin and Nietzsche: Selection, Evolution and Morality', *Journal of Nietzsche Studies* 44, No. 2, 2013, p.361.

14. 梁啟超, 앞의 책, 1037쪽.

15. 梁啟超, 《梁啟超全集》1, 93쪽.

16. 梁啟超, 앞의 책, 27쪽.

17. 梁啟超, 《梁啟超全集》2, 429쪽.

18. 梁啟超, 《梁啟超全集》4, 1099쪽.

19. 梁啟超, 《梁啟超全集》3, 740쪽.

20. 梁啟超, 앞의 책, 740쪽.

21. 梁啟超, 앞의 책, 740쪽.

22. 梁啟超, 앞의 책, 740쪽.

23. 梁啟超, 앞의 책, 740쪽.

24. 梁啟超, 《梁啟超全集》4, 1114쪽.

25. 梁啟超, 《梁啟超全集》16, 4807쪽.

26. 梁啟超, 《梁啟超全集》14, 4146쪽.

27. 梁啟超, 《梁啟超全集》3, 658쪽.

28. 梁啟超, 앞의 책, 655쪽.

29. 梁啟超, 《梁啟超全集》2, 364쪽.

30. 梁啟超, 앞의 책, 364쪽.

31. 梁啟超, 앞의 책, 383쪽.

32. 梁啟超, 앞의 책, 418쪽.

33. 梁啟超, 앞의 책, 268쪽.

34. 梁啟超, 《梁啟超全集》3, 679쪽.

35. 梁啟超, 《梁啟超全集》4, 1029쪽.

36. 單世聯, 〈尼采的"超人"與中國反現代性思想〉, 《廣東社會科學》第5期, 2008, 103~110쪽.

37. 梁啟超, 《飲冰室文集》, 中華書局, 1936, 7쪽.

38. 梁啟超, 앞의 책, 11쪽.

39. 梁啓超,《梁啓超全集》2, 467쪽.

40. 梁啓超,《梁啓超全集》3, 663쪽.

41. 梁啓超, 앞의 책, 683쪽.

42. 梁啓超, 앞의 책, 663쪽.

43. 梁啓超,《梁啓超全集》10, 2843쪽.

44. 梁啓超,《梁啓超全集》3, 660쪽.

45. 梁啓超, 앞의 책, 740쪽.

46. "To will to preserve oneself is the expression of distress. (…) The struggle for existence is only an exception, a temporary restriction of the will to life. (…) The great and small struggle always turns upon superiority, upon growth and expansion, upon power in accordance with the will to power, which is just the will of life." (GS 349)

47. 梁啓超,《梁啓超全集》3, 759쪽.

48. 梁啓超, 앞의 책, 759쪽.

49. 梁啓超, 앞의 책, 759쪽.

50. 梁啓超, 앞의 책, 759쪽.

51. 梁啓超, 앞의 책, 759쪽.

52. 梁啓超,《梁啓超全集》14, 4276쪽.

53. 梁啓超, 앞의 책, 4155쪽.

54. 梁啓超,《梁啓超全集》3, 678쪽.

55. 梁啓超,《梁啓超全集》2, 479쪽.

56. 梁啓超, 앞의 책, 356쪽.

57. 김현주, 〈중국 현대 문화개념의 탄생: 양계초의 문화관을 중심으로〉,《중국과 중국학》제36집, 2019, 85~102쪽.

58. 單世聯, 〈對進化論的反思梁啓超晚年的文化觀念〉,《中原文化研究》第4期, 2016, 47~54쪽.

59. 梁啓超, 葛懋春 · 蔣俊 編,《梁啓超哲學思想論文選》, 北京大學出版社, 1984, 392~397쪽.

60. "life is not the adaptation of inner circumstances to outward power, but will to power, which, working from within, incorporate and subdues more and more of that which is 'outside'." (WP 681)

61. 梁啟超, 《梁啟超全集》 1, 11쪽.

62. 梁啟超, 《梁啟超全集》 15, 4433쪽.

63. 梁啟超, 《梁啟超全集》 1, 96쪽.

64. 梁啟超, 《梁啟超全集》 1, 71쪽, 72쪽.

65. 孟子, 《孟子 : 滕文公下》.

66. 梁啟超, 《梁啟超全集》 1, 10쪽.

67. 梁啟超, 《梁啟超全集》 1, 11쪽.

68. 梁啟超, 《梁啟超全集》 14, 4088쪽.

69. 최순영, 〈프리드리히 니체의 자유민주주의 비판〉, 《니체연구》 제22집, 2012, 187~214쪽.

70. 梁啟超, 《梁啟超全集》 3, 657쪽.

71. 梁啟超, 앞의 책, 660쪽.

72. 梁啟超, 《梁啟超全集》 2, 429쪽.

73. 梁啟超, 《梁啟超全集》 3, 662쪽.

74. 프리드리히 니체 저, 김정현 역, 《선악의 저편·도덕의 계보》, 책세상, 2002, 260쪽.

75. 프리드리히 니체 저, 이상엽 역, 《유고(1872년 여름-1874년 말)》, 책세상, 2002, 10쪽, 19(7).

76. 梁啟超, 〈先秦政治思想史〉, 《梁啟超全集》 6, 3645쪽.

참고문헌

김현주, 〈중국 현대 문화개념의 탄생 : 양계초의 문화관을 중심으로〉, 《중국과 중국학》 제36집, 2019, 85~102쪽.

프리드리히 니체 저, 김정현 역, 《선악의 저편·도덕의 계보》, 책세상, 2002.

프리드리히 니체 저, 이상엽 역, 《유고(1872년 여름-1874년 말)》, 책세상, 2002.

정낙림, 〈니체는 다원주의자인가? : 진화인가, 극복인가?〉, 《니체연구》 제24집, 2013, 57~86쪽.

최순영, 〈프리드리히 니체의 자유민주주의 비판〉, 《니체연구》 제22집, 2012, 187~214쪽.

Durant, W., *The Story of Philosophy: The Lives and Opinions of the Greater Philosophers*, Garden City publishing Co., 1926.

Johnson, D., 'Nietzsche's Early Darwinism: The "David Strauss" Essay of 1873' *Nietzsche-Studien* 30-1, 2001, 62~79쪽.

_____, *Nietzsche's Anti-Darwinism*, Cambridge University Press, 2010.

Nietzsche, F., *Beyond Good and Evil*, Walter Kaufmann (trans.), Vintage Books, 1966.

_____, *The Gay Science*, Walter Kaufmann (trans.), Vintage Books, 1974.

_____, *The Will to Power*, W. Kaufmann and R. J. Hollingdale (trans.), W. Kaufmann (ed.), Vintage Books, 1958.

_____, *Human All Too Human*, J. M. Kennedy (trans.), T. N. Foulis, 1910.

Richardson, J., *Nietzsche's New Darwinism*, Oxford University Press, 2004.

Small, R., What Nietzsche Did During the Science Wars, Gregory Moore and Thomas H. Brobjer (eds.), *Nietzsche and Science*, Ashgate Publishing, 2004.

Tille, A., *Von Darwin bis Nietzsche: Ein Buch Entwicklungsethik*, Naumann, 1895.

Wilson, C., 'Darwin and Nietzsche: Selection, Evolution and Morality', *Journal of Nietzsche Studies* 44, No. 2, 2013.

孟子, 《孟子: 滕文公下》.

梁啟超, 《飮冰室文集》, 中華書局, 1936.

_____, 葛懋春·蔣俊 編, 《梁啟超哲學思想論文選》, 北京大學出版社, 1984.

_____, 《梁啟超全集》, 北京出版社, 1999.

單世聯, 〈尼采的"超人"與中國反現代性思想〉, 《廣東社會科學》第5期, 2008, 103~110쪽.

6장. 루쉰과 선충원의 니체 해석

주

1. 周作人,《魯迅的青年時代》, 河北教育出版社, 2002, 72~73쪽.

2. 成芳,《尼采在中國》, 南京出版社, 1993, 15쪽.

3. 許壽裳,《亡友魯迅印象記》, 人民文學出版社, 1953, 4쪽.

4. 魯迅,〈俄文譯本"阿Q正傳"序及著者自叙傳略〉,《魯迅全集》7, 2005, 85쪽.

5. 魯迅,《魯迅全集》1, 人民文學出版社, 2005, 438쪽.

6. 葛海庭,〈20世紀日本漢學家關於魯迅'棄醫從文'的實證研究〉,《長江文藝評論》, 2017.

7. 〈마라시력설摩羅詩力說〉은 1907년에 쓰여 1908년 2월 3일《허난河南》제2호에 처음 발표되었고,〈문화편향론文化偏至論〉은 1907년에 쓰여 1908년 8월《허난》 제7호를 통해 처음 소개되었다.〈파악성론破惡聲論〉은 1908년 12월《허난》제 8호에 처음 실렸다.

8. 魯迅, 앞의 책, 438쪽.

9. 魯迅,〈文化偏至論〉, 앞의 책, 54쪽.

10. 魯迅,《魯迅全集》8, 人民文學出版社, 1982, 27쪽.

11. 郭沫若,《魯迅與王國維》轉引自 劉柏青,〈魯迅的早期思想與日本〉,《吉林大學 社會科學學報》3, 1985.

12. 伊藤虎丸 著, 徐江 譯,〈魯迅早期的尼采觀與明治文學〉,《文學評論》1, 1990, 137~138쪽.

13. 魯迅, 앞의 책, 33쪽.

14. 張釗貽,〈早期魯迅的尼采考〉載部元寶 編,《尼采在中國》, 三聯書店, 2001, 858쪽.

15. 伊藤虎丸 著, 徐江 譯,〈魯迅早期的尼采觀與明治文學〉,《文學評論》3, 1990, 137~138쪽.

16. 伊藤虎丸 著, 孫猛 譯,《魯迅, 創造社與日本文學》, 北京大學出版社, 1995, 65쪽.

17. 魯迅,〈"中國新文學大系"小說二集序〉轉引自 閔抗生,〈"狂人日記"中尼采的聲 音〉,《魯迅研究動態》3, 1986, 11쪽.

18. 尼采 著, 田立年 譯,《朝霞》, 華東師大出版社, 2007, 52쪽.

19. 魯迅,《吶喊》, 人民文學出版社, 2006, 5쪽.

20. 魯迅, 앞의 책, 14쪽.

21. 尼采 著, 黃明嘉 譯,《查拉圖斯特拉如是說》, 漓江出版社, 2000, 6쪽.

22. 魯迅,〈狂人日記〉,《魯迅全集》1, 人民文學出版社, 2005, 429쪽.

23. 魯迅,《吶喊》, 人民文學出版社, 2006, 7쪽.

24. 魯迅, 앞의 책, 2006, 15~16쪽.

25. 尼采 著, 黃明嘉 譯,《查拉圖斯特拉如是說》, 漓江出版社, 2000, 256쪽.

26. 閔抗生,〈"狂人日記"中尼采的聲音〉,《魯迅研究動態》, 1986, 12쪽.

27. 尼采 著, 張念東 · 凌素心 譯,《看哪這人 : 尼采自述》, 中央編譯出版社, 2005, 153쪽.

28. 王學謙,〈來自生命深處的吶喊 : 論"狂人日記"的生命意識〉,《吉林大學社會科學學報》, 2002, 50쪽.

29. 魯迅,〈文化偏至論〉,《魯迅全集》1, 人民文學出版社, 2005, 185~186쪽.

30. 魯迅,〈隨感錄 · 四十一〉, 앞의 책, 325쪽.

31. 루쉰은 일본 시절부터 줄곧 국민성 문제에 관심을 가져왔다. 고찰에 따르면 미국인 선교사 아서 스미스Arthur H. Smith는 1872년 중국에 건너와《중국인의 자질Chinese characteristics》을 상하이에서 간행했으며 1896년 일본 번역본을 출간할 정도로 서방세계에 미치는 영향이 컸다. 노신은 1926년 7월 2일 베이징에서 일본인 야스오카 히데오安岡秀夫의 저서《소설로 보는 중국 민족성小說から見た支那の民族性》을 사들여 이 책의 내용을 고민해왔다. 이 두 권의 책은 모두 루쉰에게 영향을 주었다(楊聯芬,〈晚淸與五四文學的國民性焦慮(三)〉,《魯迅研究月刊》12, 2003).

32. 가오지안후이,〈중국현대문학에서의 니체 수용 연구 : 현대성과 현대문학의 탄생에 중심으로〉,《니체연구》제37집, 2020, 171~212쪽.

33. 張釗貽,《魯迅 : 中國"溫和"的尼采》, 北京大學出版社, 2011, 89쪽.

34. 閔抗生,〈"墓碣文"與"Also Sprach Zarathustra"〉,《揚州師院學報》4, 1989.

35. 尼采 著, 黃明嘉 譯,《查拉圖斯特拉如是說》, 漓江出版社, 2000, 121쪽.

36. 宋夜雨,〈'後五四'的魯迅與"野草"的寫作緣起〉,《中國現代文學研究叢刊》7, 2021, 123쪽.

37. 君度,〈關於"苏鲁支語錄"〉 郜元寶 編,《尼采在中國》, 三聯書店, 2001, 232쪽.

38. 郜元寶,〈"末人"時代忆"超人" : "魯迅與尼采"六題議〉,《同濟大學學報》1, 2015.;

萬軍, 〈簡論尼采對魯迅的影響〉, 《紹興文理學院學報》9, 1997; 钱碧湘, 〈魯迅與尼采哲學〉, 《中國社會科學》2, 1982.

39. 張釗貽, 《魯迅: 中國"溫和"的尼采》, 北京大學出版社, 2011, 179쪽.

40. 魯迅, 〈吶喊·自序〉, 앞의 책, 439쪽.

41. 周達摩, 〈中國新文學演進之鳥瞰〉, 《國文周報》, 1931. 1. 26.

42. 許傑, 〈重讀魯迅先生的"狂人口記"〉, 《學术研究》5, 1979; 張鈺, 《重回歷史現場: 從接受視角重新認識"狂人日記"》, 南京師範大學碩士論文, 2015, 9쪽, 재인용.

43. 茅盾, 〈讀"吶喊"〉, 《文學》周報, 1923. 10. 18.

44. 李宗剛, 〈"新青年"編輯約稿與魯迅現代小說的誕生〉, 《華中師範大學學報》, 2017, 86쪽.

45. 左鐵凡, 《作爲燃料的青春及其表達:"新青年"雜誌研究》, 復旦大學博士論文, 2014, 77~115쪽.

46. 許钦文, 〈魯迅先生與新書業〉, 《青年界》, 1936. 11.

47. 李金龙·卢妙清, 〈魯迅編輯實踐之歷史評价與再認識〉, 《汕頭大學學報》8, 2018, 91쪽.

48. 朴宰雨, 〈韓國魯迅研究的歷史與現狀〉, 《魯迅研究月刊》4, 2005.; 丸山升 著, 靳叢林 譯, 〈日本的魯迅研究〉, 《魯迅研究月刊》11, 2000.; 張傑, 〈美國的魯迅研究〉, 《齐齐哈尔師範學院學報》4, 1986.; 范劲, 〈魯迅研究在德國〉, 《文藝研究》1, 2018.

49. 周帥, 《王國維與新文化運動》, 復旦大學碩士論文, 2014.

50. 李林榮, 〈魯迅"尼采"的踪迹及意蕴: 以魯迅雜文的歷時性細讀爲中心〉, 《山東社會科學》8, 2013, 74쪽.

51. "魯迅先生的作品…以及新近因爲有人尊他是中國的尼采他的《熱風》集裏的幾頁"(徐志摩, 〈關於下面一束通信告讀者們〉, 《晨報副刊》, 1926. 1. 30.). 루쉰은 〈꽃이 없는 장미〉에서도 이 구절을 인용했다.

52. 魯迅, 〈三閑集·我和"語絲"的始终〉 轉引自 程致中, 〈魯迅前期小說與尼采〉, 《人文雜誌》5, 1989, 106쪽.

53. 閔抗生, 〈'過客'與"查拉圖斯特拉如是說"〉, 《中國現代文學研究叢刊》, 1988, 124쪽.

54. 魯迅, 〈導言〉, 《中國新文學大系》2, 上海文藝出版社, 1980, 14~15쪽.

55. 白采, 〈贏疾者的愛〉 載朱自 清編選, 《中國新文學大系: 詩集》, 上海良友圖書印刷公司, 1935, 288쪽.

56. 魯迅,〈兩地書 · 一七〉,《魯迅全集》11, 2005, 63쪽.

57. 魯迅,〈"寻開心"〉,《魯迅全集》6, 2005, 271쪽.

58. 郁達夫,〈靜的文藝作品〉,《郁達夫文集》6, 花城出版社, 1982, 209쪽.

59. 郁達夫,《沉淪》,《郁達夫文集》1, 花城出版社, 1982, 21쪽.

60. 沈從文,〈我的學習〉,《沈從文全集》12, 北岳文藝出版社, 2002, 362쪽.

61. 沈從文,〈無從畢業的學校〉,《沈從文全集》27, 北岳文藝出版社, 2002, 415쪽.

62. 沈從文,〈我的學習〉,《沈從文全集》12, 北岳文藝出版社, 2002, 366~367쪽.

63. 沈從文,〈中國人的病〉,《沈從文全秦》14, 北岳文藝出版社, 2002, 87~89쪽.

64. 沈從文,〈我的分析兼檢討〉,《沈從文全集》27, 北岳文藝出版社, 2002, 70쪽.

65. 沈從文,〈我的寫作與水的關系〉,《沈從文全集》13, 北岳文藝出版社, 2002, 206쪽.

66. 尼采 著, 田立年 譯,《朝霞》, 華東師大出版社, 2007, 363쪽.

67. 高建惠,〈"邊城"與"城堡"文本含混性對比研究〉,《中國語文學》70, 2016.

68. 尼采 著, 周國平 譯,《作爲教育家的叔本華》, 北岳文藝出版社, 2004, 106쪽.

69. 沈從文,〈燭虛〉,《沈從文全集》12, 北岳文藝出版社, 2002, 23쪽.

70. 尼采 著, 周國平 譯,《偶像的黃昏》, 光明日報出版社, 2000, 110쪽.

71. 尼采 著, 周國平 譯,《尼采美學文選》, 上海人民出版社, 2009, 167쪽.

72. 沈從文,〈水云〉,《沈從文文集》10, 花城出版社, 1984, 266쪽.

73. 尼采 著, 田立年 譯,《朝霞》, 華東師大出版社, 2007, 139쪽.

74. 高建惠,〈沈從文"邊城"中的"圣經"原型研究〉,《中國學論叢》45, 2014.

75. 沈從文,〈抽象的抒情〉,《沈從文全集》16, 北岳文藝出版社, 2002, 527쪽.

76. 尼采 著, 周國平 譯,《尼采美學文選》, 上海人民出版社, 2009, 106쪽.

77. 尼采 著, 周國平 譯,《悲剧的誕生》, 譯林出版社, 2014, 48쪽.

78. 沈從文,〈生命〉,《沈從文文集》11, 花城出版社, 1984, 295쪽.

79. 高建惠,〈色彩詞的文學性研究: 沈從文小說爲中心〉,《中語中文學》77, 2019, 17, 20쪽.

80. 尼采 著, 周國平 譯,《尼采美學文選》, 上海人民出版社, 2009, 109쪽.

81. 費冬梅,〈沈從文: 從邊緣到中心的位移〉,《海南師範大學學報》11, 2014.

참고문헌

가오지안후이, 〈중국현대문학에서의 니체 수용 연구: 현대성과 현대문학의 탄생에 중심으로〉, 《니체연구》 제37집, 2020, 171~212쪽.

_____, 〈色彩詞的文學性研究〉, 《中語中文學》, 2019.

_____, 〈‘邊城’與‘城堡’文本含混性對比研究〉, 《中國語文學》, 2016.

尼采 著, 黃明嘉 譯, 《查拉圖斯特拉如是說》, 漓江出版社, 2000.

_____, 周國平 譯, 《尼采美學文選》, 上海人民出版社, 2009.

費冬梅, 〈沈從文: 從邊緣到中心的位移〉, 《海南師範大學學報》, 2014.

黃懷軍, 〈化用與背離: 沈從文對尼采的處置〉, 《中國文學研究》, 2016.

_____, 《中國現代作家與尼采》, 四川大學博士論文, 2007.

魯迅, 《魯迅全集》, 人民文學出版社, 2005.

李林榮, 〈魯迅‘尼采’的踪迹及意蘊〉, 《山東社會科學》, 2013.

李宗剛, 〈“新青年”編輯約稿與魯迅現代小說的誕生〉, 《華中師範大學學報》, 2017.

閔抗生, 〈“狂人日記”中尼采的聲音〉, 《魯迅研究動態》, 1986.

_____, 〈“墓碣文”與“Also Sprach Zarathustra”〉, 《揚州師院學報》 4, 1989.

沈從文, 《沈從文文集》, 花城出版社, 1984.

楊聯芬, 〈晚清與五四文學的國民性焦慮(三)〉, 《魯迅研究月刊》 12, 2003.

伊藤虎丸, 〈魯迅早期的尼采觀與明治文學〉, 《文學評論》, 1990.

_____, 孫猛 譯, 《魯迅, 創造社與日本文學》, 北京大學出版社, 1995.

張鈺, 《重回歷史現場: 從接受視角重新認識“狂人日記”》, 南京師範大學碩士論文, 2015.

左鐵凡, 《作爲燃料的青春及其表達: “新青年”雜誌研究》, 復旦大學博士論文, 2014.

張釗貽, 《魯迅: 中國“温和”的尼采》, 北京大學出版社, 2011.

7장. 1910년대 식민지 조선에서 니체 사상의 수용

주

1. 동북아시아에서 사회진화론이 수용되고 전개되는 양상과 전이 혹은 변이되면서 각 지역 국가에 미치는 영향은 매우 복잡하고 지대하다. 이에 대한 기초적인 자료로 다음을 참조했다. 허버트 스펜서, 《진보의 법칙과 원인》, 이정훈 옮김, 지식을 만드는지식, 2014; 허버트 스펜서, 《개인 대 국가》, 이상률 옮김, 이책, 2014; 토마스 헉슬리 저, 이종민 역, 《진화와 윤리》, 산지니, 2012; 엔푸, 《천연론》, 양일모·이종민 역, 소명출판, 2008; Kidd, Benjamin, *Social Evolution*, Macmillan and co., 1902; 加藤弘之, 《强者の權利の競爭》, 哲學書院, 1893; Kidd, Benjamin, 《道德法律進化の理》, 博文館, 1903; 松本三之介, 《'利己'と他者のはざまで: 近代日本における社會進化思想》, 以文社, 2017; Tikhonov, Vladimir, *Social Darwinism and Nationalism in Korea: the Beginnings (1880s-1910s)*, Brill Academic Pub, 2010;
   이에 대한 국내 학계의 논의로는 다음의 글들을 참조했다: 김병곤, 〈사회진화론의 발생과 전개〉, 《역사비평》, 1996, 305~312쪽.; 우남숙, 〈사회진화론의 동아시아 수용에 관한 연구: 역사적 경로와 이론적 원형을 중심으로〉, 《한국동양정치사상사연구》 제10집(2), 2011, 117~141쪽; 윤건차, 〈일본의 사회진화론과 그 영향〉, 《역사비평》, 1996, 313~324쪽; 성주현, 〈한말 사회진화론의 수용과 자강론의 형성〉, 《시민인문학》 제39호, 2020, 131~163쪽; 전복희, 〈사회진화론의 19세기말부터 20세기초까지 한국에서의 기능〉, 《한국정치학회보》 제27집 1호, 1993, 405~425쪽; 전복희, 《사회진화론과 국가사상》, 한울, 2007; 박노자, 《우승열패의 신화》, 한겨레신문사, 2005; 박성진, 《사회진화론과 식민지사회사상》, 선인, 2003; 박찬승, 〈한말·일제시기 사회진화론의 성격과 영향〉, 《역사비평》, 1996, 339~354쪽.

2. 다이쇼기에 생명에 대한 관심은 러일전쟁 이후 결핵이나 각기병 등 군인들의 병사病死가 사회적 문제로 부상하고, 중화학공업의 급속한 발전과 그에 다른 환경오염이 인간을 비롯한 생명체를 위협하며, 도시가 확장되며 신경증 환자가 증가하자 국민의 정신건강 문제가 중요한 이슈로 부각된 시대적 배경과도 연관되어 있다(이철호, 〈1920년대 초기 동인지 문학에 나타난 생명 의식: 전영택의 "생명의 봄"을 위한 서설〉, 《한국문학연구》 제31집, 2006, 201쪽; 鈴木貞美, 〈大正生命主義研究のいま〉, 《大正生命主義と現代》, 河出書房新社, 1995, 20~21쪽). 러일전쟁 이후 내부적으로는 일본인의 자유와 인권을 강조하지만, 대외적으로 아시아 패

구》 제57집, 2017, 431~467쪽 참조.

3. 다이쇼 생명주의는 다양한 사상적 스펙트럼을 갖고 있다. 에머슨적 '우주의 큰 영'을 우주 생명으로 간주하며 인간이 이것을 자신의 내부에서 느낄 수 있다고 보는 기타무라 도코쿠北村透谷의 '내부생명론', 도가적 우주 생명원리를 미와 연결시키는 오카쿠라 덴신岡倉天心의 '생명주의 미학', 영성과 육욕을 겸비한 인간으로서의 '반령반수'의 찰나적 생에 관심을 갖는 이와노 호메이岩野泡鳴의 '찰나주의적 생명관', 근대의 불행은 지정의知情意가 상실된 데 있기에 인간의 전체성 회복, 즉 인류와 하나가 되는 휴머니즘이 실현되어야 한다고 강조하는 니시다 기타로西田幾多郎의 '종교적 생명관', 우주 생명인 내적 생명을 찾고자 한 니체에게서 참된 철학의 전형을 찾는 와쓰지 데쓰로和辻哲郎의 '철학적 생명주의' 이외에도 우주대생명을 일본 민족을 대표하는 천황에게서 찾는 가카이 가쓰히코筧克彦의 '종교적 국가주의적 생명관' 등 우주의 생명으로부터 개인의 생명을 강조하는 경향으로부터 역사의 생명, 국가의 생명을 강조하는 경향으로 그 내용이 다양하게 변이되며 개념적 변종이 나타난다(박규태, 〈일본인의 생명관: 계보적 일고찰〉,《원불교사상과 종교문화》 제45집, 2010, 100~109쪽 참조. 다이쇼 생명주의의 정의, 서양의 생명주의의 영향, 발현되는 사회적 조건, 자아, 예술론, 종교, 여성 해방, 성애 등 발현되는 형태들에 대해서는, 鈴木貞美, 〈〈大正生命主義〉とは何か〉 鈴木貞美 編,《大正生命主義と現代》, 河出書房新社, 1995, 2~15쪽을 참조할 것).

4. 서북학회에 게재된 니체 논의와 그 사회철학적 의미에 대해서는, Kim, Jyung-Hyun, "Nietzsche und die koreanische Geistesgeschichte am Anfang des 20. Jahrhunderts", *Nietzscheforschung* 23, 2016, 225~244쪽을 참조할 것.

5. 권보드래에 따르면 식민지 조건에서 다이쇼 민주주의와 이상주의가 전적으로 수용되기 어려운 조선인들에게 사회진화론은 여전히 절박한 문제였고, 약육강식의 논리와 부국강병을 목표로 하는 1900년대식 진화론의 이념이 그대로 유지되지는 않았지만 강력주의가 나타나 자기표현과 민족의 번영이라는 목표가 절충되는 관점이 보인다(권보드래, 〈진화론의 갱생, 인류의 탄생: 1910년대의 인식론적 전환과 3·1운동〉,《대동문화연구》 제66집, 2009, 241쪽; 안지영, 〈사회진화론에 대한 비판과 '생명' 인식의 변화: "학지광"을 중심으로〉,《한국현대문학연구》 제38집, 2012, 86쪽).

6. 전복희, 위의 책, 115쪽; 박성진, 위의 책, 34쪽 참조; 조선에 미친 사회진화론의 계보로는 두 가지 방향이 있는데, 그중 하나는 영국의 스펜서, 헉슬리, 벤저민 키드의 영향을 받은 옌푸에서 량치차오로 이어진 계보이며, 또 다른 하나는 스위스 출신의 독일 국가주의자 블룬칠리Johann Casper Bluntschli, 에른스트 헤켈Ernst Haeckel로부터 출발해 가토 히로유키를 매개로 한 방향이 있다(유봉희, 〈동아시

아 사회진화론의 수용과 그 계보: : 신소설 작가들의 사회진화론 인식론에 대한 序說〉,《한국학연구》제32집, 2014, 179~180쪽 참조).

7. 이철호, 앞의 논문, 221쪽.

8. 니시다 기타로 저, 서석연 역,《善의 연구》, 범우사, 1990 참조.

9. 이철호, 앞의 논문, 206쪽.

10. 일본의 다이쇼 문학이 형성되는 데 끼친 문화주의와 그 시대적 분위기에 대해서는, 이철호, 앞의 논문, 207쪽 참조.

11. 鈴木貞美,〈‘大正生命主義’とは何か〉, 20~21쪽.

12. 오이켄이 일본 문화주의에 미친 영향에 대해서는, 최호영,〈오이켄(R. Eucken) 사상 수용과 한일 지식인의 ‘문화주의’ 전개 양상: 다이쇼기 일본 사상계와 "학지광"을 중심으로〉,《한림일본학》제32집, 2018, 151, 159쪽 참조.

13. 스기타 히로코杉田弘子는 이 시기에 니체를 기반으로 활동했던 니체 연구자의 활동을 ‘다이쇼 교양파의 이상주의적 니체’로 명명하며, 이들의 사상적 궤적을 정리하고 있다(杉田弘子,《漱石の"猫"とニーチェ:稀代の哲学者に震撼した近代日本の知性たち》, 白水社, 2010, 181~248쪽).

14. 구와키 겐요쿠의《니체써 윤리설 일반》은 초기 일본의 니체 연구에서 선도적인 길을 열어주는데, 이 글의 서문에서 그는 동경제국대학에서 쾨버가 니체 철학을 ‘극단적 이기주의’로 배척해야 한다고 강의했다는 내용을 소개하면서 초기 일본의 니체 수용사를 간략하게 설명(桑木嚴翼,《ニーチェ氏倫理說一斑》, 弘文堂, 1902, 1~7쪽)한 이후, 본 내용에서 니체의 전기와 저서, 차라투스트라의 내용을 개관하면서 니체의 윤리설을 평가하고 있다.

15. 와쓰지 데쓰로는 일본에서 니체 연구의 수준을 한 단계 올리는 체계적이고 자신의 독자적 견해가 들어간 저서《니체연구ニイチェ研究》(1913)를 출간하는데, 이 책에서 그는 초기 일본에 니체가 소개되었을 때 니체가 ‘부박한 주아주의浮薄な主我主義者’, ‘야비한 본능론자野卑な本能論者’로 언급되었다고 말하며(같은 책, 3쪽), 가치 수립의 원리로서 니체의 권력의지에 주목한다. 그는 니체 철학의 핵심 내용은 가치의 파괴와 건설에 있다고 보며, 그의 철학이 가치 창조의 철학이라고 강조한다. 그러나 후에 출간된 저서《인간의 학으로서의 윤리학人間の学としての倫理学》(1934)에서는 서양철학의 개인주의를 비판하며, 헤겔 철학의 구도를 가지고 인간의 윤리를 국가주의 윤리로 연결시키는 국가주의적 사유를 보였다(국내 번역으로 와쓰지 데쓰로 저, 최성묵 역,《인간의 학으로서의 윤리학》, 이문출판사, 1995).

16. 中澤臨川 · 生田長江,《近代思想十六講》, 新潮社, 1916.

17. 이만영,〈초기 근대소설과 진화론: 현상윤, 양건식, 염상섭의 작품을 중심으로〉,

《Comparative Korean Studies》24권 2호, 2017, 72쪽.

18. 니체를 언급하는 주종건의 글〈신년을 당하야 유학생 제군에게 정훔〉은《학지광》제4호(1915. 2. 27.)에 게재되었고, 최승구의 글〈너를 혁명하라〉는《학지광》제5호(1915)에,〈불만과 요구〉는《학지광》제6호(1915)에 게재되었다. 출판 일자로 보면 주종건의 글이 최승구의 글보다 세 달 빠르다. 그러나 H형에게 보내는 편지 형식의 6개 글 모음 형식을 갖춘 최승구의 글〈불만과 요구〉는 글 마지막 지면에 그 글이 1914년 4월 3일부터 6일까지 쓰인 것을 밝히고 있어, 작성된 일자로 보면 최승구의 글이 상당히 앞선 것이다. 본 논문에서는 최승구의 언급을 토대로 최승구를 한국 최초의 니체 소개자로 자리매김하고자 한다.

19. 명혜영,〈민족적 자아와 '엘랑비탈': 1910년대의 최승구, 주요한의 詩를 중심으로〉,《일어일문학연구》제97집, 2016, 154쪽;《生命'で読む日本近代: 大正生命主義の誕生と展開》, 日本放送出版協会, 1996, 100쪽.

20. 명혜영, 위의 논문, 155쪽; 명혜영은 최승구와 주요한의 시 세계를 베르그송의 엘랑비탈의 자장 안에 있는 다이쇼 생명주의의 영향 속에서 파악한다. 이 양 시인의 생명관은 '우주의 생명'과 '민족의 생명'의 형태로 정리될 수 있는데, 어둡고 추악한 내부의 자연으로서의 성욕이 활기 넘치는 생명력, 우주의 보편성으로 확장되고 있다고 본 것이다(명혜영, 위의 논문, 159쪽). 이는 성욕과 미적 생활의 충족을 주창한 다카야마 조규의 사상과 유사한 지적 궤도 속에 있다고 보인다.

21. 최승구,〈不滿과 要求: 謙倉으로붓허〉,《학지광》제6호, 1915, 76쪽. 띄어쓰기는 필자가 한 것으로, 앞으로 인용에서는 띄어쓰기를 하며 표기할 것이다.

22. 니체의 개인주의를 '극단적 이기주의'가 아니라 사회적 관계를 매개하는 '사회적 개인주의'의 성격이 있다는 것을 다룬 책으로, Kim, Jyung-Hyun, *Nietzsches Sozialphilosophie*, K&N, 1995 참조.

23. 박성진, 앞의 책, 83쪽.

24. 장덕수雪山,〈社會와 個人〉,《학지광》제13호, 1916, 6쪽.

25. 최승구, 앞의 글, 78쪽.

26. 최승구,〈너를 혁명하라〉,《학지광》제5호, 1915, 12쪽.

27. "우리의 각관覺官은 동동치 못하고, 본능本能은 발작發作치 못하며, 양심良心은 잔각殘殼만 남게 되었고, 통일성統一性은 이러버리게 되엿다. 고통苦痛을 늣기게 되지 못하고, 자유自由의 운동運動을 엇지 못하고, 치욕恥辱을 기억記憶치 못하게 되엿스며, 조선祖先이나 재산財産을 주장主張치 못하게 되엿다. 인격人格의 권위權威는 지지에 속추하야 전연全然히 유린蹂躙을 당當하얏고, 구救치 못할 파멸破滅이 풍전風前의 등燈과 갓치 임박臨迫하얏다"(최승구, 앞의 글, 15~16쪽).

28. 최승구, 앞의 글, 16쪽. 이 글에서 표기된 'fulbft'는 독일어 'Selbst'의 오타이다.

29. 최승구, 같은 글, 16쪽.

30. 최승구, 같은 글, 16~17쪽.

31. 주종건, 〈新年을 當하야 留學生 諸君에게 물홈〉, 《학지광》 제4호, 1915, 29쪽.

32. 주종건, 같은 글, 29~30쪽.

33. 현상윤은 이광수와 평안북도 정주로 그 고향이 같고 그보다 한 살 적은 동학同學으로 일본 와세다대학早稻田大学의 사학·사회학과에서 공부하며 우키타 가즈타미에게서도 직접 수업을 들었다(이만영, 앞의 논문, 76쪽). 그는 3·1운동 당시에 48인으로 피검되기도 했고, 후일 고려대 초대 총장을 역임했으며, 한국전쟁 중 납북되어 사망한 것으로 알려져 있다.

34. 현상윤, 〈强力主義와 朝鮮靑年〉, 《학지광》 제6호, 1915, 43~49쪽.

35. 현상윤, 앞의 글, 43쪽.

36. 현상윤, 앞의 글, 45쪽.

37. 현상윤, 앞의 글, 43~44쪽.

38. 현상윤, 앞의 글, 45쪽.

39. 권보드래, 앞의 논문, 245~246쪽.

40. 권보드래, 앞의 논문, 243쪽.

41. 최선웅, 〈1910~1920년대 현상윤의 자본주의 근대문명론과 개조〉, 《역사문제연구》 제21호, 2009, 11~44쪽.

42. 이광수, 〈나의 고백〉, 《이광수 전집 7》, 삼중당, 1971, 221~222쪽.

43. 이광수, 같은 책, 226쪽.

44. 이광수의 일본 유학留學 활동과 전통을 부정한 근대 숭배의 길에 대한 논의로, 유봉희, 〈동아시아 사회진화론의 수용과 그 계보: 신소설 작가들의 사회진화론 인식론에 대한 序說〉, 《한국학연구》 제32집, 2014, 212~222쪽 참조.

45. 이광수, 김지영 감수, 《그의 자서전》, 태학사, 2021, 299~301쪽.

46. 이광수, 앞의 책, 302쪽.

47. 이만영, 앞의 논문, 75쪽.

48. 우키타 가즈타미의 진화론이 이광수에게 미친 영향에 대해서는, 이만영, 앞의 책, 76~80쪽; 박성진, 앞의 책, 67쪽, 129쪽; 이재선, 《이광수 문학의 지적 편력》, 서강대학교 출판부, 2010, 327~328쪽을 참조할 것.

49. 춘원, 〈신생활론〉, 《매일신보》, 1918. 9. 8., 1면.

50. 춘원, 〈爲先 獸가 되고 然後에 人이 되라〉,《학지광》제11호, 1917, 32쪽.

51. "도덕道德이니 예의禮儀니 하는 것은 개인個人이나 민족民族이 청년 원기시대 靑年 元氣時代를 경經하야 노성기老成期에 입入한 후後에 생생하는 것이니 개 인個人이 도덕예의道德禮儀의 종이 되게 되면 그는 이믜 무덤墓門의 노래문이 근近하엿고 민족民族이 도덕예의道德禮儀만 승상崇尙하게 되면, 그는 이믜 실 패失敗와 멸망滅亡을 향향向하는것이라"(이광수, 앞의 글, 34쪽).

52. 이광수, 앞의 글, 34쪽.

53. 이광수, 앞의 글, 35쪽.

54. 이광수, 앞의 글, 35쪽.

55. 이광수, 〈살아라〉,《학지광》제8호, 1916, 5쪽.

56. 이광수, 앞의 글, 6쪽.

57. 전영택, 〈舊習의 破壞와 新道德의 建設〉,《학지광》제13호, 1917, 51쪽.

58. 전영택, 같은 글, 52쪽.

59. 전영택, 같은 글, 53쪽.

60. 전영택, 같은 글, 55쪽.

61. 전영택, 같은 글, 56쪽.

62. 전영택, 같은 글, 56쪽.

63. 전영택, 〈全的 生活論〉,《학지광》제12호, 1917, 16쪽.

64. 中澤臨川·生田長江,《近代思想十六講》, 新潮社, 1916 참조.

65. 이철호, 앞의 논문, 208쪽.

참고문헌

권보드래, 〈진화론의 갱생, 인류의 탄생: 1910년대의 인식론적 전환과 3·1운동〉,《대 동문화연구》제66집, 2009, 223~253쪽.

김병곤, 〈사회진화론의 발생과 전개〉,《역사비평》, 1996, 305~312쪽.

니시다 기타로 저, 서석연 역,《善의 연구》, 범우사, 1990.

명혜영, 〈민족적 자아와 '엘랑비탈': 1910년대의 최승구, 주요한의 詩를 중심으로〉, 《일어일문학연구》제97집, 2016, 151~167쪽.

박규태, 〈일본인의 생명관: 계보적 일고찰〉,《원불교사상과 종교문화》제45집, 2010,

77~118쪽.

박노자,《우승열패의 신화》, 한겨레신문사, 2005.

박성진,《사회진화론과 식민지사회사상》, 선인, 2003.

박찬승, 〈한말·일제시기 사회진화론의 성격과 영향〉,《역사비평》, 1996, 339~354쪽.

안지영, 〈사회진화론에 대한 비판과 '생명' 인식의 변화: "학지광"을 중심으로〉,《한국현대문학연구》제38집, 2012, 83~113쪽.

옌푸 저, 양일모·이종민 역,《천연론》, 소명출판, 2008.

와쓰지 데쓰로 저, 최성묵 역,《인간의 학으로서의 윤리학》, 이문출판사, 1993.

우남숙, 〈사회진화론의 동아시아 수용에 관한 연구: 역사적 경로와 이론적 원형을 중심으로〉,《한국동양정치사상사연구》제10집(2), 2011, 117~141쪽.

윤건차, 〈일본의 사회진화론과 그 영향〉,《역사비평》, 1996, 313~324쪽.

유봉희, 〈동아시아 사회진화론의 수용과 그 계보: 신소설 작가들의 사회진화론 인식론에 대한 序說〉,《한국학연구》제32집, 2014, 177~207쪽.

_____, 〈동아시아 전통사상과 진화론 수용의 계보를 통해 본 한국 근대소설①: 애국계몽기 이해조·이인직과 1910년대 양건식·이광수의 산문을 중심으로〉,《한국학연구》제51집, 2018, 181~229쪽.

유지아, 〈1910~1920년대 일본의 다이쇼 데모크라시와 제국주의의 변용〉,《한일관계사연구》제57집, 2017, 431~467쪽.

이광수, 〈살아라〉,《학지광》제8호, 1916, 3~6쪽.

_____, 〈나의 고백〉,《이광수 전집 7》, 삼중당, 1971.

_____, 김지영 감수,《그의 자서전》, 태학사, 2021.

이만영, 〈초기 근대소설과 진화론: 현상윤, 양건식, 염상섭의 작품을 중심으로〉,《Comparative Korean Studies》24권 2호, 2017, 209~243쪽.

이재선,《이광수 문학의 지적 편력》, 서강대학교 출판부, 2010.

이철호, 〈1920년대 초기 동인지 문학에 나타난 생명 의식: 전영택의 "생명의 봄"을 위한 서설〉,《한국문학연구》제31집, 2006, 193~224쪽.

성주현, 〈한말 사회진화론의 수용과 자강론의 형성〉,《시민인문학》제39호, 2020, 131~163쪽.

雪山, 〈社會와 個人〉,《학지광》제13호, 1916, 11~19쪽.

전복희, 〈사회진화론의 19세기말부터 20세기초까지 한국에서의 기능〉,《한국정치학회보》제27집 1호, 1993, 405~425쪽.

_____,《사회진화론과 국가사상》, 한울, 2007.

전영택,〈全的 生活論〉,《학지광》제12호, 1917, 15~20쪽.

_____,〈舊習의 破壞와 新道德의 建設〉,《학지광》제13호, 1917, 50~57쪽.

주종건,〈新年을 當하야 留學生 諸君에게 呈홈〉,《학지광》제4호, 1915, 28~30쪽.

춘원,〈爲先 獸가 되고 然後에 人이 되라〉,《학지광》제11호, 1917, 32~35쪽.

_____,〈신생활론〉,《매일신보》, 1918. 9. 8.

최선웅,〈1910~20년대 현상윤의 자본주의 근대문명론과 개조〉,《역사문제연구》제 21호, 2009, 11~44쪽.

최승구,〈너를 혁명하라〉,《학지광》제5호, 1915, 12~18쪽.

_____,〈不滿과 要求: 謙倉으로붓허〉,《학지광》제6호, 1915, 73~80쪽.

최호영,〈오이켄(R. Eucken) 사상 수용과 한일 지식인의 '문화주의' 전개 양상: 다 이쇼기 일본 사상계와 "학지광"을 중심으로〉,《한림일본학》제32집, 2018, 150~178쪽.

토마스 헉슬리 저, 이종민 역,《진화와 윤리》, 산지니, 2012.

허버트 스펜서,《진보의 법칙과 원인》, 이정훈 옮김, 지식을만드는지식, 2014.

_____, 이상률 역,《개인 대 국가》, 이책, 2014.

현상윤,〈强力主義와 朝鮮靑年〉,《학지광》제6호, 1915, 43~49쪽.

加藤弘之,《强者の權利の競爭》, 哲學書院, 1893.

_____,《道德法律進化の理》, 博文館, 1903.

杉田弘子,《漱石の"猫"とニーチェ: 稀代の哲学者に震撼した近代日本の知性た ち》, 白水社, 2010.

桑木嚴翼,《ニーチェ氏倫理說一斑》, 弘文堂, 1902.

石神豊,〈歷史の中の個人主義: 日本におるニーチェ受容にみる〉,《創価大學人文論 集》22, 2010, 73~94쪽.

松本三之介,《'利己'と他者のはざまで: 近代日本における社会進化思想》, 以文社, 2017.

鈴木貞美,〈'大正生命主義'とは何か〉鈴木貞美 編,《大正生命主義と現代》, 河出書 房新社, 1995, 2~15쪽.

_____,《'生命'で読む日本近代: 大正生命主義の誕生と展開》, 日本放送出版協 会, 1996.

中澤臨川·生田長江,《近代思想十六講》, 新潮社, 1916.

和辻哲郎,《ニイチェ研究》,筑摩書房,1913.

Kidd, Benjamin, *Social Evolution*, Macmillan and co., 1902.

Kim, Jyung-Hyun, *Nietzsches Sozialphilosophie*, K&N, 1995.

_____, "Nietzsche und die koreanische Geistesgeschichte am Anfang des 20. Jahrhunderts", *Nietzscheforschung* 23, 2016, 225~244쪽.

Tikhonov, Vladimir, *Social Darwinism and Nationalism in Korea: the Beginnings (1880s-1910s)*, Brill Academic Pub, 2010.

찾아보기

저자 소개

김정현

고려대학교 철학과와 같은 학교 대학원에서 철학을 전공하고, 독일 뷔르츠부르크대학에서 철학, 사회학, 종교학을 공부한 뒤 철학박사 학위를 받았다. 세계표준판 니체전집 한국어본(전 21권, 책세상)의 편집위원과 한국니체학회·범한철학회·대한철학회 회장을 역임했다. 원광대학교 철학과 교수로 있으며, 중앙도서관장을 지냈다. 현재 한중관계연구원장, 동북아인문사회연구소장으로 HK+사업단의 책임을 맡고 있다.

저서로《니체의 사회 철학Nietzsches Sozialphilosophie》,《니체의 몸 철학》,《니체, 생명과 치유의 철학》,《철학과 마음의 치유》,《소진 시대의 철학》외 다수가 있으며, 역서로 알프레트 쉐프의《프로이트와 현대철학》, 니체의《선악의 저편·도덕의 계보》,《유고(1884년 가을-1885년 가을)》, 야스퍼스의《기술 시대의 의사》, 살로메의《살로메, 니체를 말하다》외 다수가 있다.

문준일

한국외국어대학교 노어과와 같은 대학 대학원을 졸업하고 러시아 모스크바국립대학교에서 혁명기 러시아문학으로 문학박사를 받았다. 귀국 후 한국과 러시아의 관계에서 학문적 접점을 찾으려는 노력을 하고 있으며, 초기 한러관계사에 대한 인문학적 접근, 시베리아 소수민족의 신화, 사할린 디아스포라 등에 관심을 가지고 있다. 원광대학교 HK+동북아인문사회연구소 교수로 재직하고 있다.

저서로《붉은 광장의 아이스링크》(공저),《민족의 모자이크, 유라시아》(공저) 등이 있고, 역서로《전함 팔라다》,《사할린 한인사》(공역)가 있다.

조성환

서강대학교에서 수학과 철학을 공부하고, 일본 와세다대학교에서 중국철학을 공부한 뒤에 서강대학교 철학과에서 한국철학으로 박사 학위를 받았다. 서강대학교 철학과 강사, 원광대학교 종교문제연구소의 전임 연구원, 원광대학교 원불교사상연구원의 책임 연구원을 거쳐 현재 원광대학교 HK+동북아시아인문사회연구소 교수로 재직하고 있다.

저서로 《한국 근대의 탄생》과 《하늘을 그리는 사람들》, 《키워드로 읽는 한국철학》, 역서로는 《한국은 하나의 철학이다》, 《인류세의 철학》(공역) 등이 있다.

이와와키-리벨 도요미 岩脇リーベル豊美

일본의 신슈대학교에서 비교철학, 같은 대학 대학원에서 비교철학을 전공했고 독일 뷔르츠부르크대학교에서 철학, 종교학, 일본학을 공부한 후 철학박사 학위를 취득했다. 뷔르츠부르크대학교에서 일본학과 및 법학부의 강사를, 에를랑겐-뉘른베르크대학교에서 일본학과 연구 조수를 역임했고, 현재 뷔르츠부르크-슈바인푸르트 응용과학대학(FHWS)의 강사로 가르치며 《철학 잡지》 등에서 집필·출판 활동을 하고 있다. 저서로 《니체의 순례자 철학Nietzsches Philosophie des Wanderer》, 《언어: 번역의 세계Sprache: Übersetzung – Welt(en)》, 《제목없는 하이쿠Haiku ohne Titel 無題俳句》 등이 있고, 《보복의 연쇄: 권력의 해석학과 타자 이해報復の連鎖.権力の解釈学と他者理解》(공역), 《복수의 귀환Die Wiederkehr der Rache》 등의 철학 연구서와 《작은 새가 도착하는 날Der Tag, an dem das Vögelchen kam》와 같은 아동 문학을 일본어로 옮겼다. 논문으로는 《니체: 문화의 철학자?》에 실린 〈인간의 인간다움에 대한 문화간 해석자로서 니체의 방랑자〉 등이 있다.

유지아

중앙대학교 사학과에서 동양사학을 전공하고, 일본 릿교대학교에서 일본사를 공부한 뒤 문학박사 학위를 받았다. 동북아시아 냉전과 아시아·태평양전쟁 후 일본의 전후 처리 과정 등을 중심으로 연구를 진행했다. 일본사학회 편집위원장 등을 역임했으며, 현재 원광대학교 HK+동북아시아인문사회연구소 교수로 재직하고 있다.

저서로《쟁점 한국사: 현대편》(공저),《GHQ시대 한일관계의 재조명》(공저),《한일역사 갈등과 역사인식의 변용》(공저) 등이 있으며, 역서로는 아메야마 쇼이치의《점령과 개혁》,《아베의 일본은 어디로 향하고 있는가》, 가사하라 히데히코의《상징천황제와 황위계승》등이 있다.

김현주

성균관대학교의 정치외교학과와 동아시아학술원 동아시아학과에서 정치학을 전공하고, 중국 칭화대학교 철학과에서 '선진정치사상에 대한 양계초의 현대적 해석'이라는 주제로 철학 박사학위를 받았다. 현재 원광대학교 HK+동북아시아인문사회연구소 교수로 재직하고 있다.

저서로《춘추전국시대의 고민》, 역서로《만국공법》등이 있다. 논문으로는〈중국의 전통적 천하관에 입각한 양계초의 세계주의〉,〈양계초와 중국 근대 헌정주의의 성립〉,〈중국현대 문화개념의 탄생-양계초의 문화관을 중심으로〉등 다수가 있다.

가오지안후이高建惠

중국 톈진사범대학교에서 세계문학과 비교문학을 전공하고 석사 학위를 받은 후 한국 경북대학교에서 중국어문학을 공부해 박사 학위를 받았다. 중국 톈진외국어대학교에서 중어중문학과 교수로 재직했고, 한국 경북대학교 중어중문학과 초빙 교수를 거쳐 현재 한국 수원대학교 중어중문학과 교수로 재직하고 있다.

〈중국현대문학에서의 니체 수용 연구: 현대성과 현대문학의 탄생에 중심으로〉, 〈色彩词的文学性研究－沈从文小说为中心〉, 〈双城记－沈从文《边城》与卡夫卡《城堡》的文本含混性对比研究〉, 〈沈从文《边城》中的《圣经》原型研究〉, 〈十五世纪中国与朝鲜的认识差异和沟通障碍〉, 〈"越轨"的书写, 文本的"断裂"－再论萧红及其文学世界〉, 〈巴金《寒夜》与果戈里《外套》及卡夫卡《变形记》之比较研究〉, 〈论周作人"为人生"的文学观在翻译中的实践〉등 다수의 논문을 썼다.

동북아,
니체를 만나다

**19세기 말과 20세기 초
동북아시아 사상의 전이와 재형성**

초판 1쇄 발행   2022년 12월 20일

지은이   김정현·문준일·조성환·이와와키-리벨 도요미·유지아·김현주·가오지안후이

펴낸이   김현태
펴낸곳   책세상
등록   1975년 5월 21일 제2017-000226호
주소   서울시 마포구 잔다리로 62-1, 3층(04031)
전화   02-704-1251
팩스   02-719-1258
이메일   editor@chaeksesang.com
광고·제휴 문의   creator@chaeksesang.com
홈페이지   chaeksesang.com
페이스북   /chaeksesang   **트위터**   @chaeksesang
인스타그램   @chaeksesang   **네이버포스트**   bkworldpub

ISBN   979-11-5931-875-7 93100

ⓒ 김정현·문준일·조성환·이와와키-리벨 도요미·유지아·김현주·가오지안후이

*잘못되거나 파손된 책은 구입하신 서점에서 교환해드립니다.
*책값은 뒤표지에 있습니다.

*이 저서는 2017년 대한민국 교육부와 한국연구재단의 지원을 받아 수행된 연구임 (NRF-2017S1A6A3A02079082)